Am Ende bleibt das Lachen

Jimmy Hendrix, Chuck Berry, Elvis Presley, Mario und das „Erwachen"

Erster Teil

Impressum
Michael Fuß
EnergieCoach - Entspannungstrainer
63454 Hanau, Helmholtzstr. 5
www.michael-fuss.de
entspannen@michael-fuss.de

Schrilles metallenes Schlüsselgeklapper
Dumpfes Stahltürenschlagen
Hallende Betongänge
Hin und wieder ein Schrei der
Verzweiflung und Einsamkeit

Mario sitzt in einer kleinen grausamen Welt, auf dem weiß-blau karierten Bettzeug, nahe bei das Waschbecken und die versiffte Kloschüssel und starrt auf die graue Zellenwand. Dort gibt es diesen bunt schillernden Schimmelfleck. Und er verliert sich in dessen Landschaft, wandert in den Weiten seiner inneren Welt.

Draußen, vorm Gefängnis, der Film des alltäglichen Irrsinnes, Realität genannt.
Das Leben läuft weiter, dreht sich wie ein riesengroßes Rad, ob langsam oder schnell, wer weiß das schon? Dieses Leben, das so skurrile Geschichten schreibt. Geschichten, wie sie sich kein Erzähler bessere ausdenken kann.
Geschichten, die in letzter Zeit immer heftigere Formen annehmen. Formen, geprägt von Hektik, Aggression, Angst, Orientierungslosigkeit, Verzweiflung, Zerstörung aber auch von Neubeginn, Wandlung der Werte, der Lebensinhalte. Das Alte wird zerstört, um dem Neuen Platz zu machen. Im Empfinden des Menschen ist die Natur oft grausam, doch das Spiel funktioniert.
Das Spiel nennt sich Evolution.
    Und alles strebt zum Licht.
       Wandlung innen wie außen.
         Außen wie innen.

Doch greifen wir der Geschichte nicht vor.

Prolog

Mario sitzt auf seiner Lieblingsbank, inmitten einer blühenden Apfel- und Kirchbaumlandschaft und blickt in das Maintal. Die ständig wachsende Skyline von Frankfurt zur Rechten. In der Ferne sieht er schemenhaft die Hügel des Odenwalds. Wenn er seinen Blick nach links wendet, erkennt er die massigen Dunstschwaden des Kohlekraftwerks Staudinger vor der Silhouette des Spessarts, sein bevorzugtes Motorradrevier. Mehr in der Nähe zeigen sich einige höhere Häuser von Hanau, seiner Geburtsstadt.

Hinter im hört er das Zwitschern der Vögel im kleinen Wäldchen. Über ihm ziehen in dreier Perlenketten die Flieger zum riesigen Rhein-Mainflughafen. Kondensstreifen queren das hohe Blau des Himmels. Warme Frühlingssonne scheint auf sein Gesicht.

Seit Stunden sitzt er hier und sieht Episoden seines Lebens am geistigen Auge vorbeiziehen. Er war schon immer ein visueller Mensch. Doch er traut schon lange nicht mehr seinen Augen, seinen äußeren Sinnen. Denn die Dinge sind nicht das was sie scheinen.

33 Jahre hat ihm das Leben geschenkt. Tatsächlich, es gab eine Zeit da dachte er, dass er es nicht über die 27 Jahre hinaus schafft.

Und da ist sie wieder – die Freude – denn am Ende bleibt das Lachen....

Mario war gerade auf dem rotierenden Planeten gelandet, da nahmen Chuck und Elvis ihn schon in Besitz. Und wie! Sie schüttelten den Nachkriegsspießern und Wirtschaftswunderpropheten die Schuppen aus den

Haaren, schmierten ihnen etwas Pomade rein und zogen ihnen Hosen an, die knackige Hintern machten. Auch Marios Eltern mochten die Petticoats. Heute hängen die Hintern in den Kniekehlen und das Motto lautet: Mut zur Hässlichkeit und zum neuesten Handy.

Jimmy Hendrix, Chuck Berry, Elvis Presley, und Mario – was haben sie gemeinsam? Sie riskieren ihre Haut, um das Leben zu spüren. Und davon handelt dieses Buch. Von Einem der auszog das Fürchten zu lernen, da ihm das normale Leben zu langweilig war. Von Einem der es mit der Angst bekam als es zur Beamtenprüfung kommen sollte und lieber die Unsicherheit wählte. Es handelt vom Leben, dicht unter der Haut, jenseits der Sicherheiten und „klugen Voraussicht". Hart an der Grenze und manchmal darüber hinaus. Doch der Körper ist geduldig und hält viel aus. Zumindest nach Marios Erfahrung. Leider machte sein Freund Jimmy Hendrix eine andere Erfahrung, doch diese Story steht auf einem anderen Blatt.
Mario war zwar noch ein kleiner Junge, als Chuck und Elvis auf ihre Weise die Welt eroberten. Doch als Jimmy Hendrix, Janis Joplin und Jim Morrison auf dem Plan erschienen, fing er an bewusst mitzumischen.

Diese Geschichte soll davon handeln wie Mario es fertiggebrachte, sich zuerst von der Schwerkraft fast in den Tod ziehen zu lassen, um von dort - wie der Phönix aus der Asche, langsam aber sicher aufzustehen. Denn er entdeckte, was schon weise Menschen vor ihm entdeckt haben: Seine stärkste Angst war seine Angst vor seiner Größe – seinem Potenzial – seiner Schöpferkraft. Dazu gehörten bestimmt auch seine Fantasie und sein verletzliches, liebendes Herz.

Wenn du ihn heute fragen würdest, wie ihm das Leben jetzt schmeckt, dann würde er garantiert antworten: „Ich hoffe ich werde 360 Jahre alt. Denn noch mal will ich nicht die ganze Hirnwäsche – Erziehung genannt – verlernen, um dann nach langem Ringen zu erkennen, was wirklich zählt. Übrigens, Marios wichtigster Lehrer war das Leben selbst. Der Meister der ihm am meisten zu sagen hatte und den er am besten verstand, - wenn er auf ihn hörte, - war seine innere Stimme, sein innerer Lehrer. Ja er durfte durch viel schmerzhafte Erfahrung erkennen, endlich auf die innere Stimme, seine Intuition zu hören.

Ein Teil des Buches berichtet von einer großen Lüge und einer großen Wahrheit. Nämlich der Rolle der Machthaber und Priesterschaft bei dem Spiel, die Menschheit um ihre natürlichen Rechte zu bringen. Den Menschen wurden Jahrtausende lang erzählt, es gäbe keinen „Spirit" (höheren Geist) im Menschen-Selbst, sondern nur getrennt von ihm. Mario fand im Laufe seines Lebens heraus, dass das nicht wahr ist, und dieses falsche Konzept die Quelle einer existenziellen Angst für die allermeisten Menschen ist.

Flaubert
Jeder Gedanke in den man sich lange und liebend vertieft, jedes Bild, das man unermüdlich betrachtet, verwandelt uns langsam. Ich glaube, dass einem mit der Zeit Flügel wachsen würden, wenn man immer den Himmel betrachtet. -
Aber wie viele Seelen starren so lange auf die Erde, bis ihre Füße zu Pfoten werden! Man wird buchstäblich in das verwandelt, was man denkt und liebt.

Here we are:
Für diese Inkarnation sucht sich Mario eine Arbeiterfamilie aus. Als Kind des Wirtschaftswunders. Vier Jungens sind sie, Zuhause in Wolfgang, einem Arbeiterviertelanhängsel der Degussa, Alkem und Nukem. Diese Firmen geben später Hanau den zweifelhaften Ruf einer Plutoniumcity.

Na jedenfalls, bei ihnen zuhause, da gibt´s zwei Hochbetten und ne Nähmaschine im Kinderzimmer, an der seine Mutter tagsüber für fremde Leute arbeitet. Dann noch das Schlafzimmer der Eltern, ne kleine Küche, sozialbaumäßig-, und ein schönes "großes" Wohnzimmer, aber das ist nicht zum Wohnen gedacht. Das ist reserviert für Bekannte, die Onkels und Tanten, na halt für Besuch, zum Vorzeigen - verstehste!? Die Jungens dürfen da jedenfalls nicht rein zum Spielen. Auch nicht, wenn's draußen regnet. Schließlich steht da der treuere Schwarzweißfernseher und die Sofakissen dürfen auch nicht verknautscht werden. Und der schichtarbeitende Vater will sich im Schlafzimmer tagsüber ausruhen. So laufen ungestüme junge Burschen geduckt und kontrolliert durch die Wohnung. Zum Scheißen braucht Mario meist ne halbe Stunde. Auf dem Klo ist er wenigstens alleine und kann seine Karl Maybücher verschlingen.

In dieser Wohnung ist es auch, in der er dieses beschissene Asthma bekommt. Psychische Sache das -, sensibel ist er also schon. Wenn du keine Luft bekommst, oder eigentlich, wenn du die Luft die du drin hast, nicht mehr rausbekommst, wenn du keine Stufe einer Treppe schaffst, wenn du selbst im Bett liegend mit der doch so nötigen Atemluft kämpfst, während du zehn, zwölf Jahr jung bist und deine Freunde draußen auf der Sommerwiese rumkrakelen, dann kannst du ganz schön ins Zweifeln kommen. Du liegst da und denkst und denkst, liest, liegst -

weil, du kannst nicht den ganzen Tag lesen, denkst und denkst, zweifelst, weinst ob der Ungerechtigkeit, selten schreist du's heraus: Warum ich? - Warum nicht der Volker, wo der doch immer so fies zu den Kleineren ist? - und du liegst und denkst.

Ab und zu ist es auch schön so zu liegen, an einem frühen Sommermorgen, die Sonne scheint ins Kinderzimmer, die Luft noch kühl. Seine Brüder sind in der Schule, sein Vater auf Arbeit, die Mutter in der Stadt zum Einkaufen. Mario ist endlich mal alleine und kann in Ruhe von fernen Ländern träumen. Vogelgezwitscher gaukelt ihm Urwaldstimmung, er hört Affen schreien, ein klarer Bach lädt zum Schwimmen ein. Frische Luft füllt seine Lungen, macht seinen Körper leicht und seinen Kopf frei, keine Beklemmung mehr in der Brust. - Oh, das ist gut! -
Aber schließlich hört er das Geräusch des Schlüssels im Schloss. Seine Mutter kommt zurück. Dann ist da das Geklapper der Töpfe aus der Küche, es ist bald Mittagszeit. Seine Brüder kommen aus der Schule und schon ist´s wieder ENG in der kleinen Wohnung - ENG in seiner Brust.

Blende - Wetterumschwung
Der Wind kommt von allen Seiten. So plötzlich, wie es unterm Äquator dunkel wird. Und im MIttelpunkt steht Mario. Die verzweifelte Anstrengung, seine Kleidungsstücke zu retten und die Überlegung, in welches er denn als erstes schlüpfen soll – vergebens!
Da! Die Unterhosen flattern davon. Wie von magischen Kräften angezogen, genau einer Vogelscheuche in die Arme, die im Garten Wache hält. Seine Socken sind nicht mehr auffindbar, das karierte Hemd, von der ersten Sturmbö dorthin geweht, hängt in einem Holunderstrauch. Nur seine

Jeans hat er noch packen können und keine zehn Pferde können ihn dazu bringen, sich von ihr zu trennen.

Wahnsinn! Vor einigen Augenblicken liegt Mario nichts ahnend im kühlen Wasser des Sees, lässt sich die Nasenspitze von einem Sonnenstrahl trocknen, pult sich einen Wollfussel aus dem Bauchnabel und beobachtet die Schwalben, die sich manchmal haarsträubend dicht aufs Wasser stürzten, um Jagd auf Insekten zu machen. Und dann das!

Schließlich erkennt er aufatmend am Horizont, scharf zum dunklen Gewitterhimmel abgegrenzt, einen hellen streifen Hoffnung heraufschimmern. - Am liebsten wäre er ihm entgegengelaufen.

Blende - 1972 - Ein Besuch in München

Die Sonne brennt.

Es ist ein schöner Mai.

Die Straße ruft.

Geradewegs nach München.

München, bald Olympiastadt, jetzt noch olympiamäßige Baustelle, mit Hektik und vielen Presslufthämmern. Marios Schlafsack liegt am Hauptbahnhof im Schließfach. Gestern ist er von Frankfurt hier her getrampt. Gerade siebzehnjährig, die langen blonden Haare vom Sommerwind zerzaust, läuft er nun in seinen Schlaghosen durch die Straßen der fremden Stadt. In der Linken hat er eine halbvolle Weinflasche, mit der Rechten versucht er sich durch Zeichen mit dem jungen Kanadier zu verständigen, der mit ihm auf Tour ist. Ihre Sprache ist nicht die gleiche aber sie verstehen sich ausgezeichnet, lachen sie doch die meiste Zeit.

Sie amüsieren sich köstlich, am meisten über sich selbst. Und über die Hektiker um sie herum, Menschen genannt.

Die hetzen an den Beiden und an ihrem Leben vorbei. Geldmachen ist ihre Devise. Da gibt's den Geschäftsmann. Ans Brückengeländer gelehnt, studiert er die neuesten Börsennachrichten. Ein Dackel kommt vorbei, hebt sein Bein und pisst ihm auf die schnieken Schuhe.

Die beiden jungen Männer lachen und freuen sich über die glitzernden Stromschnellen der Isar und staunen über die Baukunst der alten Meister. Den japanischen Touristen grinsen sie in die Fotoapparate. Beinahe fällt Mario die Weinflasche aus der Hand vor Lachen. Eine Taube hat einer dicken Amitante auf ihren funkelnagelneuen Tiroler Hut geschissen, den sie als Souvenir mit nach Boston nehmen will.

Blende

Bei Mario zuhause ist es eine Zeitlang üblich, Mitteilungen an ein anderes Familienmitglied auf Zettelchen zu kritzeln und dann an der Kühlschranktür zu platzieren. Eine Notiz seiner Mutter:

Mario, weißt du, dass du morgen früh in Frankfurt anfangen sollst. Es ist einfach schrecklich, dauernd bist du nicht zuhause. Man kann nicht mehr mit dir reden. 7 Uhr 15 Bundespost/Personalstelle FA3.

Im Kühlschrank liegt ein Kottelet, mach dir aber auch Kartoffeln und die Suppe dazu warm. Benimm dich bitte anständig und freundlich, wie ein normaler Mensch und nicht wie der King persönlich, vor dem alle in die Knie gehen müssen. –

Ja, die Lehre zum Fernmeldetechniker hat Mario abgeschlossen. Jetzt wird es scheinbar ernst. Es geht schnurstracks auf die Beamtenprüfung zu – oder?

Blende - In der SDS Studiengruppe Frankfurt

Als Sohn einer Proletarierfamilie ist Mario der „Vorzeigeprolet", der sich artikulieren kann, findet er schnell seinen Platz in der linksradikalen Gruppierung. Dort sind meist nur Studenten aus dem Mittelstand anzutreffen, die ihren pubertären Fantasien von einer Weltrevolution nachhängen und die Mao Bibel als Statussymbol mit sich führen. Erst spät entdecken sie, dass sie institutionalisiert werden; ähnlich wie spätere Atomkraftgegnergruppierungen, die von den Ölmultis finanziert werden.

Die Treffen der Arbeitsgruppen, mit ihrem ewigen egomanischen Gerede und endlosen Diskussionen findet Mario jedoch bald unnütz. Er tendiert eher zu Aktionen der Leute um Baader & Meinhof. Doch es soll anders kommen.

Blende – Auf dem Weg nach Amsterdam

Mario, Klaus und David sind auf dem Weg zur Stadt der Jugend, Hippies und Gammler. Amsterdam ruft sie wieder. Sie wollen das angenehme mit dem nützlichen verbinden. Heroin und Haschisch gibt es dort im Überfluss und preiswerter als in den Straßen Frankfurts.

Mario hat kurz vorher einen gebrauchten Ford Taunus 12M für 200 Deutschmark gekauft. Er hofft, dass der Wagen die 900 Kilometer hin und zurück schafft. Immerhin, Heizung, Licht, Bremsen und der Motor gehen noch. Die Reifen sind auch ganz OK. Für ein Autoradio zu 45 Mark hats auch noch gereicht. So sitzen die drei Freunde also quietschvergnügt in ihrem Luxusauto.

In der Nähe von Köln, schiebt Klaus langsam einen „Affen" (Heroinentzugssymptome). Er hat sich in der letzten Zeit einiges in die Vene gedrückt. Doch da muss er jetzt durch.

Dazu kommt noch, dass sie sehr spät losgekommen sind. Mario ist Berufstätig und hat nur das Wochenende frei für solche Trips. Den kommenden Montag hat er sich allerdings frei genommen.

In Apeldoorn suchen sie nach einer Jugendherberge. Sie haben kein holländisches Geld. Die Wechselstuben und Banken sind schon geschlossen. Ein Mädchen am Straßenrand, Herrje sieht die gut aus! gibt ihnen den Rat, es doch mal im Hotel gegenüber zu versuchen.

Es ist ein teures Hotel. Mario traut sich in seinen Hippiklamotten erst gar nicht rein. Doch dann läuft er mit seinen Wanderstiefeln über den voluminösen schweren Teppich. Der gefällt ihm. Sonst interessiert er sich ja nicht für so Zeugs. Doch jetzt macht es ihm Freude, über das vielfarbige Muster zu laufen.

Da steht er also an der Rezeption. Alles in schwerem Teakholz gehalten. Der Portier schaut Mario ganz misstrauisch an. Mario rümpft die Nase – der Typ stinkt.

Ja, eine Jugendherberge gibt es hier. Der Mann holt eine Stadtkarte hervor und erklärt mit holländischem Akzent den Weg. Sie liegt außerhalb der Stadt. Und fünfzig Mark wechselt er auch in Gulden.

Mario versteht nicht warum der Portier so stinkt. Der kommt doch mit vielen Menschen zusammen. Da müsste er doch was dagegen tun. Wahrscheinlich merkt er es gar nicht und keiner traut sich es ihm zu sagen. Was für ein Schicksal.

Mario sitzt glücklich wieder im Auto. Den Weg über den schweren vielfarbigen Teppich zurück hat er noch mal genossen. Doch die Jugendherberge finden sie nicht. Mittlerweile ist es dunkel geworden und sie beschließen, im Auto zu schlafen.

Herr im Himmel, die Nacht ist nicht wirklich gut für Marios Haltungsschaden. Zu dritt im Auto zu schlafen, eine Qual. Nach einer halben Stunde sind Mario die Beine eingeschlafen. Nach zwei weiteren Stunden sind die Muskeln so steif, dass jede Bewegung wehtut. Dazu kommt das Schnaufen und Zähneklappern von Klaus, dessen Affe langsam immer größer wird. Zum Glück dämmert es im Osten. Also machen sie sich auf den Weg. Mal sehen ob das Benzin bis Amsterdam reicht.

Guten Morgen!
Alte Gassen, Kopfsteinpflaster, Grachten mit Hausbooten darin, schiefe Häuser mit winkligen Dächern, vom Wind getriebene graue Wolken, viele Fahrradfahrer. Flair von Großzügigkeit. Leben und leben lassen, eine holländische Tugend.
Sie sind in einem Sleep-In nahe Central Station und Redlight District untergekommen. Die Nacht für fünf Gulden im großen Schlafsaal mit Doppelstockbetten. Sie treffen Menschen aus der ganzen Welt. Amsterdam ist ein Magnet der Jugendrevolte und Alternativscene.
Die Drei sind zu Fuß auf dem Weg ins Chinesenviertel. Sie wollen sich mit Stoff versorgen. Es regnet natürlich.

Sonntagabend, 25. November 1973.
Mario hat dieser Tage großes Glück. Es stürmt seit gestern vom feinsten. Sie sind auf dem Weg zum Restaurant. Hin und wieder liegen Dachziegel auf dem Weg oder ne Werbetafel fliegt durch die Luft. Zehn Meter vor ihm knallt ein großes Stück Mauerputz auf den Bürgersteig. Es hätte ihm auch auf den Kopf fallen können. Jetzt sitzen sie beim Chinesen und füllen ihre Mägen.

Vorgestern hatte er den holländischen Grenzer gefragt, ob er am Sonntag Autofahren dürfte. In Deutschland ist nämlich wegen der Ölkrise ein autofreier Sonntag angekündigt. Der Zöllner kann gut Deutsch. Er muss Mario verstanden haben. Und er antwortet, dass es erlaubt sei. Und sie haben ihm geglaubt.

Sie fuhren also zum Ijsselmeer. Die Straßen waren absolut leer. Schönes Gefühl, sie für sich allein zu haben. Hin und wieder drehten sich neugierige Köpfe nach ihnen um. Es war eisigkalt, der Wind hatte sie fast vom Deich gehoben. Zurück in Amsterdam, wieder wohlbehalten beim Chinesen angekommen, eröffnete ihnen der Wirt, dass die Polizei heute viele Ausländer beim „Schwarzfahren" erwischt hätte.
Mann o Mann, was haben sie einen Suff gehabt. Das wäre teuer geworden. Und am Ende hätten sie noch all das Dope gefunden, das sie mittlerweile im Auto gebunkert hatten.

Blende - Später in der Nacht.
Im Paradiso musiziert Brian Eno mit exaltierten Bewegungen im Glam-Rock-Chic mit Federboa, Plateauschuhen und Glitzertüchern am Hals. Der Laden ist gerammelt voll. Die Drei tauchen in eine andere Welt ein. Viele Menschen sind scheinbar verkleidet. Doch, wie es sich herausstellt, das ist ihr normales Outfit. Kajalstrich am Auge gehört auch für Männer zur Ausstattung. Die Nacht ist lang. Dafür gibt es ja Speed vom Feinsten.
Am anderen Tag gehts zurück nach Hanau. Und erst zuhause erfahren sie vom ganzen Ausmaß des Sturms. Fünfzehn Tote alleine in Holland. Sechsundneunzig in Europa. Die Bäume knickten ein wie Streichhölzer. So mancher Damm war nahe am Bersten. So manches

Treibhaus verlor seine Scheiben. Ein Zug raste in die umgestürzten Bäume. - Doch sie haben Rückenwind, – noch.

Blende - Carola ist in Kesselstadt Marios Nachbarin.
Zu Beginn seiner Heroinkarriere ist sie seine beste Kundin und eine „hilfreiche" Lehrerin. Er hat den Stoff ja jetzt massenhaft vor sich, oder besser in seiner Tasche. Sie sind beide 18, 19 Jahre jung und wohnen noch bei den Eltern. Sie müssen ihre Beziehung zum Pulver so gut es eben geht verheimlichen. Mario schnupft nur und denkt, er würde sich nie selbst eine Nadel in die Vene stechen können.

Dann kommt der Tag an dem alles richtig ins Rollen kommt. Carola, ein mittelmäßig hübsches Mädchen mit glänzenden schwarzen Haaren, kommt zu ihm in sein ausgebautes Kellerzimmer und legt ein Leinensäckchen auf den Tisch.
„Du Mario", sagte sie „meine Mutter hat gemerkt, dass ich „H" nehme. Jetzt durchsucht sie jeden Tag meine Klamotten und wenn sie eine Fixe findet wirft sie sie weg."
„Ja, und was hab ich damit zu tun?" fragt er.
„Da in dem Säckchen ist mein Spritzbesteck. Bitte heb es für mich auf. Morgen Mittag komme ich und hols mir wieder ab. Ich muss sonst immer wieder in die Apotheke, mir eine neue Spritze holen."
„Sicher kann ich das Zeug bis morgen für dich aufheben. Aber dass mir das nicht einreißt, " sagt Mario lächelnd.
Dann legt er eine Platte von Yes auf. Sie machen sich's bequem. Er will sie anmachen. Doch sie blockt ab.
„Mario ich mag dich, aber ich kann nicht mit dir schlafen. Komm, hol mir ein Glas Wasser, ich möchte mir jetzt noch einen Druck machen. Du kannst mir doch nen „Hit" verkaufen?"

14

Sicher kann er das und Wasser hatte er auch massig. Woher sie das Geld für den Stoff hat überlegt er nicht lang. Sie macht sich also den Schuss und er nimmt noch eine Nase. Als sie gegangen ist, greift er sich eines seiner Bücher, legt eine neue Platte auf und sich selbst bequem zurück. Doch nach kurzer Zeit kann er sich nicht mehr auf das Buch konzentrieren. Den eben schon dreimal gelesenen Satz hat er gleich vergessen. Er klappt also das Buch zu und versucht sich auf die Musik zu konzentrieren. Fleetwood Mac. Aber auch das hilft nichts. Seine Gedanken treiben davon. Dann haben sie sich eingeschossen.

Jetzt schnupft er schon einige Wochen und er merkt, dass die Dosis nicht mehr törnt. Seine Schleimhäute sind kaputt, die Nase läuft fast immer und riechen kann er auch nicht mehr so recht. Soll er es nicht doch mal mit 'nem Schuss probieren?

O.K. was soll's, bevor sich meine Schleimhäute in Nichts auflösen, kannst du es ja mal probieren, sagt Mario zu sich.
Also geht er ein Stockwerk höher, holte aus Mutters Schrank ein Glas und einen Teelöffel. Streichhölzer braucht er auch noch.
Mit den Utensilien bestückt geht er runter in sein Zimmer und schließt die Tür hinter sich ab. In Carolas Päckchen gibt es Tempos, Watte, die Fixe mit zwei Nadeln und einen Löffel. Beim Auspacken fangen seltsamerweise seine Hände an zu zittern.
Also Mutters Teelöffel braucht er nicht zu beschmutzen.
Mario hat oft zugeschaut, wenn sich jemand einen Schuss gekocht hat. Er tut eine Messerspitze „H" auf den Löffel. Um die Fixe zu reinigen, setzt er die Nadel auf und zieht Wasser rein, das er wieder raus drückt. Von Gelbsucht und

Furunkeln am Arm hat er damals noch keine Ahnung. Und das Wort Aids ist noch nicht erfunden.

Überhaupt weiß er noch nicht, was Heroin und die Sucht aus einem macht. Heute steht es in jedem Käseblättchen. Was er weiß ist, dass er mit dem Zeug sehr schnell viel Geld verdient.

Jetzt hat er also die Fixe „gereinigt" und spritzt etwas Wasser auf das „H" im Löffel.

Mario steckt eine Kerze an und hält den Löffel über die Flamme, damit das Zeug zum Kochen kommt. Dann etwas Watte als Filter in den Löffel und die Flüssigkeit aufziehen. Alles geht ganz schnell. Seltsam, seine Hände zittern immer noch. Nachdem er die Nadel aufgesetzt hat und die Luft aus der Spritze gedrückt hat, ist er bereit für den Schuss. Damit man nicht sehen kann, dass er sich einen Schuss gemacht hat, will er nicht die Vene in der Armbeuge nehmen, sondern eine am Fußknöchel. Wie gesagt, er hat schon oft zugeschaut.

Er bindet sich also oberhalb des Knöchels den Fuß ab und wartet bis die Vene hervortritt. Jetzt ist Mario soweit. Er führt die Nadel an eine besonders starke Ader heran, beißt die Zähne zusammen und sticht die Nadel durch die Haut, um an die Blutbahn zu kommen. Aber die Ader rollt immer wieder seitlich weg und er stochert in seinem Fleisch herum. Es gereicht einem Masochisten zur Ehre.

Mario zieht die Nadel wieder heraus und versucht es an einer anderen Stelle. Na, was soll man sagen, es klappt nicht. Zum Schluss hat er sich den rechten Fuß zerstochen, überall Löcher und Blut, die Fixe ist verstopft und er gibt die ganze Sache auf und den Spritzeninhalt gibt er dem Gully. Damit ist seine erste Begegnung mit der Nadel beendet.

Doch es dauert nicht mehr lang, da setzt sich Mario den ersten Schuss, diesmal in die Armbeuge. Seine Nase nimmt das Zeug einfach nicht mehr auf. Jetzt hat die Sucht ihn so weit gebracht, alle Bedenken über Bord zu werfen.

Ein Zitat von Nietzsche
"Jenes verborgene und herrische Etwas,
für das wir lange keinen Namen haben,
bis es sich endlich als unsere Aufgabe erweist –
Dieser Tyrann in uns,
nimmt eine schreckliche Wiedervergeltung für jeden Versuch,
den wir machen,
Ihm auszuweichen oder zu entschlüpfen,
für jede vorzeitige Bescheidung,
für jede Gleichsetzung mit solchen,
zu denen wir nicht gehören,
für jede noch so achtbare Tätigkeit,
falls sie uns von unserer Hauptsache ablenkt –
ja für jede Tugend selbst,
welche uns gegen die Härte
der eigensten Verantwortlichkeit schützen möchte.
Krankheit ist jedes Mal die Antwort,
wenn wir an unserm Recht auf unsere Aufgabe zweifeln wollen,
wenn wir anfangen, es uns irgendwie leichter zu machen.
Sonderbar und furchtbar zugleich:
Unsere Erleichterungen sind es,
die wir am härtesten büßen müssen!
Und wollen wir hinterdrein zur Gesundheit zurück,
so bleibt uns keine Wahl:
Wir müssen uns schwerer belasten, als wir vorher je waren...."

Um auf die Carola zurückzukommen.
Am anderen Tag holt sie sich ihr Spritzenbesteck ab und kauft noch ein Gramm. Dann sieht Mario sie wochenlang nicht mehr.
Später heiratet sie einen jungen türkischen Heroindealer. Der stirbt ein viertel Jahr später am Herzstillstand. Carola wacht morgens auf und hat eine kalte Leiche in den Armen.
Monate später sieht Mario sie, wie sie einen Freier am Autostrich aufreißt. Dann, es werden zwei Jahre vergangen sein, erfährt er, dass Carola tot ist. Sie liegt fast ein halbes Jahr auf der Intensivstation und verfault sozusagen bei lebendigem Leib. Alles in ihr ist kaputt, von der Leber angefangen, über den Kopf bis zum Herzen. Vom Liegen ist sie wund. Dann kommt noch eine Lungenentzündung dazu. Das ist das Ende. Fast die ganze Zeit ist sie ohne Bewusstsein. Gott sei Dank.

Blende – Die Pistole
Eines Tages schaut Mario in die Mündung einer riesigen Armeepistole.
Die hält ihm Steve, sein amerikanischer Kumpel, mit hassverzerrter Grimasse vors Gesicht. So trifft Mario die Fratze des Vietnamkrieges, der 1974 in seinen letzten Zügen liegt. Durch die TV-Bildschirme laufen panisch Frauen und Kinder durch zerbombte Reisfelder, nackt und von Napalm verbrannt.
Steve ist erst vor drei Tagen von seinem halbjährigen Einsatz in Vietnam zurückgekommen. Am Mittag haben sie zusammen im Park Haschisch geraucht. Und im Joschi hat Steve sich noch einen Heroinschuss gesetzt. Dann rastet er aus. All die Verzweiflung und die Wut brechen aus ihm heraus. Und er zeigt Mario, wie er in einem dieser speziellen Einsätze gegen die Vietkongs zwei Frauen und drei Kinder in

die Gesichter schoss – einfach so. Natürlich waren sie in dem Moment Ratten, Ungeziefer, das einfach zertreten gehört. Mario ist geschockt darüber, wie schnell der Krieg und die Armee, Menschen seelisch zerstören kann. Er kennt Steve aus einer anderen Zeit. Sie hatten viel Spaß zusammen gehabt. Die beiden lernten sich beim Kiffen auf einen Jethru-Tull-Konzert in Frankfurts Festhalle kennen. Steve war ein begnadeter Gitarrist und wie so viele andere junge Männer zur Armee eingezogen worden. Sie sollten die freie Marktwirtschaft vor dem ach so dämonischen Kommunismus verteidigen. So fand Steve sich auf einmal nicht mehr im gepflegten Deutschland, sondern in einer heißen, sumpfigen Gegend von Vietnam wieder. Kinder, deren Gesichter von Napalm zerfressene waren, querten seinen Weg. -

Na, Mario schiebt erst mal die Pistole zur Seite und unter den Tisch, bevor es jemandem in der Kneipe auffällt, welch Horror sich gerade gezeigt hat. Dann versuchte er seinen Kumpel zu beruhigen. Doch Steve haben sie das Gehirn gewaschen. Es ist nichts mehr mit ihm anzufangen.

So verabschiedet Mario einen weiteren seiner Weggefährten.

Blende
Mike Rüsch, ein weiterer Weggefährte, ist eine Zeitlang sein Geschäftspartner. Der lebt ganz bürgerlich mit der jungen, geschiedenen, dreifachen Mutter Inge zusammen und hat eine Wohnung mit Farbfernseher, Teppichboden usw. Ist alles da. Mario setzt sich mittlerweile den ersten Schuss schon zum Aufwachen.

Eines Tages fahren sie mal wieder zu dritt, mit Marios 1900er Opel Rekord, nach Amsterdam. Sie müssen Nachschub besorgen. Zehn Uhr in der Nacht kommen sie an. Sie machen sich direkt auf den Weg zu Marios Connection ins Chinesenviertel. Damals haben die Chinesen noch die Oberhand im Rauschgiftgeschäft in Holland. Kurze Zeit später werden die meisten, die keinen Arbeitsnachweis hatten oder sonst wie verdächtig sind, ausgewiesen und abgeschoben.

Die Drei lassen sich also 100 Gramm Heroin abpacken und können sich wieder auf den Heimweg machen. Das Heroin ist wie immer von bester Qualität. Gerade mal zwei Stunden sind sie in der Stadt gewesen. An der Stadtgrenze kochen sie sich erst mal einen anständigen Druck aus den großen hellbraunen Rocks. Der Flash kommt angenehm das Rückgrat heraufgelaufen und zerteilte sich im Kopf wie ein Orgasmus.

Dann machen sie sich daran, ihr Kapital in drei Päckchen aufzuteilen. Inge steckt sich das Zeug in zwei doppelten Pariserpäckchen in die Vagina. Mario und Mike füllen ihre Ration ebenfalls wasserdicht ab. Sie haben es in der Unterhose griffbereit. Einen kleinen „Hit" behält Mario unterm Gürtel. Das ist ihre Ration für die Heimfahrt.

Es ist drei Uhr Nachts, als sie an „ihrer" grünen Grenze in den Ardennen ankommen. Sie kennen eine kleine Grenzstation, die nur tagsüber besetzt ist. Für die Nachtzeit gilt die Bestimmung, dass man umkehren und die nächste besetzte Station anfahren soll. Sie halten sich natürlich nicht daran und fahren durch die unbeleuchtete Grenzstation. Es hat schon oft funktioniert, warum soll es nicht auch in dieser Nacht funktionieren.

Der Mond steht hoch und voll. Ringsherum hört man nur die Geräusche des nächtlichen Waldes, alles sonst ist ruhig und still, so scheint es. Und sie fahren mit Herzflattern aber schon fast beruhigt auf der kerzengraden Straße durch den Wald, der Heimat entgegen.

Plötzlich taucht in einiger Entfernung vor ihnen eine rote Polizeikelle auf. Die Drei wissen sofort was jetzt kommt. Schnell ziehen Mario und Mike ihre Ration aus der Unterhose. Zusammen mit ihren Fixerutensilien fliegt das Zeug in hohem Bogen in den Wald hinein. Mittlerweile fährt ihr Wagen in Schrittgeschwindigkeit auf die Straßenabsperrung zu. Inge schafft es nicht mehr, sich ihrer Pariser zu entledigen.
Da stehen sie auch schon vor ihren „Freunden", besser zwischen ihnen. Denn da kommen plötzlich noch zwei VW Busse hinter ihnen aus dem Wald. Sie sind also nach allen Regeln der Kunst in eine nächtliche Kontrolle geraten. Die Drei müssen bei vorgehaltenen Waffen aussteigen und sich gegen das Auto legen. Hände weit auseinander, Beine gespreizt. So werden sie abgetastet und durchsucht. Mike und Inge müssen umsteigen und Mario bekommt einen Zöllner als Begleitung an die Seite gesetzt. So fährt also der ganze Konvoi doch die nächste besetzte Grenzstation an.

Wir haben also folgende Situation: Ein Grenzerbus mit Mike und Inge vor Mario fahrend. Inge mit genügend Stoff im Körper, um ihnen eine längere Zeit hinter Gittern zu verschaffen. Zwei Drittel ihres Geschäftskapitals liegt irgendwo im Wald, praktisch schon verloren. Hinter dem Opel Rekord folgt ein anderer Bus. Und neben Mario ein Grenzer in bedrohlichem Schweigen, der ihn nicht aus den Augen lässt. Keine Situation, die Mario glücklich stimmen kann. Und plötzlich fällt Mario siedend heiß ein, dass er ja noch ein gutes Gramm unterm Gürtel hat.

Mario denkt bei sich: `He du könntest Vollgas geben und mitsamt dem Grenzer, dem „H" und deinen Sorgen in den Wald rauschen. Wenn du Glück hast, hast du es geschafft. ´

Doch dann kommt ihm eine Idee und schwitzend führt Mario sie aus. Er fragt den Zöllner: „Warum haben Sie uns eigentlich angehalten?"

Und der erklärt ihm ganz geduldig die Grenzbestimmungen und Vorschriften. Während dessen macht Mario eine unauffällige Bewegung zum Gürtel. Das Päck fällt zum Glück nicht auf den Boden, sondern direkt in seine linke Handfläche.

In Frankfurt haben ihm einige Jungens im Zuge eine Dealer Rivalität den Wagen aufgebrochen, das neue Tapedeck und die Speaker ausgeräumt. Daher ist das linke kleine Dreiecksfenster noch kaputt. Das kommt Mario jetzt zugute.

Das Päck in der Linken, den Arm lässig auf dem Fensterrahmen gelehnt, nähert Marios Hand sich langsam dem offenen Dreieck. Der Grenzer ist mit seinem Vortrag gerade an der „amüsanten" Stelle angelangt, dass man nun gleich, zum Zwecke einer kleinen Untersuchung, den Wagen und sie selbst auf den Kopf stellen würde. Da ist es Mario gelungen das Päck zu verabschieden. Niemand hat etwas gecheckt. Noch ist es ja dunkle Nacht.

Sie sind bald am Ziel. Die Personalien werden aufgenommen, während dessen der Wagen von den Zollspeziallisten auf den Kopf gestellt wird. Ihre Hosentaschen werden links gemacht. Danach wird Mike zur Leibesvisitation in einen anderen Raum gebracht.

Dann kommt Mario dran. Er muss sich ganz ausziehen, auch die Unterhose. Alles wird durchsucht. Er muss sich bücken und die Hinterbacken auseinander ziehen. So kann der Jungzöllner mit einer Taschenlampe in seinen After

leuchten. Wahrscheinlich gehört das zur Grundausbildung. Auch sämtliche anderen Körperöffnungen und geheimen Stellen muss Mario vorführen. Selbst die Ohren und die langen Haare werden untersucht.
Mario wird es heiß und kalt. Er weiß, die brauchen keine Minute bei der Inge, dann sind sie geliefert.

Na, der Zöllner findet fürs Erste nichts und Mario darf sich wieder anziehen. Natürlich haben die Grenzer spätestens jetzt gecheckt, dass sie Junkies vor sich haben. Die Einstichnarben in den Armbeugen sind nicht zu übersehen.
So sitzen die Drei also wieder vereint auf der Wartebank. Jetzt wäre Inge dran gewesen. Doch nichts geschieht. Sie sitzen da rum und sehen zu, wie draußen der Opel von den Spezialisten immer noch auseinandergenommen wird. Als die damit fertig sind, kommt einer von ihnen rein und legt eine alte Fixernadel auf den Tisch. Er fragt Mario wem das Gerät gehören würde? Mario kann ihm dazu leider keine hilfreichen Angaben machen. Es vergehen weitere 20 Minuten und nichts geschieht.

Mario erklärt, dass sie es eilig haben nach Hause zu kommen, wegen diesem und jenem und wegen den Kindern von Inge und ob der Zoll jetzt fertig sei mit ihnen. Eigentlich bringen die Drei es dort an der Grenze ganz cool und überlegt.
Einer der Grenzbeamten meint: „Sobald eure Begleiterin untersucht wurde ist könnt ihr los."
„Wann ist das denn, ich muss nach Hause, meine Kinder warten auf mich", lies sich jetzt Inge vernehmen.
„Tja junge Frau", erklärte der Grenzer, „es geht nicht, dass wir sie untersuchen. Das muss eine weibliche Person machen. Wie sie sehen, sind wir alles Männer. Wir haben

aber das nächste Krankenhaus angerufen und um eine Ärztin oder Schwester gebeten. Nur ist da im Moment niemand entbehrlich."

Nach einer weiterer Viertelstunde Warten will Inge aufs Klo.

„Das geht leider nicht, solange sie nicht untersucht worden sind."

„Pinkel doch hier untern Tisch", ließ Mario sich vernehmen.

Der Beamte guckt ihn sehr böse an. Inge sitzt auf ihrem Stuhl, klemmt die Knie aneinander und führe auch sonst noch alle Anzeichen eines starken Dranges vor. Nach fünf Minuten die Inge:

„Hallo, ich kann's nicht mehr lange halten."

Daraufhin bespricht sich der Beamte mit seinen Kollegen, während er die Drei durch die Glasscheiben, die den Raum umgeben, argwöhnisch beobachtet.

Dann kommt er wieder rein:

„Junge Frau, sie werden gleich können. Sie müssen nur noch einen Moment warten."

Nach einigen Minuten kommt ein Beamter und führt Inge zu dem Raum, in dem die Leibesvisitation stattgefunden hat. Nachdem sie verschwunden ist, kann Mario beobachten, wie ein Grenzer um das Zollgebäude herumläuft und sich unter dem kleinen, hochgelegenen Fenster platziert, das einzige, das der Raum hatte.

Mario betet. Ja seit langem betet er mal wieder. Er weiß zwar nicht so recht zu wem, aber er bittet darum, dass die Inge das Heroin nicht durch das Fenster entsorgt.

Na, der Beamte wartet vergebens. Inge kommt nach einer Weile wieder zum Vorschein. Augenscheinlich erleichtert. Sie lächelt und gibt Mario und Mike ein Zeichen, dass alles in Ordnung ist. Die beiden staunen nicht schlecht. Mario hat zwar keinen blassen Schimmer wie sie das hinbekommen hat, doch ihm gings um viele Felsbrocken besser.

Die ganze Aktion ist wie von einem guten Regisseur getimet. Zehn Minuten später taucht die Frau auf, die Inge gleich untersucht. Nachdem die Tussi nichts gefunden hat, werden die Drei entlassen. Sie bekommen ihre Papiere und ihre Tascheninhalte zurück. Sie werden noch darüber belehrt, dass sie schriftlich Bescheid bekommen, wegen des Versuchs verbotenerweise die Grenze zu überschreiten.

Die vorderen Sitze und die Rückbank des Opels müssen sie noch selbst einbauen. Die haben die Grenzer zum Zwecke einer besseren Übersicht herausgenommen. Immerhin gibt man ihnen das Werkzeug dafür. Endlich können sie losfahren, noch immer nicht ganz begreifend was eigentlich geschehen ist.

Inge bricht nach einer kurzen Weile das verwunderte Schweigen.
„Ich wurde also in den Raum gebracht. Sie hatten einen Plastikeimer reingestellt. Dort sollte ich reinmachen. Ein Klo gab's ja nicht. Ich musste mir was überlegen. Durch das Fenster durfte ich das Zeug nicht werfen, das wusste ich gleich. Verstecken durfte ich es auch nicht. Es gab ja dafür eh keine Möglichkeiten. Und dann entdeckte ich, was uns rettete. Es gab ein kleines Handwaschbecken mit Wasserhahn und Abfluss. Ich riss also die Pariser auf. Und lies das Wasser langsam laufen, während ich langsam und möglichst laut in den Plastikeimer pinkelte. Dabei stopfte ich mit der Hand all die schönen Rocks in den Abfluss. Na, wenigstens konnte ich noch einen schlucken. Mein „Affe" meldete sich nämlich langsam an. Die Pariser habe ich dann

notgedrungen zwischen ein paar Papierstapeln versteckt. Ich wollte sie erst runterschlucken, doch dabei hab ich fast gekotzt."

Sie haben Glück im Unglück. Doch, jetzt stehen sie da. Insgesamt haben sie noch etwa 200 Mark, keinen Stoff mehr, alle drei hukt (süchtig) wie die Weltmeister, weit weg von der Heimat und bei Mike und Mario setzen die Entzugssymptome langsam ein. Sie haben keine Wahl, sie müssen noch mal nach Amsterdam, neuen Stoff besorgen und ein weiteres Mal versuchen, damit über die Grenze zu kommen.

Sie machen sich also wieder auf den Weg.
Bei Aachen fahren sie auf die Autobahn. In der Hoffnung, dass man keinen Rundruf gestartet hat, fahren sie auf die Grenze zu. Es ist inzwischen sechs Uhr in der Frühe. Nebel liegt über dem Land. Nebel kriecht auch in Marios Kopf. Der sitzt wieder am Steuer. Er ist jetzt schon lange wach. Mike und Inge haben keinen Führerschein. Damit Marios „Affe" nicht ganz so stark wird, gibt ihm Inge ein paar starke Schmerztabletten. Allerdings helfen die nur wenig. Zeitweise rast er mit 140 Sachen, halb schlafend, auf der Autobahn ihrem heißersehnten Ziel, Amsterdam, entgegen. Sie dürfen keine Zeit verlieren. Denn es wird bald der Moment kommen, in dem Mario die Entzugssymptome ausnocken werden. Er wird fiebrig werden, Krämpfe und starke Scherzen bekommen. Die Knie wird er aneinander schlagen und nicht mehr richtig sehen können.

Mike geht es zu diesem Zeitpunkt schon schlecht. Bei Inge halten sich die Symptome noch in Grenzen. Glücklicherweise haben die Zöllner ihnen die Schmerzmittel, die etwas gegen den Entzug helfen, nicht abgenommen. Doch es sind nicht genug für drei. Also bekommt der Fahrer die größte Ration.

Noch fast hundert Kilometer bis zum Ziel. Mario fall hin und wieder für dreißig oder fünfzig Meter die Augen zu. Der Wagen rast kerzengrade dahin. Niemand von ihnen ist zu diesem Zeitpunkt klar, was sie tun, was überhaupt wirklich los ist. Es fühlt sich an wie in einem Alptraum. Mario hat nur noch im Kopf, dass sie weiter müssen, immer weiter, bis ans Ziel. Ihnen geht es wie einem Verdurstenden in der Wüste, der die Quelle in einiger Entfernung weiß und sich mit letzter Kraft dorthin schleppt. So schleppen sie sich der Droge entgegen, ihrem Lebensquell.

Und dann ist es geschafft. Mario findet sogar einen unauffälligen Parkplatz in der Nähe des Chinesen. Inge und Mike schlucken die letzten Pillen zur Stärkung und machen sich auf den Weg. Doch es ist noch früh am Tag. Und auch ein Dealer hat Geschäftszeiten. Meistens nachmittags und abends. Das sind Marios letzte Gedanken, bevor er auf dem Rücksitz des Opels in einen schweren ohnmachtsähnlichen Schlaf fällt.

Nach einiger Zeit wird Mario durch ein heftiges Rütteln am Wagen geweckt. Er öffnet die Augen und setzt sich schwerfällig auf. Zuerst sieht er einen weitausladenden Baum, der seine Äste bis zur Wasseroberfläche der Gracht schwingen lässt, ein Stück weiter laufen ein paar schräge Amitouris in knalligen Farben über eine bunt angemalte hölzerne Schwenkbrücke. Dann sieht er wer ihn wachgerüttelt hatte. Da steht Mike strahlend, wie neugeboren. Langsam dämmert es Mario wo er sich befindet und was los ist. Schlagartig überfallen ihn die Schmerzen und die Übelkeit. Krampfhaft versucht er die Tür zu öffnen, schafft es schließlich, kriecht fast auf allen Vieren aus dem Wagen, lässt sich gegen den Baum fallen, um erst mal in die Gracht zu kotzen. Doch es kommt nicht viel, nur etwas Galle.

Mike steht dabei und lacht. Mario könnte ihn killen. Nachdem sich sein Magen etwas beruhigt hat, kann er Mike fragen, was sie erreicht haben.

Und wieder haben sie unverschämtes Glück gehabt. Nach kurzem Suchen finden sie ihre langbekannte Connection. Sie erzählen dem Chinesen von ihrem Abenteuer und bekommen als alte Bekannte auf Kommission Stoff für 1000 Mark. Ziemlich ungewöhnlich in dieser Branche.

Mario kann sich aber keine großen Gedanken über das wie oder warum machen. Er lässt sich eine Fixe von Mike geben, die der in aller Eile aus einer Apotheke besorgt hatte. Mario nimmt etwas von dem Stoff und verschwindet mit seinem Lebensquell im nächsten erreichbaren Kneipenklo.

Als er wieder heraus kommt, starren ihn die Leute an, als hätten sie noch keinen Menschen gesehen. Wahrscheinlich sind sie verwundert über die Veränderung, die mit ihm geschehen ist. Er taumelte in die Kneipe rein, gebeugt, zutiefst erschöpft, mit verkrampftem Gesicht. Und heraus kommt ein gutaussehender, lächelnder junger Mann, der dem Leben gerade und aufrecht die Stirn zeigt.

Da sind die Drei also wieder zusammen. Nach einem wohlverdienten Frühstück machen sie sich wieder auf den Weg Richtung Frankfurt. Diesmal versuchen sie etwas Neues. Sie setzen Inge in den Zug, die sich das ganze Zeug unten reingesteckt. In Bocholt holen sie sie vom Bahnhof ab. Diesmal läuft alles glatt. Nicht mal die Beiden werden an der Grenze gefilzt.

In Hanau angekommen wird das Heroin gestreckt und mit gutem Gewinn vertickt. Die Schulden bei der Chinaconnetion sind schnell bezahlt. So geht es noch einige Monate. Irgendwie trennen sich dann die Wege von Mike und Mario.

Monate später hört Mario, dass Mike Selbstmord verübt hat. Mit einem Freund zusammen benutzt er dafür eine skurrile Methode. Die beiden Männer besorgen sich einen langen Schlauch, den sie am Auspuff ihres Autos befestigen und verlegen ihn in den Innenraum. Der Wagen wird gestartet. Dann machen sie ihren letzten, den „Goldenen Schuss", während gleichzeitig die Auspuffgase in den Wagen strömen. Am nächsten Morgen werden sie von Spaziergänger am Waldrand gefunden. Dem Wagen ist mittlerweile das Benzin ausgegangen.

Den Männern steckt noch die Fixe im Arm. Der Hit ist, Mario weiß, dass Mike das schon mal versucht hat. Nur damals hatte er zu wenig Stoff und das Benzin war ihm ausgegangen.

Und B.B. King hilft Mario ein weiteres Mal den Blues zu spüren.

Blende- Der totale Konsum - oder - Der siebte Junkihimmel

WOVON JEDER JUNKI TRÄUMT -- HIER IST ES WIRKLICHKEIT!! So lautet die reißerische Überschrift des mehrseitigen Vierfarbenprospektes, das heute früh im Briefkasten des Herrn Groh landete. Ein älterer hagerer Mann, trotz des heißen Wetters mit einem abgetragenen, dunkelbraunen Kordmantel angetan, ging von Haus zu Haus. Manchmal steckte er gleich mehrere Prospekte in die

Briefkästen. Sicherlich wollte er sich der langweiligen Aufgabe so schnell wie möglich entledigen.

Es ist schwierig Spaghetti auf die Gabel und in den Mund zu bekommen und gleichzeitig das widerspenstige Papier zu lesen. Doch Herr Groh bekommt das hin. Er stellt einfach die Rotweinflasche auf die eine und den Pfefferstreuer auf die andere Ecke des Prospektes.

Was da alles versprochen wird: Diskrete, ruhige, angenehme Unterbringung, ärztliche Überwachung, ultrabequeme Betten, große Musikauswahl, eine Menge Videos, beste Masseure und Körpertherapeuten, die dafür sorgen, dass der ruhende Körper nicht abschlafft und natürlich eine Vielzahl erstklassiger Drogen.

Ach Mist, Grohs Hemd hat jetzt doch Soßenspritzer abbekommen.
Auf der Innenseite des Hochglanzprospektes sieht man die, mit Weitwinkel aufgenommen, Fotografie eines Sanatoriumszimmers. An der dem Fußende, des mehrfachverstellbaren Bettes, zugekehrten Wand befindet sich eine große Projektionsfläche, auf der die Filme dreidimensional zu sehen sind. Die in Kopfhöhe angebrachten Lautsprecher der Quadrophonieanlage sind kaum zu sehen. Gut verpackt kommen Schläuche aus den Seiten des Bettes, die den zahlenden Gast mit allem Notwendigen versorgen sollen. Mittels Kanüle in den linken Arm wird der Gast mit einer Nährstofflösung versorgt. In den rechten Arm kommt die Kanüle für die ausgeklügelsten Drogen.

Oh, Ahhaa, pffff! Hat doch Herr Groh ein paar Cheyenne Pfefferkörner zu viel erwischt. Doch die sollen ja gut für den Kreislauf sein.

An die Beseitigung des Stuhlgangs ist auch gedacht. Mittels auf der Kopfhaut aufgebrachter Sensoren werden über Funk alle Gedanken und Wünsche des Gastes an eine Zentralcomputer übertragen. Und so ist prompte Bedienung garantiert, entnimmt Groh dem Prospekt.

Der Maximalbelegung von tausend Betten stehen fünfzig spezialisierte Betreuer und zwei Überwachungscomputer gegenüber. Aufgrund langjähriger Erfahrungen ist belegt, dass dauerhafte Schäden oder gar der Tod eines Kunden äußerst selten sind. Auf der Rückseite des Prospektes sind noch einige Hinweise für Minderbemittelte und Kinderreiche zu entnehmen. Man will auch diesen Bevölkerungsschichten einen solchen Trip ermöglichen...

Gleich morgen gehe ich zur Agentur und lasse mir einen Platz reservieren, denkt Herr Groh und tunkt mit einem Stück Weißbrot den Rest der Tomatensoße vom Teller.

Himmel und Hölle
Was soll all das Gegröle?
Die große Kugel
Erde genannt
Seit ewiger Zeit
an ihre Kreise gebannt

Die Menschen
Klein und nichtig
Fühlen sich auf ihr
Dennoch ganz wichtig

Doch wenn man's recht bedenkt
Der Mensch sich ins Unglück lenkt
Daher nimmt Mario jeden Tag
Wie er kommt
Und freut sich
Wenn er ihm bekommt

Blende – Beim Mexikaner

Mario trifft seinen alten Freund Klaus nach einem Jahr, beim Mexikaner in der Lamboystraße.
„He Klaus, wo treibst du dich rum?"
„Ach Mario, ich hatte keine gute Zeit."
„Na was ist geschehen?"
„Sie schnappten mich draußen im Fliegerhorst Erlensee mit sechzehn Gramm „H". Ich wurde ins neue Polizeihochhaus nach Hanau verfrachtet. Sie wussten ja gleich was mit mir los war. Zuerst bekam ich in die Fresse geschlagen. Dann über Nacht ab in die Arrestzelle. Am anderen Tag, ich war früh am Morgen schon gut auf Turkey (Heroinentzugssyptome), holte mich ein junger Kripobeamter ab.

„Tschuldigung, die Kollegen sind manchmal etwas hart."
Dann brachte er mich in sein Büro, machte die Schreibtischschublade auf und zeigte auf ne Spritze, einen Löffel und ein Hunderterpäck Heroin.
„Das hättest du jetzt wohl gerne. Komm, Komm, ich kenne euch doch, du bist am Schlottern."
Ich sah ihn nur an und wunderte mich, dass er sich nicht vor sich selbst ekelte. Ich konnte mir jetzt nichts Schöneres vorstellen, als mir dieses fette Päck in die Vene zu drücken.
„Du kannst es haben, jetzt gleich – du musst uns nur etwas auf die Sprünge helfen."

Fragend blickte ich ihn an. Eigentlich wusste ich ja schon was er von mir wollte.

„Namen, nichts als Namen wollen wir von dir hören. Noch besser, du hilfst uns, deine Connection dingfest zu machen."

Mit diesen Worten ging die Tür auf und zwei andere Kripobeamte traten in den Raum. Der eine legte einen Packen Geldscheine auf den Tisch.

„Das sind 8500 DM. Damit gehst du hin und kaufst 50 Gramm Heroin. Natürlich lassen wir dich nicht alleine gehen. Unser amerikanischer Freund von der CID wird dich begleiten. Wenn das Geschäft gelaufen ist, kommen wir und verhaften euch. Später lassen wir dich wieder laufen und die 50 Gramm kannst du auch mitnehmen. Na, ist das kein Angebot?"

Und ich Depp machte den Fehler und sagte: „Ich muss mir die Sache überlegen."

Weshalb war das ein Fehler? Na ja, sie ließen mich laufen. Aber nach vier Wochen kamen sie in meine Wohnung, nahmen mich fest wegen der alten Sache und wegen Fluchtgefahr. U-Haft, nach Wochen die Verhandlung. Urteil zwei Jahre ohne Bewährung. Danach Paragraf 64 – Sicherheitsverwahrung in einer Psychiatrischen. Aber mein Anwalt konnte schließlich eine Urteilsänderung erwirken.

Ich bekam Bewährung mit Therapieauflage. Die Vorgehensweise der Kripobeamten war einigen höheren Stellen aufgefallen und suspekt erschienen. Außerdem hatte ich ja keine Vorstrafen. Die Therapieauflage habe ich nach zwei Monaten abgebrochen. Jetzt bin ich also wieder hier. Ich hätte gleich sagen sollen, dass ich keine Spitzeldienste verrichte. Dann hätte ich´s schneller und mit mehr Anstand hinter mich gebracht. –

Mario - kannst du mir zwei Gramm verkaufen?"

Blende - Mario könnte sich eigentlich freuen.
Er wünschte sich doch schon lange, richtig blöde zu sein. So blöde, dass er nichts mehr merkt. So bräuchte er sich keine Gedanken über die Ungereimtheiten mehr zu machen, die rund um ihn herum geschehen. Die Erkenntnis, dass der Mensch eine Fehlkonstruktion ist, ist für ihn erdrückend und erleichternd zugleich. Zeitweilig vermeidet er, sich die Nachrichten reinzuziehen. Er will nichts mehr wissen von der Welt. Die Drogen, die er sich in den Kopf knallt, sollen ihm dabei helfen nichts mehr zu checken. So lernt Mario meisterlich die Kunst des Verdrängens.

Und die Realitäten des Alltagsmenschen verlieren für ihn mehr und mehr an Bedeutung. Er braucht keine Uhr, das Datum ist irrelevant. Die Zeit schießt an Mario vorbei. Wochen werden zum Tag. Ein Jahr zum Monat.
Und doch, trotz all dem. Im Innersten bleibt ein nagendes Gefühl. Selbst seine Vergesslichkeit und die Verdrängung helfen nicht über dieses Gefühl hinweg. Im Gegenteil, eine Art schlechtes Gewissens macht sich in seinem Inneren bemerkbar. Wahrscheinlich rebelliert etwas in seiner Seele gegen die selbstauferlegte Isolation seiner Intelligenz. Sie braucht Futter.
Und so muss Mario erkennen, dass er dem Naturgesetz der Evolution unterliegt. Alles strebt zum Licht, zur Weiterentwicklung, auch sein Geist und seine Seele. Ein Stillstand wird nicht geduldet, Rückschritte sind nur vorübergehend möglich. Und am Ende ist jeder Rückfall ein weiterer Schritt zur Erkenntnis. Da kann Mensch machen was er will.

Blende - Jahre später - Frankfurt

Kamerafahrt durch Sachsenhausen Richtung Main, ein sonniger Frühlingstag. Kameraschwenk: Skyline: Bürohochhäuser, Banken, Versicherungen, Flohmarkt, Eiserner Steg, Punks, Langhaarige mit „Kernkraft Nein Danke" und „Keine Startbahn West" Ansteckern. Eine Menge Mensch. Dazu Musik: Extrabreit „Polizisten".

Kamerablende langsam auf Marios Gesicht. Typ: leicht New Wave angehaucht, Ohrringe im linken Ohr, Kajal-Liedstrich, markantes Gesicht, Flicken auf den engen Jeans, um die 26 Jahre. Mittlerweile schon zwei Jahre clean. Ja er hat es geschafft und sich selbst aus der Sucht befreit. Doch das ist eine andere Geschichte.

Mario steht an seinem Stand auf dem Flohmarkt und verkauft Secondhand Klamotten. Die Sonne spiegelt sich hinter ihm im ölig schimmernden Mainwasser.

Ein Mann tritt an den Stand, spricht Mario an, tut als wolle er etwas kaufen, steckt Mario schließlich einen Zettel zu.

Blende - Nachmittag in der samstäglich leeren, öden Bürostadt

Die Sonne steht tief und bescheint surrealistische Bürohäuser in Niederrad. Marios Gestalt steht zwischen dem Beton und wartet. Musik Ideal – Monotonie.

Kameraschwenk: Bürohäuser, leere Straßen, Autobahn. Ein großer offener Amischlitten (Cadillac Fleetwood Eldorado) – kommt näher und hält in der Nähe.

Zwei GI's steigen aus. Der eine kommt auf Mario zu, spricht mit ihm. Mario holt aus seiner Umhängetasche ein Paket Haschisch. Dürfte ein Kilo sein. Der GI checkt den Stoff und nickt mit dem Kopf. Der andere, der am Wagen wartet, kommt und blättert Mario ein Bündel Dollars in die Hände.

Mario zählt nach – nickt – verabschiedet sich mit einem Lächeln und verschwindet zwischen Beton.

Die wir schaurig pfeifen
Fragen, für was die Qual?
Doch bevor wir zum Gasschlauch greifen
Gehen wir hin zum Opernball

Blende - Aber wir führen ja das Leben von Selbstmördern
AFN kommt aus dem Radio. Ein Mann mit viel Pathos in der Stimme fragt Mario: Was hast du heute gemacht? The same as yesterday! Nothing!! Na, wenn's das Radio schon merkt. Doch die Amis sind uns ja immer ein paar Schritte voraus.
Die Stimme gibt Mario den Tipp, er soll doch studieren. Na, darüber könnten sie diskutieren. Aber das führt hier zu weit. Und überhaupt was sollen wir anfangen mit all den Fachidioten, die mit Neurosen vollgestopft durch die Gegend laufen und beim Eierkochen schon das Handtuch werfen.
Die Amistimme hat Recht. Wir sollen etwas anfangen mit unserem Leben und dazulernen. Das Leben lieben, und bewusster werden. Aber wo gibt es die Uni, die ihn das lehrt? Mario geht hin, sofort. Doch statt ein schmackhaftes Menü kochen zu können und was über Liebe, Beziehungen und Kreativität zu lernen, hat er den Satz vom Pythagoras und den Loca und Rhythmus gepaukt und Eisen gefeilt.

Statt etwas über seine innere Welt zu lernen, ist er durch die äußere Welt gesaust. Immerhin, nachdem es geregnet hat, kann er im Wald ein Feuer machen. Doch wie er sein inneres Feuer entfachen kann, hat ihm keiner beigebracht. Er sollte Gefühle für die deutschen Dichter aufbringen. Aber bei den Gefühlen, die ihm ab der fünften Klasse die Hosen eng machten, hat ihm keiner beigestanden.

Also die hohe Schule des Lebens gibt es paradoxerweise nur im Leben selbst und für Mario nur auf der Straße. Aha und da ist die nächste Erkenntnis vor seiner Nase. Paradox ist das Leben. Widersprüchlich und voller Gegensätze. Und wenn die Gesellschaft einem erst mal in die Eier getreten hat, geht man mit der Liebe behutsam um.

Das Randtief
  Eines Nordseetiefs
  Vertieft sich noch

Blende - Rothaarige Mona
Frau Staufe hat sie wieder einmal am Wickel. Das lächelnde Porträtgesicht von Heinemann (damals Bundespräsident) verstärkt in Mona das Gefühl der Ohnmacht gegen dieses Heim und die Heimleiterin. Sicher hängt es gerade deshalb dort, über dem Kopf dieser Zimtzicke. Man soll verunsichert werden.
Das betretene Gesicht und die demütige Haltung hat Mona im Laufe der langen Jahre im Heim eingeübt. In ihrer Fantasie jedoch hat sie der Staufe schon längst den Hals dreimal rumgedreht.
Die hat irgendwie herausbekommende, dass Mona am Montagmittag für eine Stunde aus der Wäscherei abgehauen war, um Markus zu treffen, den sie vor einigen Wochen auf dem Weg zur Arbeit kennengelernt hat.
Dabei war die Wäschereichefin Montags nicht da. Also konnte das die Staufe nur von einer der heuchlerischen Weiber, den lieben Kolleginnen, zugesteckt bekommen haben.

Sicher, Markus ist nicht gerade Monas Typ, aber was soll sie machen? Im Heim gibt es keine Jungens. Irgendwo muss man aber doch mit seinen Bedürfnissen hin. Die Pfaffen können es sich vielleicht durch die Rippen schwitzen, vielleicht poppen sie im Schlaf auch mit Maria; Mona jedenfalls kann das nicht.

Ein paarmal hat sie mit einem Mädchen von hier geschlafen aber was Richtiges ist es doch nicht gewesen. Mona braucht, wie jeder Mensch Liebe, Zärtlichkeit und Zuneigung und das am besten von einem knackigen Jungen.

In einer Erziehungsanstalt bekommst du beigebracht, dass sich jegliches Gefühl und echtes soziales Verhalten nicht lohnt. Du darfst niemandem trauen. Zeige nie eine Blöße, denn immer gibt es Leute, die das ausnutzen. Es muss jede selbst sehen, wie sie wenigstens halbwegs ihren Schnitt macht.

Doch immer wieder kann man junge Menschen finden, die dieses Spiel zwar mitspielen, doch wissen, dass es ein schlechtes Spiel ist und dass es nicht so sein muss. Zu ihnen gehört Mona. Ihr Wille ist noch nicht gebrochen. Oft genug hat sie deshalb Ärger gehabt, doch diesmal würde sie niemand bestrafen können.

Sie will abhauen! Lange Zeit hat sie überlegt und das Für und Wider abgewogen. Hoffnungen gefasst, sie wieder verworfen. Schließlich kommt sie zu dem Entschluss: es kann eigentlich nur noch besser werden.

Es ist eine schwere Entscheidung. Soviel Fakten stehen auf der Sollseite der Berechnung. Da ist zum Beispiel die Sache mit dem fehlenden Geld oder mit ihren Papieren, die sie nicht in die Hände bekommt.

So gut es irgend geht bringt sie einiges Geld zusammen. Zum Klauen hat sie ein Recht, meint sie. Sieben Jahre lang beklaut ihr mich jetzt schon. Ihr nehmt mir mein Leben und die Freude und meine Zukunft. Nun hole ich mir einen Bruchteil davon zurück. Euch gehört viel schlimmeres angetan, also seit ruhig.

Und nun ist es soweit. Die Staufe kann sie anscheißen so viel sie will. Mona macht es nichts aus. In der Nacht packt sie ihre paar Habseligkeiten, zieht die zwei Hosen die sie besitzt übereinander an. Genauso macht sie es mit den beiden Pullis.
Am Morgen dann, auf dem Weg zum großen Tor, sind ihre Knie weich, sehr weich. Zum Frühstück ist sie nicht erschienen, ihr wäre schlecht, hat sie gesagt. Glück muss der Mensch haben! An diesem Morgen sitzt eine Erzieherin an der Tür, die ein paar Wochen krank gewesen war.
"Hallo Mona, lange nicht gesehen!" begrüßt die sie. "Guten Morgen, Frau Holzapfel, schön dass sie wieder gesund sind." antwortet sie. Kalter Schweiß bricht Mona aus. Verdammt meine Stimme zittert!
"Du hast aber ganz schön zugenommen."
Gleich krieg ich zu viel.
"Ja Frau Holzapfel, drei Pfund in zwei Wochen, es ist nicht zu fassen." hört Mona sich sagen. Und damit ist sie auch schon auf der Straße.

Mensch Meier, eben wär ich ja beinahe aus den Latschen gekippt. Jetzt erst mal weg von hier und nicht zurücksehen, dass bringt Unglück.

In Freiheit, endlich in Freiheit, denkt sie. Wie oft hast du sie dir all den Jahren gewünscht, wie oft hast du an diesen Augenblick gedacht?!

Ist es wirklich möglich jetzt schon frei zu sein? fragt Mona sich. Oder muss ich erst auf den Tod warten? Nun, ich werde ja sehen, ich werde auf jeden Fall mein Bestes versuchen. Mach dich frei von allen Vorurteilen, Hemmungen, Traditionen und Ängsten!

So läuft sie durch die Stadt, bis sie schließlich ein paar Straßenecken weiter ein öffentliches Klo findet. Hier will sie sich erst mal der übergestreiften Kleider entledigen.

Das Leben ist ganz schön teuer, selbst fürs Scheißen musst du blechen. Und s ist nicht einfach sich in einem so engen Raum umzuziehen. Doch schließlich ist es geschafft und die Sachen in einer Plastiktüte verstaut.

Mona macht die ersten Schritte aus dem Schatten der Bedürfnisanstalt auf die belebte, sonnenbeschienene Straße hinaus. Eine strahlende Welt liegt vor ihr. Das Geld vorsichtig wegstecken. Was wird sie von ihr sehen? Alte Häuser vielleicht, in denen die Schreie der Neugeborenen oder glücklich grinsende Gesichter die unlängst Verstorbenen auf ihre letzten Reise begleiten. Dicke Wagen fahren zügig die Hauptstraße hinunter. Die beschirmten Körper der japanischen Touris stolpern um das Freiburger Münster. Frauen aus noblen Vororten, mit nicht ganz so dicken Knöcheln und Strammen Hintern wie die Frauen Mittwochs auf dem Markt. Sie tragen Wohlhabenheit wie einen Orden zur Schau und sind so sauber. Sie spreizen sich, weil sie glauben ihnen gehört die Welt. Sie gehen jetzt ins Café. Und später in die Gemäldeausstellung.

Mona kann einfach nicht genug davon kriegen!
Ich will Geld machen!
Mit Christus für die Geburtenreglung!

Mit diesen Eindrücken im Hirn spaziert Mona durch die noch kühle, doch verheißungsvolle Morgenfrische des strahlend blauen Frühlingstages und schaut sich die farbenfrohen Gestalten auf den Bürgersteigen und die verlockend blitzenden und glänzenden Auslagen in den großen Schaufenstern an.

Schließlich ist sie an der Ausfallstraße, die sie zur Autobahn bringen soll. Hier ist ein guter Platz, sagt sie zu sich, legt ihre sieben Sachen ab und streckt den Daumen in die Luft.

Jetzt ist es kurz nach Neun. Meine Chefin in der Wäscherei wird wohl gerade in der Anstalt anrufen, wie es ihre Pflicht ist. Wo ich denn bleiben würde, ob ich krank sei? Nein krank ist sie nicht, heute Morgen hat sie pünktlich das Haus verlassen. Dann werden sie nachforschen, ob irgendwo auf meinem Weg ein Unfall passiert ist. Das Krankenhaus anrufen und schließlich werden sie den Bullen den Auftrag geben, nach mir zu suchen.

Viel Zeit hab ich also nicht, um von hier weg zu kommen. Ich darf gar nicht daran denken, was geschehen wird, wenn die mich erwischen. Ich muss unbedingt hier weg! Hält denn von euch Rindviechern keiner! Ist doch eine gute Stelle hier zum Stoppen! Scheiß Typ! Sitzt mit seinem fetten Arsch im Mercedes. Hat Platz für vier von meiner Sorte und fährt mit einem arroganten Winken und blöden Grinsen vorbei. Dich soll des Teufels Großmutter vögeln!

Mist schon halb zehn! Ich flipp gleich aus, wenn keiner von euch Säcken hält, ich schwörs! Bloß nicht in Panik geraden, wird schon klappen.-

Und dann endlich, nach einer weiteren qualvollen Viertelstunde, hält ein blassgrüner R4 mit quietschenden Bremsen. Als sie die Tür aufmacht ist es fast wie ein Schlag

41

vor den Kopf, nur schöner. Laute Musik aus einer Stereoanlage fällt über sie her.

"Fährst du Richtung Frankfurt?" fragt sie den Typ mit seinen langen blonden Haaren und den hellblauen, freundlichen Augen (Hitler hätte sich bestimmt über diesen waschechten Germanen gefreut). Er dreht am Knopf für die Lautstärke.

"Wohin willst du?"

"Richtung Frankfurt."

Er nickt, räumt ein paar Zeitungen und ein Paket Brote vom Beifahrersitz.

"Dein Gepäck kannst du hinten verstauen."

Und dann geht's los. Mensch Meier, ich bin weg von da, denkt Mona und dann noch diese günstige Musik. Viel Englisch kann sie nicht, doch sie versteht:

Am Morgen deiner Abreise
Wenn die Sonne über den Hügeln erscheint
Denk an mich
Denk an unsere zärtlichen Spiele
Weißt du noch wie ich dich getröstet habe?

Am Morgen deiner Abreise
Wenn der Tau auf den Blättern blinkt
Überleg ob du nichts vergessen hast
Du brichst alle Verbindung zur Vergangenheit ab
Am Morgen deiner Abreise
Und die Tulpen ihre Blüten öffnen

Bald sind sie auf der Autobahn. Von links bescheint die Sonne die Landschaft. Rechts die Hügel des Schwarzwaldes. Nach einer Weile fragt sie den Typen nach seinem Namen.

„Mario heiße ich."

Irgendwas muss Mona sagen. In ihrer Aufregung und Freude muss sie sprechen.

"Nach Frankfurt fahren wir. Das ist prima, da komme ich ein ganzes Stück weg von hier."

"Wo möchtest du denn hin?"

"Na, eben weit weg von hier."

Mario schaut sie prüfend an. Nun, sie will weg von zuhause, denkt er sich, wie wir alle mal aus dem Alltag ausbrechen wollen.

Plötzlich stehen sie mitten in einem Stau. Hinten Autos, vorne Autos, überall Autos. Nach kurzer Zeit stinkt die Luft. Auspuffgase und die enge Blechbüchse machen Mona zu schaffen.

Von hinten hören sie ein Bullenauto kommen. Mit Blaulicht und Martinshorn bahnt es sich den Weg durchs Gedränge. Mona sieht, wie die Autofahrer ihre Wagen auf die Seite bringen wollen. Meist ist aber zu wenig Platz vorhanden. So stehen die Autos schließlich schräg auf der Fahrbahn. Fast sieht es aus, als würde ein Riese einen Reisverschluss aufziehen.

Schließlich, nach zwei langen Musikstücken von Traffic geht es langsam stoßweise weiter. Da sieht Mona was passiert ist. Drei Wagen stehen ineinander verkeilt auf der Überholspur. Überall Scherben, Ölflecke, Blechteile. Blinkende Rotkreuzautos. Auf der Straße eine riesige Blutlache.

Mario sieht wie sie sich abwendet und ganz bleich wird. Er hält schnell rechts an und schon im Rausspringen fällt ihr das Brot aus dem Gesicht.

Danach geht es weiter. Merklich langsamer bewegen sich die Stahlkarossen über die Autobahn. Doch nur kurze Zeit.

Sobald der Schreck überwunden ist, wird wieder aufs Gaspedal getreten. Bis zum nächsten Toten. Und zu all dem scheint die Sonne.

„Weißt du", fragt Mona, nach dem sie sich erholt hat, "dass Kotzen die Seele reinigt? Du bist mit Gift angefüllt. In jedem Beutel, jeder Höhlung und Tasche deines Inneren braut es sich zusammen. Du bist ein Morast. Dann das Wunder dass dir übel wird, platsch! Und du bist leer, frei. Beginnst aufs Neue eine weitere klare Chance zu ergreifen. Vielen Dank, vielen Dank. Jetzt ist der Körper wieder unbeschwert und beflügelt von Verheißungen neuer Kräfte."

Mario grinst amüsiert. "Nun, dann wirst du ja jetzt genügend Kraft haben ein gutes Essen zu verdrücken. Ich jedenfalls habe einen Mordshunger."
"Erst mal sehen wie teuer es ist."
"Ich fahr von der Autobahn weg in ein Kaff, da wird es wohl nicht so teuer sein."
Ja kotzen reinigt die Seele. Alte Erlebnisse werden in Mona wach. Sie erinnert sich, wie sie sich damals fühlte in Meiers Papierwarengeschäft.

Beim Einkaufen von Schulartikeln.
Die Eltern lebten noch. Zwar arm, aber sie lebten und Mona war nicht alleine. Zehn war sie damals. Das ganze Schuljahr lag wie ein Drache aufgerollt vor ihr und wollte mit spitzen Adlerstiften erobert werden. Frische Radiergummis, reihenweise, noch in Cellophan verpackt, schrien danach für Reinlichkeit, Sternchen und saubere Heftführung geopfert zu werden.
Die Stapel Schulhefte, mit Linien oder Kästchen, blendend leer von Fehlern, perfekter als perfekt.

Noch nicht abgestumpfte Zirkel, lebensgefährlich, die Millionen von Kreise enthielten, scharf und gewichtig für die Pappschachtel, in der sie verpackt waren.

Erwachsenentinte, schwarze Füllhalter Marke Triumph, für auszurottende Fehler.

Braune Lederranzen, für die pflichtbewusste Wanderung von daheim in die Schule, und für die angsterfüllte von der Schule nach daheim, wenn die Arbeit mal wieder vollkommen danebengegangen war.

Die Arme waren frei für die Angriffe mit Schneebällen oder Kastanien.

Büroklammern, erstaunlich schwer in ihrer kleinen Schachtel.

Lineale und Winkelmesser mit Markierungen, die so kompliziert und bedeutungsvoll waren, wie das Armaturenbrett einer Spitfire.

Gummierte, rotgeränderte Schildchen, um überall seinen Namen anzubringen.

Maiers Papierwarengeschäft roch noch neuer als eine Zeitung im Winter, die nach dem Klopfen an der Tür hereingebracht wird.

Und sie hatte die Befehlsgewalt über all die funkelnden Leutnants. -

Mario hält vor einem Landgasthaus. Sie finden etwas Preiswertes auf der Speisekarte. Und als das Essen kommt, konzertiert sie sich ganz darauf. Sie genießt jeden Bissen. Manchmal schließt Mona sogar die Augen, um den Geschmack ganz in sich aufzunehmen. Es ist ihr erstes Essen in Freiheit – doch das kann Mario nicht wissen.

Mario, der das beobachtet sagt: "Weißt du, ich kannte mal einen, der hieß Frank. Es gibt meinem Herzen immer einen

Stich, wenn ich daran denke, wie todernst er war, wenn es ums Essen ging. Ich wünschte die ganze Welt nähme das Essen so ernst, anstatt sich mit blöden Raketen, Maschinen und Sprengstoffen abzugeben, die den Menschen das Wirtschaftsgeld wegnehmen."

„Mario, das hast du gut gesagt. Du machst mir damit eine Freude."

Bei diesen Worten wird er ein wenig rot. Und Mona stellt überrascht fest, dass sie den Typ da mag.

Später siehst du wie die Sonne schon weit im Westen steht.

„Mona, was willst du machen, da vorne ist die letzte Raststätte vor Frankfurt. Ich kann dich da raus lassen, falls du noch weiter möchtest. Oder ich kann dich mitnehmen. Ich kenne in Frankfurt ein paar Leute, die haben vielleicht einen Schlafplatz in ihrer WG."

„Es wird bald dunkel und ein Schlafplatz wäre nicht schlecht. Und wenn es dir keine Umstände macht, schaue ich mir die WG gerne an."

„Mona, es freut mich wenn ich dir helfen kann. Den ganzen Nachmittag hatte ich keine Langeweile mit dir und das ist schon was. Menschen langweilen mich oft schnell genug."

Mona nickt dazu.

„Und ich habe das Gefühl, dass du was auf dem Herzen liegen hast. Ich habe das Gefühl, dass es für dich nicht einfach ist Menschen zu vertrauen."

„Ja stimmt Mario. Ich traue den Menschen nicht so schnell über den Weg. Vielleicht erzähle ich dir mal meine Geschichte. Ein Bullenfreund scheinst du ja nicht zu sein."

Mario grinst sich eins. Und da sind sie schon im abendlichen Frankfurter Berufsverkehr gelandet. Neugierig schaut sich Mona die Stadt an, während Mario Richtung Westend fährt.

Schließlich parkt er vor einer alten, etwas verlebten Gründerstielvilla. An der Hauswand flattert ein aufgespanntes Bettlagen. Darauf steht in großen Lettern: Dieses Haus ist besetzt. Mona staunt nicht schlecht –.

„So viel zum Bullenfreund", grinst Mario sie an. „Komm rein."

Mona zögert.

„Keine Angst, die Räumung wird erst in einigen Monaten stattfinden."

Es sind nur wenige der Bewohner anwesend. Entweder sind sie noch in der Uni oder auf irgendeiner politischen Versammlung. Die Küche ist groß und unaufgeräumt. Sie finden ein paar Scheiben Brot und etwas Käse. Rotwein steht auf dem großen Küchentisch. Die Einrichtung sieht nach Sperrmüll aus.

Die Hausbesetzung

Und Mario erzählt ihr etwas über die Hintergründe der Besetzung.

Sie findet nicht zufällig im Westend statt. In diesem Stadtteil hatte schon sehr früh eine Wohnraumvernichtung begonnen. Zwischen 1960 und 1970 sank die Einwohnerzahl im Westend fast um 50 Prozent. In dieser Zeit fielen mehr alte Bürgerhäuser der Abriss Birne zum Opfer als den Bomben während des 2. Weltkrieges. Zunächst kauften Versicherungen, Banken und Spekulanten Häuser und Grundstücke in der Absicht, dort gewinnbringende Bürokomplexe zu bauen. Die spekulativ in die Höhe getriebenen Grundstückspreise sorgten für eine rasche Entmietung und Vertreibung zahlreicher Bewohner.

Für die vertriebenen Menschen wurden am Stadtrand Trabanten-Vorstädte errichtet - das Wohnen sollte völlig aus dem Westend verbannt werden. Bis zum völligen Abriss der Häuser wurden oft noch Arbeitsmigranten - vor allem aus Italien und der Türkei - zu völlig überteuerten Mieten übergangsweise in die Häuser einquartiert.

Nirgendwo sonst in der BRD existiert zu diesem Zeitpunkt eine so offensichtliche Spekulation mit Wohnraum und nirgendwo sonst wurden mehr guterhaltene Häuser entmietet und zerstört. Die Besetzungen wurden von der SPD als 'symbolische Aktionen' geduldet. Eine Warnung vor weiteren Besetzungen wurde von Bürgermeister Möller gleichwohl hinterhergeschickt: *"Weitere Hausbesetzungen kann ich nicht mehr als demonstratives Signal werten, mit dem auf Missstände aufmerksam gemacht wird."*

Ab dem Spätsommer 1971 nehmen die Aktivitäten durch erste Versuche von Mietstreiks, der Besetzung von zwei weiteren Häusern und großen Demonstrationen mehr und mehr Züge einer sich verbreitenden politischen Protestbewegung an. Innerhalb der nächsten Monate wurden in rascher Folge weitere Häuser - zumeist von Studenten besetzt, auf deren Räumung der SPD-Magistrat aufgrund der unerwartet heftigen Proteste zunächst verzichtet.

Und in dieser Szene ist Mona jetzt gelandet. Es hätte mir schlimmeres passieren können, denkt sie bei sich und freut sich über das Abenteuer in das sie da hineingeraden ist.

„Also, Mona, die Küche ist der allgemeine Treffpunkt. Hier wird diskutiert, gestritten und gefeiert. Hier wirst du einige interessante Menschen treffen. Doch mach dir selbst ein Bild."

Da kommt auch schon eine lebhaft Bande Langhaariger reingestürmt. Die Diskussion ist heiß entbrannt. Man denkt darüber nach Hausbesetzungen nicht mehr zu unterstützen, wenn nicht wenigstens ein Teil Arbeiter und Migranten in der WG dabei ist.

Mona kommt also genau richtig. Sie verstärkt den Prozentsatz der nicht studierenden Minderheit in der WG. So ist das schnell gebongt. Sie bekommt ihren vorläufigen Schlafplatz zugewiesen und teilt sich das Zimmer mit Claudia, einer jungen Frankfurterin.

„Ist das Ok für dich?" fragt Mario.

„Na, das ist doch Luxus. Im Erziehungsheim haben wir zu viert in Doppelstockbetten gehaust." antwortet Mona.

Mario sieht sie erstaunt an.

„Es gab oft Kappeleien zwischen uns. Der einzige Platz wo ich mal meine Ruhe hatte, war auf der Toilette."

Mario: „Das kenne ich gut."

In dem Moment schneit ein großer junger Mann mit langen blonden Haaren in die Küche, die er in einem Zopf trägt. Er kommt gerade von seinem Job bei einer großen Frankfurter Verlagsdruckerei. Dort legt er vielfarbige Prospekte in die gefalteten Zeitungen. Ja, damals machte man das noch per Hand. Es war eine eintönige Arbeit. Drei Stunden Arbeit 15 Mark. Doch so hatte er noch genügend Zeit für sein Studium. Er hatte vor eines Tages seine eigenen Handzettel in die Zeitungen zu schmuggeln. Es soll ein Aufruf zum bürgerlichen Ungehorsam sein. Bestimmt fliegt er raus. Doch das ist ihm egal, Hauptsache er kann viele Haushalte erreichen.

Er grüßt Mona: „Hallo schöne Frau. Mein Name ist Peter und ich schätze mich glücklich unsere Küche von einer so schönen Blume erleuchtet zu sehen."

„Komm Peter, spinn nicht so rum", lacht Mario. Doch Mona geht auf das Spiel ein.

„Guten Abend schöner Mann. Meine Name ist Mona und ich schätze mich ebenfalls glücklich, dich endlich zu treffen, du Traum meiner schlaflosen Nächte."

Allgemeines Gelächter antwortet der Szene. Und jetzt merkt Mario wie müde Mona aussieht.

„Mona, willst du dich nicht etwas ausruhen. Ich weck dich, wenn das Abendessen fertig ist."

„Ja, das mache ich. Ich bin wirklich müde. Der Tag heute war sehr anstrengend für mich."

Es ist nicht Marios Hand, die Mona wachrüttelt. „Hallo Mona, ich bin Claudia, willkommen in unserem bescheidenem Heim. Das Abendessen ist fertig."

Claudia studiert Soziologie und Politikwissenschaften. Und sie möchte noch mit Psychologie anfangen. Was sie später machen will weiß sie noch nicht. Im Moment arbeitet sie mit einem Studienkolleg an einem Fotobuch über die Hausbesetzungen und Demos in Frankfurt. Das Geld zum Leben verdient sie mit Gelegenheitsjobs. Sie bekommt auch BAföG und ab und zu schneit ein Scheck ihres Herrn Vaters rein.

„Mona, brauchst du eine Haarbürste?"

„Ja danke, meine ist irgendwo in den Tiefen meiner Reisetasche verschwunden."

Als die beiden in die Küche kommen,
sitzen die anderen um den großen Tisch herum und unterhalten sich. Es gibt Brot, Käse und Wurst. Manche haben nur eine Tasse Tee oder ein Bier vor sich. Mario liest in einem Asterix Comic. Den beiden Frauen wird Platz

gemacht. Mona kommt sich fremd vor unter all diesen Intellektuellen.

`Was werden die nur über mich denken, die sind doch alle viel schlauer. Und ich komme hier einfach reingeschneit.´

„Hi Mona, mein Name ist Sabine. Schön, dass du die Frauenquote hier verstärkst."

Alle lachen. Jetzt stellen sich die vor, die sie noch nicht kennt. Scheinbar hat Mario ihnen schon von ihr berichtet, denn keiner stellt irgendwelche nervenden Fragen. Alle lächeln Mona freundlich an.

„Hallo, danke für eure Gastfreundschaft. Ich denke ich werde sie nicht lange in Anspruch nehmen."

„Na komm, du kannst gerne bleiben. Aber jetzt iss und trink erst mal und fühl dich wie zu Hause, " lädt sie Peter ein, „du kommst genau richtig. Thomas will aus seinem Buch vorlesen und unsere Meinung dazu hören."

„Da kann ich ja beginnen. Und keine Angst, es dauert nicht so lange wie beim letzten Mal." sagt Thomas lächelnd."

„Rita, schmatz bitte heute nicht so laut."

„Den Furz von Klaus hast du ganz vergessen", gibt Rita kontra. Alles lacht und Mona mit. Sie ist erleichtert. Die reden wenigstens nicht so geschwollen und hochnäsig daher.

Thomas schlägt sein Buch an einer Stelle auf, die er sich mit einem Zettel markiert hat.

„Die Erfahrung lehrt, dass die Jugendlichen, die nur mal kurze Zeit rumgemotzt haben, ohne sich die Frage ernsthaft zu stellen, was der Grund für ihre Misere ist, sich blind in das Verhältnis stürzen, das eine der Ursachen für Ihre verfahrene Situation ist. Sie heiraten, gründen eine Familie und die ganze Schoße beginnt von vorne. Sie gehen die Ehe ein mit der festen Absicht, die Fehler der Eltern nicht

51

wiederholen zu wollen. Sie glauben, ihr guter Wille alleine sei ausreichend, um alles ganz anders machen zu können. Sie sehen nicht, dass die Ehe – also die Zweierbeziehung auf Lebenszeit – den tatsächlichen Bedürfnissen des Menschen nicht wirklich gerecht wird.

Der Ehevertrag entspricht einer freiwilligen Amputation sexueller und seelischer Bedürfnisse. Und dient mehr oder weniger als Kontrollinstanz der gesellschaftlichen Ordnung...."

So verbringt Mona den heranbrechenden Abend in anregender Gesellschaft. Sie kann noch nicht so mitreden, doch sie lernt dazu, nimmt sie sich vor. Und in ihr reift die Idee, dabei mit zu wirken, dass Erziehungsheime der bestehenden Form abgeschafft werden.

Blende - In einer Frankfurter Disco
Nach der kurzweiligen Abendunterhaltung in der WG nimmt Mario Mona in die Disco mit. Der kurze Schlaf hat sie erfrischt. Jetzt wartet er an der Theke auf die Drinks und vertreibt sich die Zeit mit seinem Lieblingsspiel: Menschen beobachten.

Auf der Tanzfläche gibt es nur wenige, die sich authentisch zur Musik bewegen. Die meisten halten es mit der Prämisse: Nur keine Experimente - Keine eigenen Ideen im Kopf - Noch weniger etwaige eigene Träume - Die schwitzenden, erblindeten und verblödeten Tanzbären und -püppis sind so herrlich kopflos und jetzt schon kommerziell gleichgestanzt, dass sie sich vorzüglich für ein bequemes, desinteressiert naives Teenagervorbild empfehlen.

Da gibt es zum Beispiel diese junge aufgetakelte Blondine. Mario nennt sie Tina. Sie ist noch ein halbes Kid, dort auf der Discobühne. Vor Menschen ihres Schlages, mit der

Stofftiermentalität eines gepflegten Wienersängerknaben, die weder Steine, geschweige denn einen persönlichen Schatten werfen, brauchen sich die sozialen und politischen Machtverhältnisse nicht zu fürchten.

Auf der Bühne der Tanzfläche sind heute fast nur tanzende Zombies auf dem Weg in die Keimfreiheit des Nichts und Niemand unterwegs. Tinas selbstvergessener Tanz ist systemkonforme Affekthandlung, deren Pseudoaktivität Energien kanalisiert, die anders ausgelebt – Machtstrukturen erschüttern könnten. Vor diesem Hintergrund passt es, das Tina bestimmt, wie einst Oma, – zur Beichte dackelt.

Gespräch zweier Jungens an der Theke

"Wenn die schönere Beine hätte, würde ich sie gerne bumsen."

"Ich nicht, ihr Gesicht ist zu heftig geschminkt."

"Stimmt auch wieder. Ich werde mal eine Schminke erfinden, die auch einigermaßen gut schmeckt."

Mona sitzt mit lockigen roten Haaren und einem hübschen, ruhigen, stupsnasigem Gesicht in der plüschigen Sitzecke. Sie lächelt Mario an, als er mit den Drinks auf sie zukommt. Lachend setzt er sich dazu.

„Was gibt's zu lachen, Mario?" fragt Mona.

„Ach, das war reinste Situationskomik gerade, schwierig zu erzählen", antworte Mario.

„Du bist nicht sehr gesprächig – oder?"

„Hmm, ich halte nix vom Smalltalk – ich höre lieber der Musik zu, wenn sie denn gut ist."

"Für mich ist das Ok. Ich glaub eh, dass wir viel zu viel heiße Luft bewegen und vor uns her blubbern und gar nicht darauf achten, was wir alles so für 'nen Mist verzapfen."

Mario nickt und nippt an seinem Gin Tonic.

Mona fährt fort: "Kommunikation besteht für mich nicht nur aus Reden. Die Schwierigkeit ist, dass wir zu selten auch die anderen Möglichkeiten nutzen. Wer versteht schon die Sprache der Musik, der Bilder, der Gesten und Gefühle? Die meisten von uns können nicht mal die Worte richtig gebrauchen."

„Man müsste halt versuchen, möglichst deutliche Verständigungsarten zu finde. Dazu gehört bestimmt ne gewisse Bewusstseinsveränderung. Aber so einfach ist das scheinbar nicht. Den Mensch gibt's ja schließlich nicht erst seit zwanzig Jahren!"

"Da hast du recht Mario, die Bereitschaft tolerant und offen für den anderen zu sein gehört schon dazu, will man ihn verstehen."

"Meinst du, dass wir das schaffen könnten?"

„Wir könnten es versuchen", antwortet Mona lächelnd.

Viel Trubel um sie herum. Laute Musik, tanzende Menschen, flackerndes farbiges, wechselndes Licht, Lachen, Rufen, Gläsergeklirr und dicker Zigarettenqualm.

Mario legt sich bequem in die Kissen der Sitzecke und betrachtet Monas Gesicht. Ihr warmes offenes Lächeln und die strahlenden Augen geben ihm ein gutes Gefühl. Fragend, als sucht sie nach was Wichtigem guckt sie ihn an. In dem Augenblick, alle Hemmungen vergessend, möchte er nach ihrer Hand fassen. Als hätte sie es geahnt, hebt auch sie die Hand. Sie treffen sich mitten in der Bewegung zu einer ersten zärtlichen Berührung. Ein Aufleuchten in Monas Augen und Mario kann nicht anders, er muss lachen. So frei hat er sich schon lange nicht mehr gefühlt.

Sie springt auf, er ist etwas erschrocken und da ist sie auch schon halb auf ihm, mitten im Getümmel der Disco. Ihre Augen treffen sich. Ihre Gesichter nähern sich langsam. Ihr offener Mund, warmer Atem streichelt seine Augen und plötzlich spürt er ihre feuchte, bewegliche Zunge auf seinen trockenen Lippen. Eine plötzliche Erektion beult seine Hose aus. Sie muss es merken. Schalk sitzt in ihren Augen.

Ein Stern ist aufgegangen an Marios Hoffnungslosigkeithimmel.
Frischer Wind bläst ihm den Winter aus seinen Gehirnwindungen und dem versumpften Gedärm. Mit breiten Schultern füllt er die Öffnung der Tür aus. Ein Lächeln spielt auf den sinnlichen Lippen des gut aussehenden Mannes. Er leckt sich die Lippen. Welch eine Zunge!, sagten die Tanten und gruben sich unter ihren Näharbeiten die Faust zwischen die Beine. Das Blut schoss dem jungen Mann in die Lenden. Er führte eine Hand in die Tasche seiner weiten Hose und ergriff sich selbst. Eine warme Handvoll, dick wie ein Schwanenhals. Ein seltsamer Fisch schwebte leuchtend über den Wassern des breiten Flusses.

Er war hier, der Mann den sie nicht erwartet hatte. Ganz plötzlich und zum ersten Mal wusste Mona wirklich, dass sie in einem Körper lebte, in einem weiblichen! Sie fühlte ihre Schenkel und wusste dass die pressen konnten. Sie fühlte ihr Nippel lebendig wie Blumen. Sie fühlte den saugenden Hohlraum ihres Bauches, die Einsamkeit ihres Hinterns. Sie fühlte die schmerzliche Öffnung ihrer süßen Möse, ein Schrei. Und sie fühlte die Existenz eines jeden Schamhaares. Sie waren nicht zahlreich und so kurz, dass sie sich nicht einmal kräuselten. Sie lebte in einem Körper, einem weiblichen und er funktionierte prima. So strahlend war der Fisch, der sich über dem Fluss erhob.
Sie fühlte in ihrer Vorstellung schon die Kreise der braunen Arme des Mannes, das Kreisen des starken Mannes

zwischen ihren Schamlippen, die Kreise ihrer Brüste, die er unter sich platt drücken würde, den kreisrunden Abdruck ihres Bisses an seiner Schulter, den Kreis der keuchenden Küsse!

Ein Fisch sprang aus den glitzernden Wellen des Flusses und schwebte über seinem Wirbel, bis der Wirbel weg sank. Und immer noch schwebte der Fisch.

Das Licht eines neuen Tages
sieht Mona und Mario in Löffelchenhaltung engumschlungen schlafen.

Die Strahlen der Mittagssonne fallen in ihr Gesicht. Sie erwacht. Auf der Birke vor dem Haus sitzt ein Rotkehlchen und bedankt sich mit ihrem Lied für das schöne Wetter. In ihrem Halbschlaftaum ist sie selbst der Vogel, auf einem Zweig sitzend, unter sich das Glitzern eines Waldsees. Sie erhebt sich, fliegt knapp über dem klaren Wasser dahin. Ihr Spiegelbild darauf. Grenzen werden flüssig, Konturen lösen sich auf. Und dann wacht sie mit einem Ruck auf.

Mona fragt sich kurz wo sie ist. Da läuft der Film des vergangen Tages vor ihrem inneren Auge ab. Sie spürt Marios Wärme an ihrem Hintern und Rücken und lächelt. Jetzt wird ihr Blick ernst. Ob man sie sucht? Ein Gefühl der Angst und Ungewissheit beschleicht sie. Was kann sie schon machen? Sie hat keine abgeschlossene Berufsausbildung, keine Zeugnisse, keine Papiere, kaum Geld.

Plötzlich wird die Tür aufgerissen. Claudia stürmt herein.
„Hallo Ihr Langschläfer. Schönes Wetter Leute. Lasst uns was unternehmen."

Mario stöhnt leise auf. „Claudia du Trampeltier. Ich hab gerade so schön geträumt. Von Bergen und Tälern, die Ähnlichkeit mit Monas Rücken hatten."

Claudia lacht. „Na hast du noch nicht genug. Ihr habt mich heute Nacht ganz schön angetörnt."

Mona wird rot. „Haben wir dich sehr gestört."

„Ach, Störung würde ich das nicht bezeichnen. Ihr hattet Glück, dass ich nicht dazu kam."

„Claudia, musst du nicht in die Uni?" fragt Mona.

„Juchuu ich schwänze. Also kommt, wir fahren an den See. Mario du hast doch ein Auto."

Zwei verliebte Tage später war klar das Mona erst einmal in der WG bleibt. Den Beitrag für zwei Monate Haushaltskasse hatte Mario mittels eines Päckchen Haschisch für sie bezahlt.

Mona will versuchen einen Job zu bekommen und auf eigene Füße zu fallen. Mario wird immer mal nach ihr schauen.

Blende - Nebel treibt durch die Straßenschluchten.

Ruhigen, gemessenen Schrittes geht Mario durch die beleuchteten Inseln der Straßenlaternen. Es gab damals noch keine Halogen- oder Energiesparlampen. Links und rechts hohe Häuser, mit großen spiegelnden Fensterscheiben. Vor ihm verführerisch ausgebreitet die Auslagen in den Schaufenstern. Maßgeschneiderte Anzüge mit Nadelstreifen oder aus weinrotem Leder. Von oben herab grinst ihn das dekadente Gesicht einer Schaufensterpuppe an. Die Arme hat sie einladend angewinkelt.

Da -, herrlich! All die Diamanten, Saphire, Goldreifen und Silberbroschen. Das Auge ist geblendet. Verstohlen blickt er sich um, kann keinen Passanten aber auch keinen passenden Pflasterstein entdecken. Heutzutage wird in Beton und Asphalt gearbeitet. Er wendet sich um, blickt in die Höhe und vor Staunen hält er den Atem an. Schwebt doch tatsächlich neunzig Metern über ihm der Schriftzug "Trink Coca Cola" und blinkt, einfach so in die Nacht hinein. Doch dann erkennt er, dass das Gerät an einem Wolkenkratzer befestigt ist, der vom Nebel verschluckt ist.

Auf den Straßen siehst du viele interessante Leute. Alles gibt es hier, wie er es nur haben will. Da steht eine angemalte Hure, sie wartet. Er fragst sich, warum man die Huren immer gleich erkennt, weshalb können sie nicht so rumlaufen wie andere Frauen? Bestimmt auch so ein Reklametrick.

Strichjungen, die warten auch oder winken einladend zu ihm herüber. Sie lösen bei ihm eine seltsame Betroffenheit aus. Ein ganz ausgeklinkter Typ kommt, tätschelt ihm den Hintern und fragt ihn, was es kostet. Alles wegen seinem goldenen Ohrring und seinen langen Haaren?

Er siehst noch andere Menschen warten. Auf was warten die nur? Deutsche, Italiener, Türken, Inder, Engländer, Pakistanis, Polen, Rumänen, Jugoslawen, Schwarze, Gelbe und was es sonst noch alles gibt. Alle warten sie. Auf was warten sie?

Einer erzählt ihm später, so sei es alle Tage. Jeder hofft auf irgendeine Weise sein Glück zu finden, Geld zu machen. Und immer wieder diese hirnrissige Assoziation: Geld gleich Glück.

Alte Männer verschwinden in Lokalen, schlagen die schweren Türvorhänge zurück, blicken verstohlen über die Schulter. Wohl um zu checken ob es ihre Alte auch nicht gesehen hat. Drinnen empfängt sie eine drittklassige Nacktänzerin, der man es ansehen kann, dass sie ihr Geschäft im Schlaf beherrscht. Zur Untermalung des ganzen gibt es leise aufreizende, einschmeichelnde Musik. ---

58

He Alter, spar dir dein Geld! Geh was Anständiges essen und probier's nochmal mit deiner Frau, so frigide wie du denkst, ist sie nicht.

He, alter Mann!
Alter Mann hier ist meine Hand.
Alter, gib mir einen Rat.
Alter Mann, hab ich eine Chance?

Komm erzähl mir was von dir.
Erzähl mir von deinen Kindern.
Wie war das damals mit deiner großen Liebe?

Alter Mann, schau in mein Gesicht.
Kannst du meine Zukunft sehen?
Alter Mann, es ist nicht so, dass ich dich nicht verstehe.
Alter, versuch auch mich zu verstehen.
Leben und leben lassen!

Und weiter treibt Mario mit dem Nebel durch die nächtlichen Großstadtstraßen. Feiner Regen trifft sein staunendes Gesicht. Die Kneipen machen langsam Schluss, der Fluss wird sichtbar. Da steht eine Bank nahe am Wasser. Eine Neonröhre bringt summend Licht ins Dunkel. Ist wirklich ungewöhnlich still hier, nur hin und wieder dringt ein Geräusch durch den Nebel. Das trübe Wasser der Kloake fließt an ihm vorbei, leichter Mief nach Chemie und Gift steigt von ihr auf. (Damals war der Main tatsächlich schmutziger als heute). Die Plastikbank ist feuchtbeschlagen. Das leise Summen der Neonröhre über ihm gibt ihm das Gefühl, dass die Zeit tropfenweise von ihm abfällt. Sekunden dehnen sich aus, die Einsamkeit der Nacht stülpt sich über ihn wie eine Käseglocke, die alle Eindrücke von ihm hält.

Plötzlich, erschreckt von so viel Einsamkeit und Stille, springt Mario auf und eilt zurück in die City. Er muss weiter, dorthin, wo Menschen sind. Schnell durchquert er die Uferanlagen und strebt zum Licht. Am Busbahnhof wartet ein später Überlandbus im Nieselregen. Da sieht er SIE. SIE sitzt auf der hintersten Bank des Busses, hat ein herzförmiges Sichtfenster auf der beschlagen Scheibe gemalt und lächelt ihn an. Er muss ein überraschtes Gesicht machen, denn sie lacht.

Gerade hat er noch Zeit, eine feuchte Haarsträhne aus dem Gesicht zu streichen und die Hand zum Gruß zu heben, da fährt der Bus auch schon ab. Ihm bleibt nur noch, den roten Heckleuchten nachzustarren, die jetzt langsam in der Dunkelheit verschwinden. Es geht weiter, die Stadt schläft nie. Ein bisschen Jazz, ein Glas Wein, mehr braucht er im Moment nicht. Es ist nicht weit zum Frankfurter Jazzkeller. Mangelsdorf, Volker Kriegel und andere Größen begannen hier ihre Karriere. Und da sitzt er, lässt sich von der Musik antörnen und schaut sich all die erhitzten Nachtgesichter an.

Der Jazzkeller
ist nicht groß, ein langgestrecktes Gewölbe, im Krieg als Luftschutzkeller benutzt. In der Mitte die runde Theke. Ein altes hölzernes Wagenrad hängt von der Decke. Auf eingelassenen Holzzapfen stecken die Biergläser.

Dicht gedrängt stehende oder sitzende Menschen. Die einen wiegen sich im Takt der Musik, die anderen versuchen den Geräuschpegel zu überschreien, um ein Gespräch zu führen, von dem der Nachbar die Hälfte eh nicht mitbekommt.

An der Theke gibt ein Typ mit schmalem Gesicht, Rändern unter den Augen und rötlichem Backenbart eine Bestellung auf.

"Zwei Kirschwasser bitte."

Er nimmt sie in Empfang, stellt sie vor sich hin, leckt sich genüsslich die Lippen, guckt sich die Schnäpse noch mal andächtig an, und schwupp, der Erste ist weg und schwupp, als wär's ein Ritual folgt der Zweite. Frisch gestärkt stürzt er sich ins Getümmel.

Gesichter und Klänge

Der Sänger, in die Musik vertieft, steht vor dem Mikro und wartet auf seinen nächsten Einsatz. Der Pianospieler hinter ihm hat sich ganz schön reingeschafft. Der Xylofonspieler setzt schwitzend zu einem Solo an. Dann zeigt der Drummer was er kann. Das Bass lässt sich etwas hängen, doch der Trompeter hat nen tollen Grove.

Und die Erde dreht sich rasend schnell um sich selbst und um die Sonne. Und das macht sie schon seit ewiger Zeit. Wind, Wetter, Wolken und Wasser berühren und verändern sie.

Vor kurzem erst kam der Mensch -, da fing der Planet zu eiern an.

Über all dem steht die Sonne und beleuchtet in majestätischer Ruhe das ganze Drama. Und Mario sitzt auf der andern Seite der Kugel und lässt sich von der Nacht betören.

Später, im Osten dämmert es leicht und die Straßenlampen leuchten nur für ihn alleine. Alles ist leer und tot. Die Betonkolosse, Hochhäuser genannt, nehmen bedrohliche Formen an. Der Mensch, so winzig und klein in diesen Häuserschluchten. Die Betonkönige wollen unter sich sein.

Wollen sie sich nicht auf ihn stürzen? Sie sind die alleinigen Machthaber der neuen Welt.

Jetzt wünscht er sich, noch immer auf der Waldlichtung zu liegen, von Sonnenstrahlen durchwärmt, den Insekten bei ihrem emsigen Treiben zuschauend. Auf einem Grashalm eine Libelle, die in allen Regenbogenfarben schillert und Vögel, die die Akustik dazu anbieten.

Doch plötzlich - Wer weiß wie es geschah - Berufsverkehr - ganz dicker! Autos rasen an ihm vorüber, gehetzte, verpennte, morgenverzerrte Alltagsgesichter stürmen der überfüllten Straßenbahn nach. Ein Arbeiter geht an seiner Seite. Seine groben verarbeiteten Hände, Schmutz unter den Fingernägeln, halten die Frühstückstasche und die Bild Zeitung. Der Overall, voller Ölflecken und aufgenähte Flicken, umschlappert seine leicht gebeugten Schultern. Sein Blick ist teilnahmslos, noch mit der vergangenen Nacht beschäftigt. Mit großen Schritten misst er den Asphalt unter seinen Arbeitsschuhen und doch kommt er nicht vorwärts.

Alltag
Eins und eins geben zwei
Aber wohin führt dieses Einerlei?
Du bist unten
Du liegst auf der Straße
Oder du bist Arbeiter.

Eins und eins geben zwei
Und abends das Bier und die Pantoffeln
Der Fernseher und um zehn das Bett
Sechs Uhr in der Früh aufstehen.
Um Sieben in die überfüllte Straßenbahn.
Halb Acht starrt dich die Stechuhr wieder an.

Halb Zehn dein Frühstück mit der "Bild". Zwölf Uhr ist Mittag.
Aha, die Hälfte vom Tag ist um.
Kriegen wir auch noch den Rest herum.

Er merkt, wie müde er ist
Wird ganz leer und hol
Und dann ist es endlich rum
Er setzt sich in die Straßenbahn und fühlt sich ganz dumm. -

Doch noch ist es der Beginn eines Tages und der Arbeiter fällt plötzlich in Trab. Seine Straßenbahn steht schon an der Haltestelle. Auspuffgase verjagen den Morgennebel. Presslufthämmer dröhnen, Menschen schreien, Autos hupen. Hektik und Stress.
"Das Neueste vom Neuen" ruft der pakistanische Bild Zeitungsverkäufer Mario entgegen. Er kauft zehn. Faltet sie auseinander, knüllt sie zusammen, sucht sich ein windgeschütztes Plätzchen, zündet den Dreck an und wärmt sich die klammen Finger.
Keiner achtet darauf, ein jeder mit eigenen Nöten und Sorgen beschäftigt. Nur ein türkischer Straßenarbeiter tritt heran, bietet ihm einen Schluck heißen Tee aus der Thermoskanne an und wärmt sich seine Arbeitshandschuhe an dem Bildzeitungsfeuerchen.
Ein angebrannter Fetzen Zeitung segelt Mario vor die Füße.
Er hebt ihn auf und liest:
„Trauriges Beispiel von Einsamkeit"
Münchener Rentner lag sieben Jahre tot in seiner Wohnung.
Skelettiert und zum Teil mumifiziert wurde im Münchener Stadtteil Großhadern, ein vor sieben Jahren verstorbener Rentner in seiner Wohnung aufgefunden. Sieben Jahre lang

ging seine Miete inklusive Nebenkosten per Dauerauftrag pünktlich zum Monatsersten ein......

Ein Wagen fährt vorbei, aus dem offenen Fenster schallt ein Lied von Ideal: Da leg ich mich doch lieber hin – Hat doch alles keinen Sinn.

Am Bauzaun ein Graffiti: ‚Lieber Zuviel gegessen – als Zuwenig getrunken'

Jetzt hat sich auch der letzte Hauch der Nacht verflüchtigt. Die Gesellschafter der BRD gehen zur Arbeit und Mario zieht sich die Bettdecke über den Kopf und lässt den Tag sein Werk tun.

Blende - Später – Mario liegt im Bett

Auf einer Uhr ist es fünf vor zwölf.

Durch die geschlossenen Rollläden schimmert Tageslicht. Mario isst etwas aus der Dose. Schlechte Nachrichten aus dem TV...... Mario dreht sich dabei eine Joint...... Später schläft er wieder ein.

Er träumt von Josef, 53 Jahre alt. Der sitzt wie jeden Tag in seinem kleinen Verschlag vor dem Schaltpult und drückt wie jeden Tag bestimmte Knöpfe zu bestimmten Zeiten. Josef kann sich nicht daran erinnern, dass während seiner Zeit hier schon mal was schief gelaufen ist. Erst kürzlich lobte ihn Herr Brehm, sein Vorarbeiter

„Ja Josef, jetzt arbeitest du schon zwei Jahre hier und nie ist was passiert, ich werde dich für eine höhere Lohngruppe vorschlagen."

Mit dem Vorarbeiter kann man reden, denkt Josef, er ist zwar noch jung aber ganz in Ordnung. Neulich hat er geheiratet. Da hat er uns eingeladen und dann haben wir in der Kantine einen getrunken.

Nach der Mittagspause kommt Herr Brehm zu Josef.

„Josef, hör zu, heute kommt der Direktor mit einigen Teilhabern der Firma und macht einen Rundgang."

Da kommen die Herren auch schon. Hie und da begrüßen sie die Arbeiter an ihren Maschinen und wechseln ein paar Worte mit ihnen. Sie kommen auch zu Josef.

„Hallo! Wie geht es Ihnen? Können Sie mir bitte sagen, was Sie hier machen?

„Guten Tag. Meine Aufgabe ist es bestimmte Schalter zu bestimmten Zeiten zu betätigen."

„Aha, wie lange machen sie das schon?"

„Zwei Jahre"

„Ist die Arbeit nicht etwas langweilig?"

„Ach, so schlimm ist es nicht, ich kann mich erinnern, dass ich mich in der ersten Zeit gelangweilt habe aber man gewöhnt sich dran, und schließlich ist diese Arbeit wesentlich besser, als meine vorhergehende am Fließband."

„Sie haben wohl keinen Beruf gelernt?!"

„Nein"

„Danke sehr, Auf Wiedersehen."

„Auf Wiedersehen"

Als die Herren wieder in ihrem vollklimatisierten Büro sitzen, einen Drink in der Hand, fragte der neugierige Herr den technischen Leiter der Halle.

„Hören sie Herr Sachs, können sie mir erklären, was der Mann in seinem Verschlag tut?"

„Er hat praktisch keine Aufgabe mehr. Die Halle arbeitet fast vollautomatisch. Die Arbeiten, die der Mann in seinem Verschlag ausführt sind nur Kontrollschaltungen. Da wir jetzt erkannt haben, dass sich die Maschinen bewährt haben, werden wir demnächst die restlichen Arbeiter entweder umschulen oder entlassen."

„Lohnt sich das denn bei Josef noch, in seinem Alter?"

„Wir werden ihn wohl entlassen müssen."

Und alle Herren freuen sich über die gelungene Investition.

Blende - Eine orange Sonnenscheibe geht zwischen den Betonsilos unter.
Und Mario wacht auf. Seine linke Hand, die einige Stunden verquer unterm Kopfkissen eingeklemmt war, zuckt. Seine Augenlieder blinzeln und langsam taucht er aus der Bewusstlosigkeit seines Schlafes auf. Er streckt den Arm mit der verqueren Hand senkrecht in die Höhe. Sein schlaftrunkener Blick fällt auf die alten Einstichnarben in der Armbeuge.

Junkie
Als ich dich fand
War dein Blick starr
Deine Lippen unbeweglich
Und ich glaubte
Du sähest mich nicht -

Als ich dich fand
Waren deine Hände kalt
Dein Körper steif

Und ich glaubte, es wäre der Winter.
Langsam fiel Schnee
Vom Himmel

Und im Frühling
Im Frühling
Wuchsen Blumen zwischen deinen Händen.

Am Arm entlang fällt Marios Blick
auf das Bild an der Wand - ein einsamer See, in dem sich Berge und Himmel spiegeln.
Und Mario kommt der Gedanke sich an die Straße zu stellen um mal wieder in den Süden zu trampen. Er muss auf jeden Fall raus aus der Stadt, die so viele Mauern hat. Und dann geschieht wieder etwas vom Seltsamen. Er hat das Gefühl, als gäbe es eine Instanz jenseits der normalen Gedankenmaschine in ihm. Diese Instanz ist nicht abhängig vom Körper und den Beziehungen zur relativen Erfahrungswelt.

Dieses „Etwas" scheint ein eigenständiges Leben zu haben. Still, souverän, voller Humor steht ES über allem. Wenn Mario damit in Verbindung kommt, scheint es keine Fragen und Probleme mehr zu geben. Jedes Mal wenn ES sich zeigt, steigt sein Selbstgefühl an und ein Lächeln erscheint auf seinem Gesicht. Wie gerne würde er in diesem Zustand dauerhaft verweilen!
Ohne große Hast schält Mario sich aus der Bettdecke. Er langt nach seiner Unterhose, die irgendwo im geordneten Chaos seines Zimmers liegt.

Langsam beginnt sein Alltags-Bewusstsein wieder zu funktionieren. Der TV, den er ganz unbewusst angeschaltet hat, bringt Werbung, kaputte Werbung. Meister Propper, Bacardi in der Südsee, das neueste Automobil, ein Dank aller Hausfrauen an AEG.
Irritiert schaltet Mario wieder ab und legt eine Platte von Van Morrison auf. Im violett gestrichen Bad rasiert und duscht er sich. Die Silberfolien um die alten Wasserleitungen und die großen Spiegel reflektieren das Licht. Sieht alles nach Sperrmüll und Flohmarkt aus.

Und die Sonnenscheibe ist wieder hinter den Horizont gesackt
Die Skyline der Stadt steht hochgezackt
Im Osten steigt die Nacht
Und der Vollmond mit seiner Macht.

Der Henningerturm angestrahlt von grünem Licht
Geschmückt mit rotem Warnleuchten
Am Himmel oben ein Komet – ne stimmt nicht.
Ist nur ein Flugzeug, wartet auf die Startbahn-West.

Na, mein Herr, lassen sie die Witze,
Mir von ihrem Kummer zu erzählen.
Kummer buchstabiert wie:

K wie Kalbskopf
U wie Unfug, grober Unfug
　　Gröbster – Ja
M wie Mumpitz
Sie sind falsch verbunden, mein Herr
Total falsch verbunden ....

Mario sitzt auf dem Klo
Seltsam wie das Bewusstsein uns manchmal Streiche spielt und uns Bilder der Vergangenheit zeigt, als wäre es gestern gewesen. Mit neunzehn war er am zweiten Weihnachtstag von zu Hause abgehauen. Es ging nach Hamburg.- Nur mit seinem geliebten R4 und einem Koffer. Auf einer Trampfahrt durch Schweden hatte er im Sommer Musiker kennengelernt. Mit denen war eine Reise durch Amerika geplant. Die Route 66 lang. Als konsequente Makrobiotiker lebten die Musiker mit Frau, Kind und Kegel und Tonstudio in einem großen alten Reetgedeckten Bauernhaus in Stade,

nahe Hamburg. Udo Lindenberg und Otto Walkes wurden gerade in Hamburg bekannt.

Mit Hilfe von Valoron entzog sich Mario hier mal wieder vom Heroin. Keiner von den Typen sollte es merken. Das alte Haus erzählte ihm viele Geschichten von dem, was in ihm schon alles passiert war. Da war gestorben und geboren worden. Armeen waren an ihm vorbeigezogen und jetzt wurde gerade ein Atomkraftwerk in der Nähe errichtet.

Von all der Rohkost bekam Mario Blähungen und Alpträume von gebratenen Hähnchen, die an ihm vorbei flogen. Doch sonst genoss er es in den Tag hineinzuleben. Die Reise war erst in sechs Wochen angesagt. Die Flugtickets schon gebucht. Er machte lange Spaziergänge auf dem flachen Land und an der nahen Elbe lang.

Mario wollte Hamburg kennenlernen. Für einige Wochen wohnte er bei einem netten Schwulen in Hamburg, Stadtteil St. Georgen. Er durchstreifte es nach Lust und Laune. Seinen Brathähnchenträumen wollte er gleich am ersten Tag in der Stadt ein Ende machen. Die anderen konnten ihn ja jetzt nicht sehen. Doch er kotze die fettigen Leichenteile gleich wieder aus. Scheinbar hatte er sich auch vom Fleischkonsum entzogen. Doch es gab ja noch mehr in der großen Stadt zu entdecken.

Diesem angenehmen Schwebezustand wurde ein jähes Ende bereitet. Mario bekam Gelbsucht. Das sah's wie der Hammer auf dem Nagel!

Verdammt, gerade jetzt. Die Reisevorbereitungen für ihre Fahrt nach Kalifornien waren fast abgeschlossen. Mario wollte gerade seinen R4 verkaufen, hatte noch einen Drogendeal angeleiert, schließlich musste Geld für die Amerikareise beigeschafft werden.

Plötzlich waren alle Pläne, Wünsche und Hoffnungen zerflattert wie ein aufgeschreckter Schwarm Tauben. Er war quittegelb und sollte ins Krankenhaus, hatte aber keine Krankenversicherung mehr, seitdem er bei der Deutschen Bundespost gekündigt hatte. Und so lief er, schon im geschwächten Zustand, durch die Stadt und versuchte die Situation zu klären. Dann stellte sich glücklicherweise heraus, dass seine alte Versicherung noch zuständig war und er ließ sich ins Dropenkrankenhaus einweisen. Das lag in der Nähe des Hamburger Hafens.

Mario kam auf die Isolierstation. Dort war er sechs Wochen abgeschottet von der Außenwelt. In seinem Bett liegend hörte er die Nebelhörner und Sirenen der großen Bötte draußen auf der Elbe, die sich auf dem Weg in die weite Welt machten. Seine Freunde waren jetzt schon auf der Route 66. Und er war gefangen in diesem Körper, der nicht so wollte wie er wollte.

Mario hatte jetzt viel Zeit zum Nachdenken.
Was sollte er anderes tun? Na, du kannst auch zählen. Du zählst zum Beispiel die Zeit, obwohl du versuchst es nicht zu tun. Zählen setzt ein Ende des Zählens voraus, zumindest, wenn du es nur mit kleinen Zahlen tust. Wer hat noch nicht bis hundert gezählt? Wer könnte bis in alle Ewigkeit zählen? Du zählst eine Anhäufung von Zeit. Ein Tag ist schon eine Last von Zeit, die schwer wiegt. Aber innerhalb eines Tages können sogar Minuten von Unheil sein, wenn sich eine auf die andere häuft.

Wenn du nichts zu tun hast, ist das schlimmste, was dir geschehen kann, ein endloser Vorrat an Minuten. Es ist, als gießt du nichts in eine Million von Flaschen. Du kannst aber auch warten. Du wartest während der Minuten der Hoffnung und der Tage der Hoffnungslosigkeit. Und so zogen sich die Tage dahin, die Stunden liefen aus wie ein vollreifer Käse. Am Ende der Woche wusste Mario nicht wo die Zeit geblieben ist. Keine Erinnerung markierte die Zeitspanne. Sie wurde durchsichtig und gegenstandslos.

Manchmal hätte Mario seinen Bettnachbarn auf die Zähne hauen können, weil er ihren Atem hörte. Das leise Summen der Neonröhre über seinem Kopf verstärkte noch in ihm das Gefühl, dass die Zeit tropfenweise von ihm abfiel. Das Tropfen des Wasserhahnes raubt ihm die letzten Nerven. Die Sekunden dehnten sich aus und die Einsamkeit der Nacht stülpte sich über ihn wie eine Glocke.

Mario hatte auch viel Zeit über die verdammte Fixerei nachzudenken. Ist doch reichlich paradox! Da gibt es Menschen, die suchen einen Weg, sich von den Hemmnissen und Zwängen der Konsum-, Leistungs-, Lieblos-, Beziehungslos-, Krieger- und Kariesgesellschaft zu befreien. Einige von ihnen denken, ihr Weg sei der Weg der Drogen. Doch dieser Weg führt nicht zum Ziel. Im Gegenteil, der Konsumzwang packt sie nur noch fester am Arm. Von Freiheit kann da keine Rede sein.

So ein Gilb ist gar nicht so ohne.
Nachdem Mario aus dem Krankenhaus raus war, musste er noch Diät halten, durfte sich nicht in die Sonne legen, durfte kein Fett oder scharfe Sachen essen, keinen Alkohol oder andere Drogen zu sich nehmen. Selbst das Bumsen sollte er, wegen der Anstrengung, langsam angehen lassen. Da war also die Fahrt nach Amerika geplatzt. Und so landete er erst mal wieder in Frankfurt. Die Fahrt mit seinem R4 war eine heikle Aktion. Die 500 Kilometer ein Abenteuer. Die

Radlager waren nämlich mittlerweile im Arsch. Die WG hatte ihn ganz schön gescheucht.

Weil das vordere Linke Rad nen ganz besonderen Knacks hatte, stellte Mario sich während der Fahrt immer wieder vor, wie es wäre, wenn das Rad wegbräche. Dann müsste er ganz stark rechts einschlagen, sonst rammte er vielleicht noch einen Wagen, der ihn gerade überholen wollte. Am laufenden Band machte es Wabb-, Schlacker- und das Lenkrad wobbte ihm in den Händen herum. Der Schweiß stand ihm auf der Stirn. Er war also heilfroh, dass er nach Frankfurt gelangte und den R4 hier für 1000 DM verkaufen konnte. Das war halb geschenkt, aber was sollte er machen? Er hatte kein Geld für die Reparatur.

Mario nahm einen Job bei einer Wäscherei an. Er musste mittags die fertige Wäsche ausfahren und schmutzige einsammeln. Meist in den Ami-Kasernen, die es damals noch in Massen gab. Deutschland war noch immer ein besetztes Land. Der Job war ganz gut. Fünf Stunden, dreißig Mark auf die Hand. Morgens konnte er ausschlafen und Auto fuhr er immer schon gerne. Zeit zum Schreiben hatte er genug und er konnte Heike wiedersehen. Seine Eltern waren auch ganz froh ihn zu sehen. Beschissen war, dass fast alle seine alten Freunde jetzt richtig an der Nadel hingen oder im Knast saßen. Und der Herbst stand vor der Tür und nach dem Herbst kommt der Winter. Na, eines war auf jeden Fall gut. Er wusste, er würde den Job nur die paar Monate bis zum Frühling machen. Sobald es wärmer war, würde er wieder auf die Straße gehen.

Blende - Und da seufzte Mario tief durch,
immer noch auf der Kloschüssel sitzend. Immerhin das war überwunden. Er war clean. Nur die Einstichnarben in seiner Armbeuge, seltene Anfälle von Lust auf einen Schuss und einige Freunde, die es nicht geschafft hatten davon zu kommen, erinnerten ihn noch an dieses Leben.
Bevor Mario sich in die Stadt aufmacht, schaut er in den Briefkasten. Nachrichten vom Arbeitsamt: Sie haben Mario das Arbeitslosengeld gestrichen. Zweimal schon hat er eine angebotene Arbeitsstelle nicht angenommen. Der Rest ist Werbung. Mario grinst, reißt die Papiere dreimal durch und verbrennt sie im Ofen.
„Feuer – die reinigende Kraft." murmelt er verdrossen. Dann ist er startklar. Du siehst wie Mario auf der Straße ein Taxi sucht. Am Kiosk an der Ecke hängen die üblichen Verdächtigen herum. Alkis, unrasiert und mit fettigen Haaren. Ein Dame aus diesem Kreis, das Alter lässt sich schlecht schätzen, vielleicht 40 - 50, macht einen Kerl an, den man den bevorstehenden Herzinfarkt vom fetten, aufgedunsen Gesicht ablesen kann.
Mit versoffener Stimme geift sie:
„Du - ein Mensch bist du nicht –
Und ein Schwein kannst du nicht sein –
Dazu hast du zu kleine Ohren!"
Mario wirft sich fast auf die Straße vor Lachen und schlägt sich auf die pinkfarbenen Schenkel. Da meint ein anderer aus dem besagten Kreis, Mario musternd, mit todernstem Gesicht und lallender Zunge: „Der ist wohl besoffen oder was!?" Und jetzt lacht der ganze Kiosk.

Weiter geht Mario die Straße lang.
Links und rechts Häuser, eins nach dem anderen, in jedem die Lichter der Wohnzimmerlampen und darin das kleine

blaue Viereck des Fernsehers. Jede Familie konzentriert ihre Aufmerksamkeit auf das Programm, wahrscheinlich alle auf dasselbe. (Damals gab es erst drei verschiedene Funkanstalten)

Keiner spricht, Schweigen in den Höfen, Hunde bellen dich an, weil du auf Menschenfüßen daher kommst, statt auf Rädern. Allmählich hat es den Anschein, als ob alle Menschen auf der Erdkugel bald das gleiche denken werden. Alle elektrisch mit dem großen Meisterschalthebel verbunden. Nur eins muss man den Rittern des einen Auges lassen. Sie scheinen niemandem etwas zu tun.

Vielleicht stiefelt Mario in zukünftigen Jahren mit gut gepacktem Rucksack auf den Vorortstraßen dahin. Vorbei an den flackernden Fernsehfenstern der Heimstätten, allein, seine Gedanken die einzigen, die nicht elektrisch mit dem großen Schalthebel verbunden sind.

Schließlich kann Mario ein Taxi herbeiwinken. Die Geschichte am Kiosk hat ihm gut getan. Ein Lächeln liegt in seinem Gesicht. Bin ich also doch nicht so durchgeknallt wie ich manchmal befürchte, denkt er. Das Taxi bringt Mario nach Sachsenhausen, einem Frankfurter Vergnügungsviertel. Er lässt sich durch das Menschengewimmel treiben. Dieses Mädchenbein, jener Po. Dort ein interessantes Gesicht und hier ein gut aussehender Junge. Im „Hardrock" schaut er sich ein Videoclip mit den Talking Heads an. Danach David Bowie mit seinen zwei unterschiedlichen Augenfarben. Die Apfelsaftschorle kommt gut. Einige Leute an der Theke grüßen ihn. Überhaupt merkst du, dass Mario nicht ganz unbekannt im Viertel ist.

Ein Typ kommt an und begrüßt ihn lachend, klopft ihm auf die Schultern, nimmt ihn am Arm, sagt etwas, beide lachen.

Den Arm um die Schulter des anderen gelegt, gehen sie die Straße lang. Menschengewühle, Gelächter, laute Musik aus den offenen Kneipenfenstern, Geschrei – Schwingungen und Energie der Vergnügungssüchtigen. Menschen, die obwohl meist spitz aufeinander, sich doch immer wieder gegenseitig vor den Kopf schlagen.
Da diese Lady:
„Mach mich nicht an Alter!"
Worte fliegen durch die Luft.
Treffen ihr Ziel
Wie ein Dum-Dum Geschoss
Den Mafia Boss

Blende - In der Billardkneipe.
Der Kollege fragt Mario warum er aufgehört hat mit dem Heroin.
Und der antwortet: „Weil mein Horror vor Abhängigkeit die Überhand bekam. Den habe ich schon lange. Horror vor der Abhängigkeit in einer Beziehung, vom Geld, vom Körper oder vom Verstand. Ist es nicht so: Da ist Abhängigkeit wo du hinschaust. Überall Mauern und Gefängnisse. Wir sind Gefangene der eigenen Unzulänglichkeit. Gedanken können dich aus dieser Gefangenschaft befreien. Wenn du Glück hast, kannst du für kurze Zeit mit ausgebreiteten Schwingen, der engen Zelle des Ich's entfliehen. Wenn du Pech hast, bringen dich deine Gedanken zu einem Punkt, an dem dir eigentlich nichts anderes zu tun bleibt -, als dir die Kugel zu geben. - Und ich hatte schon immer einen Ekel auf unkontrollierten Konsum. Als Junkie war ich der Konsument in seiner reinsten Form. Die Abhängigkeit kann gar nicht größer sein!"

Blende - Später siehst du die beiden Gefährten der Nacht Poolbillard spielen.

Sie spielen um Geld. Zwanzigmarkscheine wechseln unterm Tisch ihre Besitzer. Konzentrierte Gesichter, die gespannt die rollende Kugel auf dem glatten, grünen Tuch verfolgen. Die Kugel, die mit mathematischer Genauigkeit ihrer einmal eingeschlagen Bahn folgt und schließlich in einem der sechs Löcher am Rande verschwindet. Manchmal auch nicht.

Das Klicken der Kugeln, ihr Lauf über die, mit grünem Tuch bespannten Marmorplatte des Pooltisches ergibt, zusammen mit der Musik von J.J. Cale – The same old hassle every night – den Eindruck einer Zeitblase inmitten der Fülle dieser Nacht. Kurze Dialoge zwischen den einzelnen Stößen:

Mario: „Wo du hinschaust, überall siehst du entweder Geschlechtskranke

    Leute mit ner Macke

        Problemkinder oder

            einfach nur Proleten."

Klick

Der Gefährte: „Und je fortgeschrittener die Nacht, desto mehr lassen die Proleten ihre Tarnkappe fallen. – Mit einem Blick auf einen versoffenen, schlampigen Kerl, der an der Theke herumkrakelt. Das Hemd hängt ihm aus der Hose.

Klick

Mario: Die Evolutionstheorie: Nur das Starke wird überleben – hinkt beim Tier-Mensch hinterher. Doch die Natur wird siegen."

Klick

Gefährte: „Falls noch etwas übrig ist wenn die Nachkömmlinge der Dinosaurier abtreten."

Klick

Mario: Die Guten waren immer im Himmel und werden auch immer dort bleiben.

Klick

Gefährte: Dieser von Besitzlosen übersäte Planet. Die Ärmsten sind nicht die, die danach aussehen. Sondern gerade die, die es nicht wissen!"

Klick

Mario: Du kennst die Haltung des modernen Menschen?

Klick

Gefährte: Die da wäre?

Klick

Mario: Kopf rein
            Brust raus
            Arsch nach oben.

Klick

Und wieder wechselt ein Zwanziger seinen Besitzer und Jimi Hendrix spielt dazu sein Electric Ladyland.

Mario „Noch ein Spiel, danach gehen wir zum Toni eine Carbonara essen!" Dazu das Lied von Spliff. –

Vielleicht hätte aus Mario ein ganz normaler, spießiger Bürger werden können. Mit Frau, zwei Kindern, Weihnachtsbaum, mit fünfundsechzig als menschliches Wrack die Rente eingereicht und mit siebzig sein Besteck abgegeben. Doch der Zug war schon lange abgefahren.

Wie man isst so ist man

Mit seinem Gefährten in der Pizzeria angekommen, staunt Mario nicht schlecht. Dort drüben sitzt ein dümmlich dreinschauender, schweißtriefender, glatzköpfiger, dicker Enddreißiger, die Karikatur des Fresssacks aus einem Wilhelm Busch Buch. Eine ehemals weiße Stoffserviette hat er sich vor die Brust gelegt und im Nacken verknotet. Die Spaghetti mit Tomatensoße hängen ihm im Gesicht, als die Kellnerin vorbei kommt. Er bestellt, den letzten Bissen mit

Rotwein runterspülend: „Ein Schokoladeneis mit doppelter Portion Sahne".

Das schwarz gerändete Kassengestell rutscht ihm fast von der fettigen Nase als er sich voller Elan auf die Schokokugeln stürzt.

Mario ist gebannt wie ein hypnotisiertes Kaninchen. Der Dicke hat das Eis zur Hälfte gekillt, da schwebt eine Pizza heran, die er auch gleich in Angriff nimmt. Und so sitzt der Dicke, vergnüglich vor sich hin kauend, Schweißtropfen wischend. In der einen glänzenden Backe die Pizza, in der anderen das Eis und in der Mitte läuft ihm der Rotwein den Hals hinab.

Nach den Spaghetti geht es rüber in „Ullis Pilsstube".

Aus den Boxen hämmert AC/DC. Hier wechseln die Haschischpeace überm Tisch ihre Besitzer. Nachtgesichter, schräge Gestalten: Alle Nationalitäten, Freaks, Punker, Popper, Hascher, Fixer, GI´s. Mario, der an der Theke steht, gibt einem Typ einen Schließfachschlüssel und bekommt ein Päckchen Hunderter dafür.

Kamerablende: Einsame ältere Frau vor dem TV wie sie Valium und Klosterfraumelissengeist abschluckt.

Blende: Papi am Stammtisch. Darauf gefüllte Gläser Schnaps und Bier.

Blende: Kinder verteilen vor der Klassenarbeit Beruhigungspillen.

Blende: Bilanz der Firma Merk

Blende: Junkie liegt tot neben der Kloschüssel.

Und in der Türkei, im Libanon, in Afghanistan ist die Droge Bezahlung für die tödlichen Waffen, die die Deutschen, Russen oder Amis liefern.

Aus der Traum in Chrom und Stahl!
Konsumgesellschaft
   Überflussgesellschaft
      Wegwerfgesellschaft
         Glitzernde, blitzende Automobile rauschen
vorbei.
      Kukident gereinigte Gebisse strahlen uns
entgegen.
Mit Milupa gemästete Babys schreien den grauen Himmel
an.

Aus der Traum in Chrom und Stahl!
   Auf den Dächern rutschen die,
      Mit Whiskas vollgestopften
         Samtpfoten im Ruß aus.
Selbst die Nylonstrümpfe sind nicht mehr das, was sie mal
waren.
   Vielleicht liegt es an dem,
      Mit Schwefelsäure angereicherten, sauren
Regen.

Aus der Traum in Chrom und Stahl!
   Mit dem kotverschmierten Aufzug in den 43. Stock
brausen.
      Die Klimaanlage pfeift aus dem letzten Loch.
      Der Müllschlucker ist wiedermal verstopft.
Überall Wegwerfflaschen, Glasscherben und überfressene
Ratten.

Aus der Traum in Chrom und Stahl!
   Der TV ist an: Sechsuhrnachrichten.
      Rockefeller jr. spricht: "Präsident Nixon ist der
größte!"

Mario sagt: "Selbst Nixon tut Wixon!"

Aus der Traum in Chrom und Stahl!
    Es gibt keine Medizin gegen diese Sauerei.
        Selbst die Filter für Gasmasken werden rar.
            Sauerstoffrationen sind auch nicht mehr da.
    Was bleibt uns anderes übrig,
Als unsere Träume in der Traummaschine zu pflegen?!
AUS DER TRAUM IN CHROM UND STAHL!
    Besser:
        Raus mit dem Traum in Chrom und Stahl!

Mario wirft noch einen Blick in die Runde.
Viele GI´s sind jetzt in der Pilsstube aufgetaucht. Muss wohl Payday sein. 40 Jahre nach dem verlorenen Krieg ist Deutschland noch immer ein besetztes Land. Mario hat genug. Und wie es der „Zufall" will, kommt gerade sein Freund Lutz hereinspaziert.
„He Lutz, komm lass uns hier verschwinden. Ich habe alles was du brauchst."
Lutz grinst verstehend, nickt, streicht sich mit der Rechten durch die langen Haare. Mario zahlt und verabschiedet sich von seinem Gefährten:
„Bis zum nächsten Billard."
Dann springen sie in den viertürigen Opel Rekord von Lutz, drehen die Stones laut auf und fahren durch die City. Sie kommen am Carlo vorbei. Die dicken Motorräder stehen wieder übern ganzen Bürgersteig und auf der halben Straße verteilt. Franser hat seine Kumpels versammelt. Der Theologiestudent ist Chef der Rockerbande. (Jahrzehnte später trifft Mario ihn wieder. Da ist er doch tatsächlich Schafhirte geworden, sah wild, drahtig, braungebrannt und glücklich aus.)

Um die Ecke gibt's den "Spanier" aber der ist schon out. Da kannst du dir nur noch einen verkorksten Magen holen oder leere reservierte Tische anschauen. Nach einer kurzen Fahrt um sechs Ecken und einem Beinahe Crash stehen sie direkt vorm Ufa auf dem Bürgersteig.

"Sag mal Lutz, läufst du auch ab und zu Fuß?"

"Ne, wenn's Benzin zwei Mark kostet laufe ich noch genug."

Zufall oder nicht, jedenfalls dröhnt Extrabreit ihren Song "Polizei" aus der geöffneten Tür. Mario drängt sich zur Theke vor. Da hockt die ganze Blase. Sie saufen Campari Soda, Tequila Sunrise oder sonst so ein gefährliches Gebräu. Wenn das Leben hart ist, kann's die Leber auch sein.

KONKURRENZKAMPF

Eine Locke ihres platinblonden Haares aus der Stirn streichend, vorsichtig, damit die falschen Wimpern nicht abfallen, öffnet sie ihre diskret bemalten lila Lippen.

"Hei Tommy!" Dem Ausruf folgt ein Lächeln, vor dem selbst Polareis in die Knie gegangen wäre. Den Staub mit einer geschickten Bewegung von der Platte wischend ruft Tommy, der Discjockey ihr zu: "Hallo Baby, chic siehst du aus!"

Babys schillernde Wimpern nehmen ihre effektvolle Arbeit auf. Sie holt ein Zigarillo aus der exotischen Verpackung. Tommy beobachtet das, nimmt sein goldenes Dunhillfeuerzeug, das für diese Zwecke im Ausschnitt seines weit geöffneten Hemdes an der goldenen Kette hängt und gibt Baby mit gewinnendem Lächeln Feuer. Das sehen zwei toll frisierte Köpfe gar nicht gern. Schließlich hängen sie schon den ganzen Abend am Mischpult rum und werfen Tommy ihre schärfsten Blicke zu, die sie auf Lager haben. Schmollende Lippen schieben sich in den gestylten Kunstköpfen vor. Doch während Tommy die neueste Platte von U2 auflegt, gibt er ihnen ein beruhigendes Kopfnicken. Ihr sollt eure Chance haben, will er damit sagen.

Die Pfauen haben die Arena betreten
Der Konkurrenzkampf beginnt!

Mario grinst sich eins,
nimmt seinen Tequila Sunrise mit nach draußen und macht's sich's damit auf der Motorhaube des Opels bequem. Von drinnen ist Ideal zu hören. No-Future ist angesagt. Durch das große Fenster mit dem Dreimeterriss, in die neulich der besoffene Jose' kopfüber reingefallen war, konnte er die Schiefertafel mit dem Motto des Tages erkennen.

IN	:	OUT
labern	:	reden
happy	:	verliebt sein
See	:	Regen
außen	:	innen

Fetzen von Gesprächen, laute Musik, deprimierende Sprüche: Der Chef, die Freundin, Fluchen auf die Bürokratie, zu wenig Geld, armselige, kurze Hühnerleiter, Leben genannt, viel Tratsch und Gerüchte.
„Jimmy hat sich gestern aufgehängt." „Was? Wie? Wo?" Und überhaupt die Deutsche Fußballmannschaft hat 1:1 gespielt ... Und sie fahren weiter durch die Nacht.

Blende - Bilder aus dem fahrenden Auto.
Beton, Glas, Asphalt. Mario dreht einen Joint und dazu gibt's Musik. Are you ready for the country? Von Neil Young - Überall Graffitisprüche an den Wänden: Keine Startbahn

West - Kernkraft nein danke - 1984 ist nicht mehr weit - Big Brother is watching you. Es hat also Trouble in Frankfurt. Das Hüttendorf auf der zukünftigen Startbahn West ist heute geräumt worden. Die Anarchoszene hat den Hauptbahnhof besetzt und die Alte Oper steht kurz vor der Erstürmung. Eigentlich sollten Mario und Lutz jetzt dort sein und nicht hier rumgurken und Interzone hören.

Überall sieht man Plastik, Berge von Plastik. Manchmal schaut das Plastik dich sogar durch die Augen deiner Freunde an. Aber wir sind Weltmeister im Verdrängen, denkt Mario bei sich, während die Fahrt weitergeht. Vielleicht wissen die Leute um mich herum mehr als ich? Wahrscheinlicher aber ist, dass die meisten sich weniger mit den Themen auseinandersetzen. Denn wie schon gesagt, die alltäglichen kleinen, großen Probleme und Geschichten lenken sie davon ab, nach dem Sinn ihres Tuns zu fragen oder zumindest sich ihres Handelns bewusst zu sein.

Doch frag mal einen Wildfremden wie er die Sache einschätzt!

Er wird dir sagen: Mies, sehr mies.

Verdammt, warum unternehmen wir dann nichts?!

Trittst du in die Scheiße - lächle!

Stirbt deine Frau - lächle!

Ist ne Atombombe gefallen - spiel Skat!

Und hast du Krebs -, sag's niemanden, gehe in den Wald und lach dich tot! Oder gehe in die Disco, - da kriegst du was du brauchst. Aber im Grunde deines Herzen sehnst du dich auf die sonnenbeschiene, duftende Waldlichtung zurück, im Arm ein liebes Mädchen und unter euch ein weiches Moospolster. So aber zucken dir Kopf, Arme und beide Beine, denn die "Foreigners" donnern durch dich durch.

In dieser Stadt
   In dieser Stadt
      Die keine Bäume hat
         Keine Bäume hat
            Ist alles so griesgrämig grau
               Griesgrämig grau

   In dieser Stadt
      In dieser Stadt
         Die keine Seele hat
            Keine Seele hat
               Sind wir immer so blau
                  Immer so blau

Zitat Thomas Mann: `Da kam, mit der Qual und dem Hochmut der Erkenntnis die Einsamkeit, weil es ihm im Kreise der Harmlosen mit dem fröhlichen Sinn nicht litt und das dunkle Mal an seiner Stirn sie verstörte. ´
Ja, bis 1984 ist nicht mehr weit hin.
Hat George Orwell es schon gewusst?
Big Brother is watching you.
Der Zeitgeist ist ein hoffnungsloser Fall
Und geht uns auf die Nerven.
Welche Hoffnung bleibt denn auch,
Wenn man weiß, dass es nur noch schlechter werden kann?
Die Hoffnung auf das private Glück?
Lächerlich –
Darüber hinaus bedeutet das nur Resignation.

Immer noch dreht die Erde sich um ihre eigene Achse.
Die Menschen drehen sich ebenfalls,
Dreimal am Tag um sich selbst herum.
Je nachdem wo der Wind her weht.

Der Wind der jeweiligen Mode und Moral.
Alles nur eine Frage des geschickten Marketings.
Wir wissen beinahe nicht mehr wo oben und unten ist.
Aber he, vielleicht ist die Erde,
das Sonnensystem nur ein Aquarium
In Gottes Hobbykeller?
Dann stimmt es ja doch:
Nothing matters

Da sehen sie plötzlich Kolonnen von Polizeifahrzeugen.
Drinnen junge Bullen, noch ohne Helm. In der Ferne Getümmel, Tränengasschwaden, Sirenengeheul, Polizeiabsperrung, mit Gummiknüppel schlagende Bullen, Demonstranten mit schwarzen Helmen, Tücher über Nase und Mund, Steine werfend. Wer weiß wie es geschah? Sie sind mitten drin im Gewimmel der Demo. Vermummte Gestalten rennen an ihnen vorbei. Plötzlich wüste Schläge mit dem Polizeiknüppel auf die Motorhaube.
Mario: "He, der Typ rastet aus!"
Lutz schreit: "Aber wir sind doch keine Politfreaks! Wir sind doch bloß Hascher. Mein Auto, du Arsch!"
Mario: "Fahr los, bloß weg hier!"
Und Lutz gibt Gas, fährt dem Bullen übern Fuß, um die Ecke und ab. "Scheiße, Scheiße, wieder ein Eintrag ins Klassenbuch des Big Brother." gibt Mario von sich. Und dazu Musik von Extrabreit: Polizei.
Lutz: "Also, das mit der Batschkapp lassen wir mal. Da sind jetzt bestimmt die ganzen Anarchos. Doch wie wär's mit zwei Chicas!"
Mario hat einen Einfall und sein Grinsen wird wieder breiter.
"Lass uns auf die Party von Rolf fahren, vielleicht treffen wir Mona." meint er lässig.

Blende - Apartment, weiß und chromblitzend,
darin großblättrige Pflanzen. Angenehme Atmosphäre, an skurrilen Typen hängen ausgefallenen Klamotten. Ein Schwarzer bewegt sich selbstvergessen zur New Wave Musik. Mario schnappt sich Mona und tanzt mit ihr. Sie kommt ihm selbstsicherer und erwachsener vor. Sie haben sich seit damals, als er sie in der WG unterbrachte, nicht mehr gesehen, nur ab und zu telefoniert.

Mittlerweile hat sie sich in der Stadt akklimatisiert und arbeitet in einer Kürschnerei als Gehilfin. Das Bahnhofsviertel ist voll von den Läden. Mode hat sie schon immer interessiert und so kann sie in die Scene schnuppern. Wenn ihr auch manchmal die Tiere leidtun, die für die Pelze geopfert werden. Eng an Mario gelehnt bedankt sich Mona nochmal bei ihm.

„Wenn ich mir überlege wie viel Möglichkeiten es gegeben hat, dass alles ganz anders hätte kommen können, nach meiner Flucht aus dem Erziehungsheim. Vielleicht würde ich jetzt in München oder in Zürich auf dem Strich gehen, oder wäre längst wieder in der Anstalt oder würde gar im Knast sitzen, wenn du mich damals nicht aufgegabelt hättest." Mario freut sich über ihre Anerkennung.

„Nur eins macht mir noch Sorge. Ich hab keine Papiere und ohne Papiere bist du in der Bürokratie aufgeschmissen."
„Wie hast du denn dann deinen Job bekommen?" wundert sich Mario.
„Ach, das war auch eins dieser kleine Wunder, die mir die letzten Monate geschehen sind. Ich traf auf einer Party einen Bekannten meiner Mitbewohnerin, dem gehört der Laden und der verstand meine Lage und hat mich genommen, hat mir Grundwissen beigebracht und jetzt arbeite ich mich langsam rein. Demnächst, ich bin ja jetzt

Volljährig, will er mit mir zu einem Anwalt, um zu klären wie ich zu Papieren komme."

Die Musik der Commodores schwebt durch den Raum und bewirkt ein warmes Gefühl im Bauch der beiden. Nach ihrem groovigen Tanz macht es Mario sich mit der Lady auf dem großen Sofa gemütlich. Sie holt einen Spiegel aus der Handtasche und er legt ein paar Lines Koks. Lisa, ihre Freundin kommt dazu. So kuscheln Mario, Mona, Lisa und Lutz, der sich das natürlich nicht entgehen lässt, ganz vertraut auf der Wohnlandschaft in dem gestylten Apartment. Die Party um sie herum ist in vollem Gange.
Roxymusik
Später beschließen sie die vorgerückte Nacht beim Mario gemütlich ausklingen zulassen. Auf dem Weg halten sie an einer Tankstelle, die die Nacht über offen hat und besorgen die Getränke.

Quartett im Bett
Mario's Zimmer - Musik von Don McLain: Back to the Country - Romantische Stimmung.
Wortfetzen: Scheiß Bullen, die Motorhaube hat ne Delle, hoffentlich hat der Typ sich in der Hektik das Nummernschild nicht merken können. Die Ladys versuchen zu trösten. Eine Haschpfeife geht rum. Sommer ist´s.
Später: Die Bose Boxen bringen den Sound der Dire Straits "Brothers in Arms" herrlich rüber. Die rothaarige Mona, nur mit einem Hemd begleitet, liegt auf der großen runden Matratze in Marios Zimmer. Lutz kommt mit nacktem, muskulösem Oberkörper von der Stereoanlage herüber. Im Laufen entledigt er sich seiner Boxershorts und lässt sich auf die Decken fallen. Kerzen und indirekte Lichtquellen sorgen für Stimmung. Spiegel werfen Lichtreflexe an Decke und

Wände. Mona dreht mit Bedacht einen Joint, da öffnet sich die Tür und Mario kommt lächelnd herein. Als Bekleidung einen Bademantel, den er sehr offen trägt.

"Da komme ich ja gerade recht." sagt er mit Blick auf die Tüte. Dann wandert sein wohlgefälliger Blick über Monas knackigen Hintern, die nahe bei Lutz liegt, dessen erigierter Schwanz im Herzrhythmus leicht pulsiert.

„Was rauchen wir denn gutes heute Nacht?"

„Frischen Marokkaner, gerade aus dem Urlaub mitgebracht", antwortet Lutz. „Genau der richtige Stoff diesen Moment zu feiern."

Vorhänge bauschen sich sachte in den geöffneten Fenstern. Die Kerzen flackern kurz, um sich dann wieder zu beruhigen. Draußen ist eine milde Sommernacht angesagt. Sterne funkeln am Nachthimmel. Im Zimmer prickelnde Erotik und Spannung. Mario lässt sanft eine Hand über Monas Rücken gleiten. Kurven, Schatten, warme Haut.

"Und was ist mit mir? Habt ihr mich vergessen?" ruft Lisa gespielt erbost. Sie kommt gerade aus der Dusche, ein Badetuch locker übergeworfen und setzt sich aufs Bett. Mario macht ihr Platz, rutscht dabei näher an Mona heran. Seine Oberschenkel berühren ihren Hintern. Schön gleichmäßig steckt sie den gut gelungenen Joint an. Genüsslich zieht sie den Rauch ein. Sofort verbreitet der Maroc seinen angenehmen Geruch im Raum. Sie zieht noch einmal und gibt dann an Lutz weiter.

"Aber zieh nicht wieder dran wie ein Staubsauger, schließlich ist's keine Wasserpfeife!" sagt Mona.

Lutz nimmt die Tüte zwischen die Lippen. Beim Ziehen schielte er besorgt auf die Glut. Während Lutz mit diesem Apparat beschäftigt ist, kommt Lisa ihm näher. Das Tuch ist schon halb von ihrer Schulter gerutscht und lässt die wohlgeformte Brust zum Vorschein kommen. Er gibt die Tüte an sie weiter und lässt seinen Kopf langsam auf ihre Hüften sinken. Dabei öffnet sich Lisas Tuch ganz und gibt ein gutgebautes Mädel frei. Das erotische Spiel hat längst begonnen. Und während der Dope und die Musik von David Bowie durch die Köpfe der Vier segelt, beschäftigt sich Lisa zärtlich mit dem Zauberstab von Lutz. Marios eigener ist mittlerweile zu beachtlicher Größe angewachsen. Nun ist es nicht nur sein Oberschenkel, der Monas Hintern berührt. Jetzt hat auch dieses pulsierende Stück Lebenskraft Kontakt mit dem weiblichen, warmen Fleisch. Zart reibt Mona Ihren Hintern an Marios Lenden. Und während er noch einen Zug vom Joint macht, hat sie sich das Teil zwischen die Schenkel geschoben. Mario gibt den Joint weiter, um sich ganz auf das lustvolle Feuchtgebiet zu konzentrieren, das sich ihm so einladend entgegenstreckt.

Vom geöffneten Fenster her kommt das sachte Rauschen des Windes in der Pappel vor dem Hause. Leise klingt ein asiatisches Windspiel. Musik und kurze Blicke auf die vier nackten, jungen Körper. Kerzen und Lichtreflexe in den Wandspiegeln.

Sie stehen in den Wäldern der Nacht
Lauschen den Küssen der Flocken
Dem Rauschen des Windes in den Zweigen
Dem kleinen Gegraupel, erwartungsvoll und klickend
Wie elektrisch geladene Partikel in feuchten Ästen

Und so versuchen in dieser Nacht vier Kinder dieser Erde etwas zu erkennen und festzustellen, während all das Gewicht von Jahrhunderten in der Finsternis auf ihnen lastet und die alte Mutter Erde sich rasend durch Raum und Zeit bewegt.

Halb fünf in der Früh –
eine Ahnung des neuen Tages am östlichen Horizont. Mario dreht den letzten Joint für heute. Brave Steuerzahler holen sich jetzt noch eine Mütze voll Schlaf, bevor sie den Trott des täglich scheinbar notwendigen Einerlei beginnen. Auf die Rente zuarbeitend, Farbfernseher, Fußballweltmeisterschaft, ein neuer Wagen, Eigentumswohnung, Weihnachtsbaum und die Kinder.
Die können noch planen - denkt Mario,
Ich kann's nicht mehr.
Von Jetzt nach Gleich
Von heut nach morgen
Wer weiß schon was übermorgen ist.

Der Cowboy Präsident Reagan fährt einiges gegen die Russen auf.
Zuerst droht er mit der Neutronenbombe, dann lädt er zur Abrüstungsverhandlung. Jesus, welche plumpe kaufmännische Schläue. In seinen Westernfilmen hat das oft geklappt. Aber was, wenn die Schachspieler sich von den Pokerspielern nicht bluffen lassen?
Lutz schaut seinen Freund an, merkt ihm an, dass er mal wieder seine philosophische Ader entdeckt hat. Die Vier liegen lässig und befriedigt kreuz und quer auf der runden Matratze, hören A Whiter Shade of Pale von Procol Harum, ziehen ab und zu am Joint und sind zärtlich miteinander. Dann jedoch entdeckt Lisa die Uhr. „Mensch, ich muss ja heim, mein Mann kommt von der Nachtschicht!"

Und so tritt wieder Veränderung ins Leben. Mario verabschiedet die drei. Lutz bringt die Mädels nach Hause. Und Mario sinkt auf seinem großen runden Bett in einen tiefen Schlaf.

Marios Traum vom Fliegen

Am Abend, die Sonne steht im letzten Fünftel, geht das Pärchen durch den alten Friedhof am Rande der Stadt. Sie wollen zum Flugplatz. Der späte Schnee an den Berghängen glüht rosa. Auf den Gesichtern der Menschen denen sie begegnen, liegt ein verträumter Ausdruck. Die alten verwachsenen, um Geheimnisse wissenden Bäume winken ihnen glücklich zu.

Grabsteine, halb verwittert, von längst vergangenen Schicksalen erzählend, geben den verfallenen Särgen in der kalten Erde einen Schubs. Die Skelette wachen aus ihrem Tiefschlaf auf, um die, die da Hand in Hand durch die gespenstige Allee gehen, einen Rat ins Ohr zu flüstern:

‚Eure Gefühle der Einsamkeit, eure Furcht vor dem Tod, euer Bedürfnis nach mehr könnt ihr nur bezwingen, in dem ihr den Kelch des Lebens trinkt. Setzt ihn an die Lippen und hopp und ex, mit allem Schmerz, mit aller Freude, hinunter damit, bis zur Neige! Seit ihr schließlich vom Leben besoffen, habt ihr es geschafft.‘

Weiter geht das Paar. Schließlich erreichen sie den kleinen Flugplatz, finden einen dieser künstlichen Vögel, den verkörperten Traum des Menschen vom Fliegen. Der Tank ist voll. Den Motor anlassen und ab geht es! In rasender Fahrt fegt der Vogel über die Betonbahn. Jetzt, nur ein kleiner Ruck am Steuerknüppel und schon treiben sie dahin, alles unter sich lassend, winzig klein, wie in Omas Puppenstube. Ihr Haar flattert im Wind, in ihren Augen schwimmt die orangene Sonnenscheibe, der sie entgegenfliegen. Ihr Vogel ist schnell. Voller Glück sehen sie die Berge unter sich verschwinden. Da, der Rhein! Ein schwarzer Kahn, vielleicht bringt er Öl nach Basel, ist in der Dämmerung gerade noch zu erkennen. Das Elsass bemerken sie kaum. Immer der Sonne entgegen, so heißt die Devise des Augenblicks. Die Dämmerung schleicht sich von hinten heran. Sie müssen sich eilen.

In der Ferne die Silhouette einer großen Stadt. Es muss Paris sein. All diese Menschen dort unten, mit ihren qualvollen Versuchen Charakter zu zeigen.

"Wacht auf ihr Hurenböcke, ihr Nutten, Kokser und Strichjungen, wacht auf ihr Professoren und Hausfrauen, Bürohengste und Fließbandarbeiter. Merkt ihr den nicht dass ihr schlaft, euer Leben lang?! He, trinkt das Leben, ex und hopp, rein in den Kopp!" schreit Mario hinunter. Doch niemand hört ihn. Ohne Zögern, ohne Verharren geht das Gewimmel der Großstadt weiter. Leuchtreklamen verheißen das Paradies. Rote Ampeln bringen Reihen von Stahlkarossen zum Stehen und geben den Weg frei für all die Menschlein, die voller Hast und Hektik irgendwo hin wollen und doch nie ans Ziel kommen. Ein einsamer Gruß zum Eifelturm hinüber und schon geht's weiter. Müssen sich eilen! Die Sonne ist schnell, die Dämmerung nimmt den Vogel in die Zange. Ein langer fleischwarmer Kuss, zärtliches Streicheln. Eine Steigerung ihres Hochgefühls noch und schon können sie den salzigen Geruch des Atlantiks spüren. Hui, sie müssen sich eilen!

Die Sonne versinkt schon fast im Meer.

Der Himmel und seine lang gestreckten Wolken färben sich blutig rot.

Orange und Dunkelblau umarmt sich.

Möwen segeln mit ihnen und der Tank ist fast leer.

Doch ein günstiger Wind, von einem gütigen Gott geschickt, hilft ihnen. Unter ihnen wölbt sich nur noch die spiegelnde, von schäumenden Wellen durchbrochene tiefblaue Wasserfläche des Atlantiks. Sie schaffen es! Fest umklammert fliegt das Paar in die Sonne hinein. Die empfängt sie mit weit geöffneten Armen. Ein letzter Aufschrei des Glücks. Endlich sind sie frei! Frei von Abhängigkeiten, den selbst gezimmerten Barrikaden, frei von Zweifel und Ängsten, frei von menschlichen Fehlern. Frei für die unendlichen Weiten, die dem Geist zu Verfügung stehen!

Mit einem tiefen Seufzen erwacht Mario.
Er realisiert, dass es noch nicht soweit ist. Sein Körper fühlt sich schwer und eng an, im Vergleich zu der gerade empfundenen Weite. Und die Gefährtin, mit der er sich in die Sonne stürzen könnte, hat er auch noch nicht gefunden. Mona ist es wohl nicht.
Ein neuer Tag - eine neue Herausforderung liegt vor ihm. Apropos Tag, es ist ja schon Mittag. Und er erinnert sich das er eine Verabredung mit Klaus hat, seinem alten Freund. Der hängt noch an der Nadel. Im Gegensatz zu Mario hat er es bisher noch nicht geschafft. Und es sieht auch nicht danach aus, dass er jemals von der Königin Heroin loskommt.

Marmor Stein und Eisen bricht
Aber unsere Herzen nicht
Denn die sind aus Stahl
Und innen drin mit weißen Kacheln gepflastert

Die Schizophrenie schlägt immer größere Schneisen
Und die Menschen leben auf moderne Weise

Wollen vergessen die ganze Scheiße
Aber die Art und Weise
Verschlägt sie in immer frustrierende Kreise.

Blende - Der runde Tisch
Im Hintergrund spielt Jimmy Hendrix sein "Voodoo Child".
Auf dem Tisch eine halb leere Cola, eine Rotweinflasche und
eine alte bauchige Chianti Flasche, auf der schon etliche
Tropfkerzen ihr Leben gelassen haben. Im Aschenbecher die
noch warme Haschpfeife. Pinki, die kleine Siamkatze lässt
sich auf dem Schoß von Klaus nieder und versucht etwas
Schlaf zu finden. Das Spiel mit dem jungen schwarz-weiß
gesprenkelten Hund hat sie ermüdet. Klaus ist stoned und
hat kaum realisiert, dass Mario da ist. Als der Vietnamkrieg
seinem Ende zuging haben die beiden zusammen
angefangen mit dem Heroin. Ihre Connection war damals
ein GI, der das Zeug direkt aus Vietnam mitbrachte. Braun
und rein.

Was bedeutet es für dich, einen guten Freund zu verlieren?
Was bedeutet es für dich, wenn er dir so fremd wird, dass
ihr euch nicht mehr versteht? Für Mario bedeutet das viel,
er liebt ihn nämlich! Macht es Sinn zu ihm zurück zu gehen?
Er weiß doch, dass ihn das Zusammensein mit Klaus immer
tiefer ziehen und er sich immer stärker langweilen würde.
Mario versteht nicht recht warum er ihn gern hat. Vielleicht,
weil er glaubt, Klaus zeigt ihm was er wirklich drauf hat.
Vielleicht, weil er denkt, er könnte ihm helfen wieder gute
Bilder zu malen. Etwas muss geschehen, so jedenfalls darf's
nicht weitergehen. Mario jedenfalls will nicht zusehen, wie
sein Himmel wieder der eines Opiumessers wird. Er darf
aber auch nicht zusehen, wie er der seines Freundes wird.
Er will herausfinden, was zu tun ist!

Diese Gedanken hatte Mario schon, bevor er süchtig wurde. Und sie haben nichts getan. Sie waren junge Kerle und wussten nicht wirklich, auf was sie sich da einließen. Es kam sie beide teuer zu stehen. Das Elend nahm seinen Lauf und dann, nach einigen Jahren kotzte Mario das Ganze richtig an. Und er fand die Kraft und den Absprung.

An der Haustür klingelt es
und ein schwerer Amitruck donnert auf der B 40 vorbei. Müller, in der üblichen Jeanstracht der Freaks und zerzausten langen Haaren, steht mit langsamen Bewegungen auf und schaut nach, wer da an der Tür ist. Quietschen von schlechtgölten Türangeln und einzelne Wortfetzen erreichen Marios Ohr. Rina - eine junge hektische Türkin stürmt herein. He Tommy, hast du noch Heroin?" fragt sie mit ängstlichem Unterton. Der Hausherr wacht kurzfristig aus seinem Rausch auf. Wieder ein Kunde, das Geschäft läuft.
"Wie viel willst du?"
"Gib mir vier Gramm."
"OK!"
Die Zigarette verbrennt Tommys Finger, doch er spürt es nicht. Nur mühsam sein Gleichgewicht haltend, wankt er ins Schlafzimmer und kommt wenig später, mit einem kleinen Plastikbeutel mit "H" in der Hand heraus. "Andrea, gib mir bitte das Silberpapier und die Waage."
Seine Frau greift hinter sich und nimmt mit ausgestrecktem Arm das Papier und die Waage aus dem Regal. Bis vor kurzem war sie eine schöne Frau. Jetzt ist sie ein wandelnder Leichnam. Tommy holt sein Springmesser aus der Hosentasche. Mit einem leisen Klacken erscheint die Klinge. Mit ihr beginnt er das "H" einzuteilen. Rina schaut ihm mit starrem, gierigen Blick und riesengroßen Pupillen

zu. Ihre von Nadelstichen gezeichneten Hände zittern. Aus ihren Schaftstiefeln nimmt sie die Fixerutensilien und will sich einen Schuss kochen, als Tommy ihr das Päck gibt.
„He, erst das Geld!" meint er, mit fordernder Handbewegung.

Die Türkin verzieht ungeduldig das Gesicht, gibt ihm ein paar Hunderter und macht dann eiligst weiter. Sie nimmt ihre Dosis auf den Löffel, gibt etwas Wasser mit der Spritze dazu. Dann hält sie ein Feuerzeug unter den Löffel und lässt das „H" aufkochen. Ein kleines Stück Zigarettenfilter dient als Filter für die trübe Suppe. Jetzt kann sie das Gebräu mit der Spritze vom Löffel ziehen. Mit einem Gürtel bindet sie sich den Arm oberhalb des Ellbogens ab. Jetzt beginnt die leidige Suche nach einer Stelle in der Armvene. Ihre Hände zittern wie im Fieber aber nach dem fünften Versuch klappte es. Genüsslich zieht sie das Blut in die Spritze. Eine rote Blume explodiert in der wässrigen Flüssigkeit. Jetzt drückt sie das Zeug langsam in die Vene. Damit sie auch alles von der Droge mitkriegt, saugt sie nochmals Blut in die Fixe, um dann mit glücklichem Gesicht und ruhiger Hand die Nadel herauszuziehen. Relaxt lässt sie sich in die Kissen fallen. Mutters Schoss hat sie wieder.

Was für ein Unterschied! Eben noch das Nervenbündel, nahe dran loszuheulen. Nun sieht sie aus als könne sie Bäume ausreißen. Jetzt erst sieht sie Klaus. Der ist inzwischen etwas wacher und hat sie und Mario realisiert.
"Grüß dich Klaus, dein Ohrring ist zum Verlieben, was soll ich dir dafür geben?" fragt Rina ihn, fast ohne Akzent. "Gib mir ein Halbes", war seine Antwort. DENN DER UNTERGANG WILL NARKOTISIERT SEIN!

Immer wieder überfällt Mario die Gier nach einem Schuss, obwohl er schon Jahre clean ist. Gerade jetzt, wo er das Zeug in der ganzen Atmosphäre riechen kann. Selbst wenn er auf dem Klo sitzt und eine Illustrierte liest, in der er die Abbildung einer Spritze sieht oder er geht in die Küche und sieht ein weißes Pulver, vielleicht Mehl oder Backpulver, schon kann es passieren, dass er an einen Schuss denkt. Leichtes Zittern überfällt ihn dann manchmal. Die Narben in den Armbeugen fangen an zu jucken und dünner Schweiß steht ihm auf der Stirn. Ihm fällt ein, wie "gut" es war, die Nadel in seine pralle Vene (um die ihn alle Junkies beneidet haben) zu setzen, die leicht getrübte wässrige Flüssigkeit mit dem Dunkelrot seines Blutes zu mischen und abzudrücken, um dann abzugleiten. Ein Dahingleiten, der Ruhe und Wärme, dem genialen Gefühl, dem nicht mehr denken müssen, der Geborgenheit entgegen.

Dann, zwei, drei Stunden später der Gedanke an einen neuen Schuss, die wachsende Dosierung und Abhängigkeit und all die ekelerregenden Aktionen, bis neues Gift da war.
Und nach jedem Schuss sagte Mario sich, das war der letzte, jetzt höre ich auf. Denn es ist nicht so, dass der Fixer nicht weiß, dass er Scheiße mit seinem Körper, seiner Psyche und seiner Seele baut. Doch der Körper schreit schon nach wenigen Stunden wieder nach dem Zeug. Genauso, wie er seine Ration Wasser braucht und seinen Sauerstoff, so kämpft der Körper um das Zeug. Niemand, der das nicht selbst an Leib und Seele erfahren hat, kann sich von dieser elendigen Angelegenheit eine Vorstellung machen.
Wie oft traf Mario fünfzehn-, sechzehnjährige Mädels, die zum ersten Mal Heroin nehmen wollten. Er stand vor ihnen und versuchte seine ganze Überredungskunst.
"Schau mich an, so geht es dir auch mal."

Und sie sagten dann: "Ich will nur sehen, wie es ist. Einmal ist keinmal."

Weil es aber so ein gutes Feeling ist, bleibt es eben nicht bei dem einem mal. Sah er sie dann ein halbes Jahr später, konnte er nicht einmal Mitleid empfinden für sie. Er spürte nur eine große Traurigkeit. Wieder jemand auf der Nadel, dachte er sich und wandte sich ab.

Ja und jetzt in der Wohnung von Ulli,

mit all diesen Erinnerungen und dem aktuellen Bild vor Augen war es wieder da, der Ekel und die Gier – beides gleichzeitig.

„He Klaus – du wolltest was von mir." ruft Mario verärgert und wütend auf sich selbst, weil ihn die Sucht noch immer am Kragen hat. Doch Klaus ist zu, bis oben hin zu. Das Heroin hat in ihm einen treuen Sklaven. Mühsam öffnet er die Augen. Sieht Mario an, die Pupillen zu Stecknadelköpfen verengt. Er versucht etwas zu sagen. Und er kann die Augen nicht offen lassen. Sein Kopf sackt von der Schwerkraft gezogen zur Seite, der Mund halb offen. Manchmal sieht es aus wie bei jungen Katzen, die im Schauen einschlafen. Angeekelt verzieht Mario das Gesicht.

„Scheiße, ihr lernt es nicht mehr! Wenn ihr euch unbedingt killen wollt, dann macht es doch wenigstens mit Haltung und schnell. Sagt dem Klaus einen Gruß, er kotzt mich an und er soll sich nicht mehr bei mir blicken lassen."

Hilflos, voller Zorn verlässt er die Wohnung. Wieder ein Freund weniger -. Und Klaus war nicht irgendein Freund. Es gab Zeiten, da hat er sein Hemd für ihn gegeben. Mario macht sich mit hängendem Kopf auf den Weg nach Hause. Für heute hat er genug vom Mensch-Sein gesehen.

Und im zugedröhnten Kopf von Klaus geht gerade ein Drogentraum ab:

Modern Times
Macht keinen Spaß mehr alte Bierdosen durch die menschenleeren Straßenschluchten zu kicken. Gibt einfach zu viel davon! Überall schleimige, stinkende Müllberge. Der Himmel dreht sich beleidigt um und zeigt den Menschen seinen grauschmutzigen Rücken. Chicos schwarze Armeestiefel mantschen durch die Abfälle dieser riesigen, deprimierenden, erschreckenden Betonwohnsilos.
Schattenhaft huscht eine Ratte über die Straße. Chico kümmert das nicht. Er hat anderes im Sinn. Die Marmorplatten unter seinen Füssen knirschen, als er die Treppe zu Wohnsilo XY 855 hinaufsteigt. Das Gebäude ist erst drei Jahre alt und schon dem Verfall preisgegeben. Aber so ist es überall in dieser Gegend des Planeten. Aus dem Müllschlucker quillt der Dreck. Die Aufzüge funktionieren nur, wenn Weihnachten auf Ostern fällt. Selbst die Kommunikationseinheiten geben ihren Geist auf und produzieren nur noch rauschendes Schneetreiben auf den Bildschirmen. Chico aber sieht das Chaos schon lange nicht mehr. Lässig schwingt er den langen kleidsamen Gummiknüppel während er, zwei Stufen auf einmal nehmend, die verwahrloste Treppe besteigt. In seiner schwarzen, eng anliegenden Ledermontur ist Chico schon ein imponierender Typ. Der Sackschutz und der geile Nazihelm unterstreichen seine brutale Männlichkeit. In der Tat. Chico ist stolz auf sich! Darf es übrigens auch sein.
Terror ist angesagt.
　　Und Dreck, gewaltiger Dreck!
　　　Konsum = Zerstörung
　　　Fette Ratten huschen über seinen Weg.

Chico denkt an das bevorstehende Abenteuer. Viel Zeit hat er dafür nicht, es muss schnell gehen. Seine Schritte beschleunigen sich unwillkürlich. Einmal die Woche erlaubt er sich diesen Spaß. Ist ja auch ganz einfach. Der zentrale Datencomputer ist leicht zu hacken. Chico braucht nur ein bestimmtes Programm anzufordern und die Angaben seiner derzeitigen Traumfrau anzugeben ---, Sekunden später hat er eine hübsche Auswahl an Chicas. Mentalität, Alter, Körpermaße, persönliche Angaben, ein nettes Bildchen, der Computer erzählt Chico alles, was er braucht für einen feinen perversen Fick.

Das letzte Abenteuer war wirklich nicht von schlechten Eltern. Erik, Jo und Jack, seine Macker aus der Bande taten mit. Als sie Erik in den Schwanz biss, Jo und Jack beschäftigten sich anderweitig mit ihr, nahm Chico diese scharfe Phallusplastik und hieb sie der Alten dermaßen auf die Zähne, dass sie nie mehr auch nur ein trockenes Brötchen beißen wird. Nachher klappte es vorzüglich. Das Blut brachte den letzten Drive. Echt geil hier!

Aber diesmal hatte Chico Bock auf eine Einmannorgie. Es sollte keine große Action sein, diese laschen Apartmenttüren einzutreten. Den Knüppel zwei-, dreimal der Alten übergezogen, Fußtritte bewirken da auch Wunder, vielleicht noch das Spielchen mit den Zündhölzern und dann das Leder abgeschnallt.- Ja, es gibt noch Momente in diesem Vegetieren, in denen sich das Leben lohnt.

Doch irgendetwas geschah plötzlich. Die Wände neigten sich, der Boden vibrierte, die Dreckberge setzten sich in Bewegung. So schnell hat Chico noch nie Ratten rennen sehen. Was ist nur los!? Die letzten Glasscheiben springen mit schrillem klirren aus den Fensterrahmen. Aus den oberen Stockwerken hört Chico ein Rauschen, Rutschen,

Knirschen und Poltern. Die Ratten stürmen tausendfach an ihm vorbei die Treppe hinunter. Sie verlassen das sinkende Schiff.

Sehr viel ist von Chicos brutaler Männlichkeit nicht mehr übrig. Mit weit aufgerissenem Mund und angstvollem Blick flüchtet er die Stufen hinab. Was fürchten die Ratten und Chico? Mutter Erde ist aus den Fugen geraden. Der Abfall auf der nördlichen Halbkugel ist zu schwer geworden. Der Wohlstandsmüll macht sich selbstständig. Kein schöner Tod, in einer Lawine aus leeren Blechdosen, Scheiße, Bananenschalen, blutigen Monatsbinden und nie bezahlten Rechnungen zu ersticken. "Abgefuckter Bullshit!" waren Chicos letzte Gedanken. Übrigens hatte er seinen eigenen hübsch perversen Tod. Ist doch mal was anderes, an einem gebrauchten Pariser zu ersticken.

Blende: Bilder vom Irrsinn des Menschen,
der Zerstörung, dem Krieg, den Napalm verbrannten Kindern in Vietnam.

Blende: Bilder von der Größe des Menschen,
seinen Werken, Baukunst, Bach, Beethoven, Mozart, Van Gogh, Michelangelo, die Pyramiden, den großen Erfindungen.

Blende: Bilder von Menschen in einfachsten Verhältnissen,
die glücklich mit sich selbst, ihrer Gemeinschaft, der Natur sind.

He Mama!
Wach auf Mama!
Schau, dein Sohn ist ein Mann geworden.
Ein Mann, jawohl, wenn gleich ein wenig meschugge.

Frau, hast du mal etwas Zeit für deinen Sohn?

Dann erzähle ich dir eine Geschichte von ihm.

Abend ist es, als ich ihn zur Brücke gehen sehe. Die Sonne ist hinterm Horizont versunken, doch ihr Widerschein lässt den Himmel glühen. Das raue Kopfsteinpflaster und die Granitsteine der Brücke strahlen die Hitze des Tages aus. Dort auf der Brücke findet dein Sohn Ruhe und Besinnung.

Er ist,

- sein schwerer schlurfender Schritt,
- der Blick in das schwarze brodelnde Wasser,
- der kühle Wind auf seiner Stirn.

He Mutter

Einmal fand sich der Geist deines Sohnes im Körper eines anderen jungen Mannes wieder. Es war auf einem großen Fest. Tausende wimmelten in tausend Räumen. Alle waren lustig und vergnügt, dass Glück strahlte ihnen aus den Augen.

Der junge Mann versuchte es ihnen gleich zu tun. Aber es funktionierte nicht. Die anderen Menschen nahmen ihn nicht wahr. Was er auch versucht, um mit ihnen ins Gespräch zu kommen, nichts ging. Niemand sah ihn. Und dein Sohn fragte sich, woran das lag. Wann hatte er den Kontakt verloren? War es sein Körper, sein Geist, oder lag es an den Menschen? Bevor er aber Antwort bekam, fand sich dein Sohn an der weiten weiß schäumenden Atlantikküste wieder. Flache Wellen umspülten seine Schenkel, weiter draußen toste die Brandung vor einer Sandbank. Im Rücken stand heiß die Sonne. In der blauen Luft segelten Möwen majestätisch über der Schnittlinie von Wasser und Sand. Doch die große Einsamkeit in seinem Herzen nahm deinem Sohn die Luft zum Atmen. Und er wandte sich ab, ging zum Hotel zurück. Der Portier gab ihm den Zimmerschlüssel.

Müden Schrittes schlich dein Sohn die Treppe hinauf. Doch der Ruf: "Verzeihung mein Herr, ich vergaß zu sagen, ein Telegramm kam an!" hieß ihn warten.

Der Portier brachte ihm den Umschlag. Noch auf der Treppe riss er ihn auf und las die lang ersehnte Bitte um seine Heimkehr. Jubelnden Herzens sprang er, drei Stufe auf einmal nehmend, die Treppe hinauf. In Windeseile hatte er den ledernen Koffer gepackt. Doch als er ihn vom Bett aufnehmen wollte -, schoss ihm die Frage durch den Kopf, wo er eigentlich hin wolle? Wo ist denn eigentlich dein Heim? Da fand sich dein Sohn immer noch in das schwarze brodelnde Wasser starrend, auf der Brücke wieder.

He Mama, pass auf deinen Sohn auf!

Krankheit ist weder Grausamkeit noch Strafe,
sondern einzig und alleine ein Korrektiv; ein Werkzeug, dessen sich unsere eigene Seele bedient, um uns auf unsere "Fehler" aufmerksam zu machen, um uns von größeren Irrtümern zurückzuhalten, um uns daran zu hindern mehr Schaden anzurichten - und uns auf den Weg der Wahrheit und des Lichtes zurückzubringen, von dem wir nie hätten abkommen sollen."

Edward Bach

Blende - Freiheit
Stell Dir mal vor:
Eine Saturn 5, glitzernd, steil aufragend, hundertundzig Meter hoch, stolz, alles überragend. Doch Du weißt es, sie steht an der Startrampe, gefesselt an all diesen Verbindungen, die ihr Sprit, Sauerstoff, Wasser und Strom geben. Plötzlich macht sich der Computer, der alles in der Saturn 5 regelt, selbstständig.
Und der Computer bist Du!

Ja, Du hält es nicht mehr länger aus, an all diesen Kabeln und Verstrebungen zu hängen.

Da, Du zündest die erste Stufe, volle Pulle!
Frei willst Du sein, frei will ich sein!
In den blauen Himmel, in den stahlblauen Himmel zieht es Dich.
Frei sein, nicht mehr abhängig sein!
In die eiskalte finstere Weite des Weltraumes vorstoßen, den Sternen näher kommen, alles erfahren!
Du willst leben!

Oh Baby, Du willst lernen, leben, willst alles wissen!
Volle Pulle! Die Rakete zerrt, schwankt, das Gerüst wankt, die Verbindungsleitungen krachen.
Du willst frei sein, verdammt noch mal! Volle Pulle!

Doch schon lässt die Kraft nach, die Abhängigkeit ist zu stark.
Zu stark auch alle Verbindungen, die Dich an die Erde klammern.
Du willst frei sein! Aber nichts geht.

Ein letztes Aufbäumen, eine letztes wütende Zuckung.
Du kommst nicht los.
Die Rauchschwaden verziehen sich, die Strahlen der Sonne senken sich wieder auf den Koloss, der gefangen bleibt.

Erste Techniker wagen sich heran um festzustellen, was los war.
Dabei wolltest Du doch nur frei sein!
Aber der Computer hatte den Zeitpunkt falsch berechnet.

"Warte ab", sagst Du "eines Tages wirst du frei sein:"
"Oh Baby, wie lange soll ich denn noch warten?!"

Blende- Also gehen sie auf ein Bier ins KuBa

Sie, das sind Mario und sein Durst. Freitagabend ist´s und von reingehen ist leicht geredet. Mit Haltung und Ellenbogen muss er sich reindrücken in den Schuppen. Und aufpassen, dass er von dem Schwall Menschen der heraus will, nicht wieder auf die Straße geschoben wird.

Schließlich ist er drin in dem Schuppen. In der Aktion wird ihm ein Knopf vom Mantel gerissen. Ein Erfolg der noch lange nicht zum kühlen Pils führt. Zwei Meter vor der Theke stockt das Geschiebe. Platz ist nur noch für den Rauch unter der Decke. Marios ausgestreckter Arm verhungert unbemerkt zwischen der dritten und zweiten Reihe. Ein Lärm ist in dem Laden! Jeder brüllt seinem Nebenmann die Unterhaltung stückweise ins Ohr, weil der Hintermann sich so lautstark mit seiner Freundin unterhält und New Musik gerade durch die Boxen dröhnt. Aus dem Unterhaltungslärm steigt immer wieder der Ruf auf: „Walter!" Ständig ruft einer aus der Masse „Walter!". Es ist wie ein Schrei ertrinkender, die nach dem Bademeister rufen. Und aus irgendeiner Ecke der Theke tönt auch regelmäßig sein Echo, „Komme sofort!"

An den wenigen Tischen sitzen viele dichtgedrängt. Beneidenswert wer eine Sitzfläche unterm Hintern hat. Doch beim näheren Hinsehen scheint auch das keine ideale Position zu sein. Die Sitzenden ducken sich nämlich wie bei einem Luftangriff, um den Stößen und Remplern der Schiebenden, Ringenden und den tropfenden Gläsern über ihren Köpfen zu entgehen. Ihren Drink halten sie wie im

Schraubstock fest, damit er nicht von einem Jackett Ärmel oder einer baumelnden Handtasche von der Tischplatte gefegt wird. Zahlemänner fuchteln mit Scheinen. Keiner der Ober sieht sie. Denn die weißen Männer mit den erhobenen Tabletts stehen selbst im Stau. Und da hinten, weit hinten, sechs Meter entfernt steht Heiner, der Chef, hat den Überblick und lächelt. Nach langem Rufen, Fingerschnippen und Fürsprache eines Trinkers in der zweiten Reihe, der die Bitte an die Front weiterleitet, haben sie, Mario und sein Durst ein kühles Pils ergattert. Wunderbar!

Die Aktion hat eine gute halbe Stunde gedauert. Eine halbe Stunde für ein Pils! Zuhause ist der Kühlschrank voll davon. Hier musst du froh sein, wenn du dein Geld im Stehen loswirst. Doch immerhin Mario hat neue Leute kennengelernt und Körperkontakt gehabt.

Wer zermalmt unsere Herzen
Mit grausamen Schmerzen?
Fragt Montana Slim
Erbost und voll Grimm
Verlor Gott die Geduld?
Gab er uns die Schuld?

Sag uns klar alter Freund
Wie hast du das gemeint?
Wer erlaubt sich den Trick
Mit Harry und Dick?

Mir stinkt der Himmel
Samt Glockengebimmel
Wozu und wohin?
Was hat das Ganze für nen Sinn?

Blende - Die Nacht ist kohlrabenschwarz, warm und feucht.

Am Horizont wetterleuchtet es. Hie und da zerzackt ein Blitz die Dunkelheit und ein dumpfes Grollen übertönt das Dröhnen der Yamaha, mit der Mario über den nassen Asphalt der Autobahn heimwärts strebt. Regentropfen splitten das Licht der entgegenkommenden Scheinwerfer und Mario flucht über die schlechte Sicht hinter seiner Motorradbrille.

Er hatte einen Freund besucht. Sie unterhielten sich gut – bis das Mädchen anrief. Sein Freund ging ans Telefon. Mario hörte nur Bruchstücke des Gesprächs. Er hörte ihn sagen „Der ist hier." Und Mario wusste dass sie es war. Nachdem der Freund aufgelegt hatte meinte er: „Gordana war am Apparat. Sie kommt vorbei und ich soll dich rausschmeißen. Aber mir ist es egal was ihr da für ein Spiel treibt."

Und Mario fühlte einen leichten Zorn in seinem Bauch auftauchen. Er wollte sich jedoch nicht aus der Ruhe bringen lassen und schüttelte grinsend den Kopf. Später als sie kam, war der Zorn wieder da. Woher nimmt sie nur die Frechheit so zu tun als würde ihr die Welt gehören? Ist das das jugoslawische Temperament? Dazu gehört entweder viel Selbstsicherheit oder eine ganz gehörige Portion Ignoranz. Na, wie dem auch sei. Sein Abend war jedenfalls verdorben und er machte sich auf den Heimweg. Gerade als er sich auf den Bock setzt und losfahren will, kam Gordana angezischt: „Mario, Mario!"

„Ja", und er machte sich Hoffnungen.

„Was willst du hier? Spionierst du mir nach?"

„Fuck you!" war seine Antwort. Er trat voller Wut den Kickstarter durch. Zum Glück sprang der Motor gleich an. Jetzt fuhr er durch die Gewitternacht und überlegte sich, wie das nur geschehen war. Sie hatten gute Tage gehabt.

107

Fast hatte er das Gefühl, dass sie sich ineinander verliebt hatten. Und Tage später tat sie, als wäre er Gift für sie. Mario musste sich zusammennehmen, damit er in seiner Wut nicht wieder zu heftig am Gasgriff drehte.

Blende - Und Rina hat ihm die falsche Adresse gegeben.
Schon oft hatte Mario an sie denken müssen.
Heute endlich ruft er sie an.
Sie aber hat Besuch.
Gäbe es schon das TV-Telefon,
Er hätte sich ihren Besuch,
    Zwei Chicas
        einmal genauer angeschaut.

Aber so.....
Er wünscht ihr einen schönen Abend
Und klotzt weiter in die Röhre.
Frühling ist angesagt, eine schöne, laue Mainacht.
Und er machte sich dann doch auf den Weg.

Doch ihre Adresse ist falsch!
Er irrt durch die Hessennassauhäuser - alle gleich,
Und sucht ihren Namen auf den Klingelschildern.
Schließlich stellt es sich heraus,
Das Ganze war ein Spaziergang,
Zwischen den Warben der Arbeitsbienen.
Gratis gibt's dazu - milde Luft und einen blinkenden Nachthimmel.

Neulich - also noch gar nicht so lange her
Trotz aller Relativität der Zeit
Lag ich bei dir, besser auf dir, Gordana
Deine Schenkel wollten sich

Um meinen Hintern drehen
Ein warmes Gefühl durchfloss uns

Und ich schaute ganz erstaunt
Dein Gesicht
Das Gesicht eines Engels
Schön wie nie
Und ich wunderte mich
Denn es gab eine Zeit
Da konnte ich dich nicht sehen

Blende - Seltsame Zeiten –
Krebsmond – Biorhythmus – Stimmungsfluten.
Heute hatte Mario wieder eine arbeitsreiche Nacht.
Seltsame Träume, an die er sich nicht erinnern kann. Die
Zähne bissen aufeinander, die Kiefer waren angespannt. Da
gab es Zorn, Trauer, Verletztheit und da gab es einen Mann
an einem Tisch - der wurde geköpft. Dann wurde ihm gesagt
er solle aufstehen und mitkommen - Und er nahm seinen
Kopf unter den Arm und folgte den anderen –

Am nächsten Abend
Nachdem Mario den Brief an Gordana beginnend, zu sich
selbst gesagt hat, dass er ihr den Brief auch genauso gut
mündlich vorbeibringen könnte, macht er sich auf und sucht
sie. Im Ufa ist sie nicht, die Show in der Hansa Bühne ist
vorbei. Also fährt er nach Bruchköbel. Und da steht ihr
Wagen. Mario sieht aber auch, dass die Anette da ist und
wahrscheinlich noch einige andere. Und so sitzt er in seiner
Karre, vor ihm das Lenkrad, danach die Motorhaube, auf der
sich die Straßenlaterne spiegelt. Ein Stück entfernt die
Eingangstür. Er bräuchte nur über die Straße gehen, an der
Tür klingeln und die Treppen hochsteigen. Schon würde er

sie sehen, hören und fühlen können. Aber er schafft es nicht. Vielleicht hat er Angst davor sprechen zu müssen und er will in diesem Moment nur fühlen. Vielleicht hat er Angst davor beobachtet zu werden, bei seinem ungeschickten Versuch, den Schlüssel zu Gordana zu finden, und sich dem Klatsch der Meute auszusetzen.

Blende - Bahnfahrt
Der bärtige Mann schreit laut auf Türkisch in das Telefon an der Wand. Mario durchquert die hohe, grellbeleuchtete Bahnhofshalle. Sie ist fast leer um diese Zeit. Er betritt den langen wiederhallenden Gang unter den Bahnschienen. Mit jedem seiner Schritte wird das Echo der türkischen Stimme hinter ihm leiser und das Geräusch seiner spanischen Stiefel bekommt den Vorrang in seinem Ohr. Plötzlich ergießt sich ein Strom von Menschen über die Treppen, die beiderseits, von dem oben gelegenen Bahnsteig kommend, in den Gang münden. Das Stimmengewirr der Menge vereinigt sich mit dem Tritt seiner Stiefel und dem leiser werdenden Stimmenhall des schreienden Mannes weit in seinem Rücken. Dann ist da nur noch die Menge, beleuchtet von kaltem weißem Neonlicht.
Mario schreitet durch sie hindurch. Die Menge entfernt sich hinter ihm, doch ihre Geräusche begleiten ihn die Treppe zum Bahnsteig hinauf. Von der Treppe aus sieht er ein Stück dunklen Nachthimmel neben der Wellblechüberdachung des Bahnsteigs hängen.

Vollmond - Klare Nacht
Preußen-Elektra und vier lange Schatten
Gespickt mit vier Reihen
Roter Warnlampen
Was aber warnt uns vor dem

110

Was aus den Schatten selbst kommt?!

Der Nachtzug kommt gerade zum Stehen. Er ist sehr lang. Es ist angenehm, langsam durch die milde Nachtluft zum ersten Waggon zu gehen. Der leuchtende Mond begleitet ihn. Die Zugtür öffnet schwer. Mario steigt ein und geht zu einer Sitzbank in der Mitte des Waggons. Es ist warm hier und er zieht das Fenster ein Stück herunter. Er ist der einzige Fahrgast in diesem Wagen.

Da hört er das Ticken -, wie von einem Wecker doch gedämpfter und als er gerade denkt: Der Zug hat noch drei Minuten Aufenthalt-, sieht er den heißen, weißen, tödlichen Blitz unter der Sitzbank detonieren. Dann ist Stille....

Und in diese Stille hinein ein lautes Autohupen. Verwirrt erwacht Mario aus seinen Phantasien. Ein Glück, es war nur ein Traum – und er lebt noch. Er sitzt noch immer in seiner Karre, vor ihm das Lenkrad, danach die Motorhaube, auf der sich die Straßenlaterne spiegelt. Ein Stück entfernt eine Eingangstür, die zur Gordana führen könnte.

Blende - Mit dem Geruch von frisch gemähtem Gras in der Nase,

liegt Mario einige Wochen später unter seiner Lieblingseiche im Park. Die Lichtblitze der durch die Blätter und Zweige flirrenden Sonne bringen Mario zum Träumen. Ein Schatten fällt auf sein Gesicht. Es ist Stefan, sein guter Kumpel, den er während seiner Lehre bei der Post kennen lernte.

„Hi Mario, schön dich zu sehen, wie geht's dir so?" fragts, während er sich ins warme Gras fallen lässt.

„Momentan gut, Stefan und was machst du so?"

„Arbeiten! Ja, Arbeit macht das Leben süß", meinte er ironisch.

„Du bist noch bei der Post? Hast dir ne ganz schöne Stetigkeit angeeignet."

„Was bleibt mir auch anderes übrig?! Vor drei Jahren hatte ich mich in Aschaffenburg an der Fachschule für Sozialpädagogik beworben. Das hat aber nicht geklappt -, zu wenig Platz. Also musste ich weiterarbeiten."

„Hast du´s noch mal versucht?!"

„Ja, gleich im nächsten Jahr. Zum zweiten Mal versuchte ich als Facharbeiter den sogenannten sozialen Aufstieg und das gleich an drei Schulen. Nach einer Menge Formalitäten und nach Auswertung meiner Zeugnisse, verbunden mit einem Ausleseverfahren, erreichten mich nach einiger Zeit kurz hintereinander drei Briefe. Sie bestanden aus ein und demselben Formblattdruck, nur die Briefköpfe waren verschieden. In ihnen wurde mir aufs höflichste mitgeteilt, dass man sich leider nicht in der Lage sähe, mir einen Studienplatz zuweisen zu können.

Der Zug ist also für mich abgefahren. Was bleibt einem da noch? 30, 40 Jahre malochen, auf die Rente warten und nach einiger Zeit sein Besteck abgeben. Und wieder werden sich die Jo's von der Altersversicherung ins Fäustchen lachen. Gut, es gibt auch einige Lichtblicke im Leben eines Arbeiters. Da ist zum Beispiel der jährliche dreiwöchige Urlaub, die Hochzeit, die Ehefrau, niedliche Kinderchen, das hübsche Reihenhaus mit Vorgarten und Jägerzaun. Das ist nichts für mich. Meine Kreativität geht mir jetzt schon ab."

Mario nickt mitfühlend – ein Bruder im Geiste sitzt da neben ihm im Schatten der Eiche, während die Vögel zwitschern und sich nicht um das Morgen scheren.

„Diese Einöde, das geistige Versacken! Ich hab doch früher nicht so viel Comics gelesen!" fährt Stefan fort. „Wenn ich mich mal hinsetzen will, um ein Buch zu lesen, leg ich es gleich wieder weg. Dafür guck ich lieber in die Röhre. Das hängt mir aber auch bald zum Hals heraus. Dieses ewige berieseln lassen. Wie kann ein Mensch nur sein ganzes Leben lang das Gleiche tun?! Die meisten planen doch schon mit zwanzig, was sie mit fünfzig machen wollen. Kein Wunder wenn die Leute verdummen. Manchmal frage ich mich, ob das nicht gewollt ist? Gibt es nicht irgendwo Interessen, die sich dafür einsetzen, dass die Menschen dumm bleiben?

Gibt es nicht jetzt schon so etwas wie in Aldous Huxleys Roman ‚Schöne neue Welt'? Dort werden die Menschen in Flaschen gezüchtet, nach neun Monaten entkorkt, einer intensiven Beeinflussung (Erziehung) ausgesetzt, die zum Ziel hat Primitivlinge zu produzieren, die ihr Leben lang gerne mit dem Kopf nach unten arbeiten. Und es gibt Alphaplus Typen, die wenigstens etwas selbstständig handeln und denken können, aber nicht wollen, denn schon als Kleinkind haben sie in der Schlafschule zigmal den Satz eingetrichtert bekommen: ‚Bist du verdrossen flugs Soma genossen.'

Ich will nicht so werden!! Ich behaupte, dass das verbriefte Grundrecht auf gleiche Bildungschancen und der freien Berufswahl eine Farce ist und das nicht nur bei uns in der BRD!"

Während Stefans Erzählung, die Mario vorkommt als sei sie von ihm, dreht er einen Joint. Den rauchen sie, um ihre Nerven zu beruhigen. Und Mario erzählt eine Geschichte, die er sich gerade ausgedacht hat. Vielleicht heitert sie Stefan etwas auf.

Es war einmal eine Klasse von Ausbeutern und Unterdrückern,
die das Land beherrschten und von den Menschen Schweine genannt wurden. Sie wurden Schweine genannt, weil sie den Menschen ihre Meinung nicht ließen. Sie stahlen ihre Gedanken und vertuschten alles, sie unterdrückten die Menschen politisch, wirtschaftlich, emotional, sexuell und geistig. Sie nahmen den Menschen die Freude am Leben. Sie brauchten Basen im Gehirn eines anderen, den sie dann für einen Hungerlohn für sich arbeiten ließen. Sie hatten ihre Agenten, Spitzel, Denunzianten und Unterdrücker überall. Sie waren Imperialisten, sie unterdrückten und vernichteten andere Völker.

Eines Tages aber schlossen sich viele, sehr viele Menschen zusammen und schlugen alle Schweine tot, und die Menschen fragten sich, warum sie das nicht schon viele Jahre früher getan haben? Warum mussten erst so viele Kriege geschehen und so viel von uns sterben?

Von da an waren alle Menschen gleich, jeder respektierte den anderen Mensch und überall herrschte Friede und Freiheit. Deshalb: Für alle Zeit, nieder mit den Schweinen! Kämpfen wir für unsere Freiheit!"

Zustimmend nickte Stefan.

Und Mario fährt fort: „Die Erkenntnis, dass wir gemeinsam an dem Seil ziehen müssen, mit dem der Kapitalist aufgehängt werden sollte, führte mich vor einigen Jahren in eine studentische, sozialistische Basisgruppe. Wir lasen das kommunistische Manifest von Engels und das Kapital von Marx und diskutierten über die Möglichkeit etwas zu ändern. Nach einiger Zeit jedoch sah ich, dass gerade bei diesen pseudolinken Gruppen und Grüppchen das Wissen um Solidarität anscheinend vergessen worden war. Konkurrenzkampf auch da. Von da an hatte ich keinen Bock mehr als Vorzeigeprolet in den endlosen Diskussionsrunden zu hocken und mir den Hintern platt zu sitzen. Tja, die Weltrevolution wird nicht funktionieren, wenn sich nicht das Bewusstsein der Menschen wandelt."

„Mario, weißt du was der Hit ist? Nehmen wir doch mal an, ich hätte einen Platz in der Schule bekommen. Wie sieht es in dem Berufsbild aus, speziell Fachrichtung Sozialpädagogik? Dort bekommst du meist nur Dinge beigebracht, die von Nöten sind, die Ausgeflippten und Kaputten wieder in die Gesellschaft einzugliedern, sie also wieder für den Produktionsprozess fit zu machen. Bist du erst mal Sozialpädagoge, bist du Handlanger fürs System. Willst du etwas kritischer zu Werke gehen, schwebt über deinem Schädel immer ein Felsbrocken mit der Aufschrift „Berufsverbot".

Blende - Am Abend liest Mario in einem buddhistischen Buch:
….Wenn ein unwissender Mensch sich betätigt, das heißt, eine verdienstliche oder schuldvolle gestaltende Triebkraft hervorbringt, dann ist das Bewusstsein mit Verdienst oder Schuld versehen. Wenn aber bei einem Mensch das Nichtwissen vernichtet und das wahre Wissen entstanden ist, dann bringt er weder verdienstliche noch schuldvolle gestaltende Kräfte hervor. Dann hängt er an nichts mehr in der Welt, begehrt nicht mehr und erreicht so das Nirwana.

Und Mario denkt: Wie geht das, sich fallen lassen – loslassen? Alles was ich bisher gelernt habe scheint überflüssig. Indoktrinationen überall. Und wie bekomme ich die aus meinem Schädel? Ich muss vergessen, wieder offen sein, bereit sein. Auch bereit zum Alleinsein. Allein ist der Mensch doch vom ersten Atemzug an. Der eine kann das gut ab. Der ist heiter und wächst ruhig seiner Bestimmung zu. Der andere sucht verkrampft und findet keine Ruhe.

Blende - LSD
Die erste wirklich warme Sommernacht. Die Uhr zeigt Eins. Eine Nacht zu schade zum verschlafen. Marios Freund Michael sitzt ihm im Sessel gegenüber. Mario fällt das LSD ein, dass er letzte Woche erstanden hat.
„Hast du Lust auf einen Trip?" fragt er Michael.
„Hmm, ich hab noch nie einen genommen, doch interessieren würde es mich sehr."
„Michael, ich werde dich durch die Reise führen. Ich kann das ganz gut." Und Mario zündet einige Kerzen an und legt ne spacige Musik auf. Und die kleinen Löschblätter mit dem süßen Äffchen drauf, getränkt mit einer winzigen Spur Lysergsäurediethylamid, sind bald in ihren Mündern verschwunden.
So liegen sie tief in der warmen Nacht auf dem Teppich, hören Musik und warten auf den Abflug. Doch lange hält es Mario nicht in dieser Stellung. Wasserfarben sind jetzt genau das richtige. Das Spiel mit den verfließenden Farben. Man weiß nie was sie anstellen wollten.
Nach einiger Zeit spürt Mario eine Welle von Müdigkeit aufsteigen. Weit öffnet er seine Panoramafenster. Freundlich fächelt ihm milde Sommernachtluft. Michael hängt neben ihm im Fensterrahmen. Hoch über ihnen blinken die Sterne. Jeder bekommt seinen eigenen bunten Strahlenglanz. Das LSD beginnt in sanften Wellen durch Marios Wirbelsäule zum Hinterkopf zu strömen. Da streikt der Verstärker.

„Lass uns laufen. Die Musik soll im Moment nicht sein", dolmetschte Mario seinem Freund. Er ist fast nackt in seiner Wohnung. Jetzt muss er sich konzentrieren, um über seine Gliedmaßen ein paar Kleidungsstücke zu ziehen. Die Halluzinationen lenken ihn immer wieder von seinem Vorhaben ab. Doch schließlich findet er den bunten selbstgestrickten Pulli, den seine Freundin ihm neulich geschenkt hat. Dazu seine Jeans und die passende Jacke. Ein Paar Turnschuhe noch. Endlich ist er für die Weltenreise ausstaffiert. Das ganze hat in seinem Kopf eine Ewigkeit gedauert.

Der Abstieg durch das spiralförmige Treppenhaus des Altbaus will nicht enden. Die Jugendstilornamentik zieht an Marios Augenwinkeln vorbei, während seine Füße ganz sachte die hölzernen Treppenstufen berühren. Zum Glück begegnen sie zu dieser nachtschlafenden Zeit keinem Nachbarn. Die beiden Freunde befinden sich gerade in einer anderen Zeitblase der Quantenmechanik. Endlich unten angekommen, schaffen sie das kurze Stück Straße mit seinen grellen Straßenlaternen auch noch.

Leicht gebückt stehen sie schließlich unter den tiefhängenden Ästen eines Baumes, der seine Wurzel gierig in die Uferböschung der Kinzig gegraben hat. Das Wasser des Flüsschens strömt glatt und träge durch die Gegend. Die Lichter der Straßenlaternen und der Sterne begegnen sich auf seiner Oberfläche. Die Straßenlaternen haben jetzt einen violetten Strahlenglanz, der in die Nacht hineinströmt.

„Michael, mir scheint, unsere Reise geht tierisch ab. Bist du Ok?"

Der grinst ihn selig und mit staunenden Augen an. Michaels Gesicht ist nicht mehr das gleiche. Eher das eines neugierigen Kindes. Unter diesem Baum können sie nicht stehen bleiben. Zuviel Mensch, Beton, Plastik, negative Vibration in der Nähe. Also treiben sie weiter, die Kinzigwiesen entlang. Sanftes Gras unter ihren Füssen. Die Erde strömt in Wellen auf Mario zu. Soll er seine Beine darüber heben? Nein, die Wellen tragen ihn. Vorbei an den nächtlich beleuchtenden Industrieanlagen auf der anderen Seite des Wassers.

„Wo willst du denn hin? Komm lass uns sitzen." Menschliche Klänge strömen an sein Ohr. Und er könnte Jahrtausende so weiter gehen. Weg von den bedrohlichen Gerüchen des Raumschiffs mit seinen giftigen Dämpfen dort drüben. Und Mario kann seinen Kompagnon überzeugen noch eine Weile auf den Füssen zu bleiben. Sie kommen zur Schnellstraßenunterführung. Das Echo unter der Brücke ist der Hammer. Fast bricht die Brücke zusammen durch Marios Klatschen. Es hat die Kraft der Trompeten von Jericho. Michael jedenfalls stöhnt vor Wonne laut auf. Schließlich steht er mitten im Echo. Er ist der Klang. So staunen sie, in diesem Moment nur mit dem Rhythmus des Klatschens und dem leise Strömen des Wassers beschäftigt.

Als es Jahrhunderte später weitergeht, ist die beginnende Morgendämmerung ihr Begleiter. Da ein Stauwehr. Auf der Auwiese bildet sich leichter Nebel. Michael weiß nicht wo er zuerst hinschauen solle. Sagen kann er eh nichts mehr. Ab und zu kommt aus seinem Mund noch ein wollüstiges Stöhnen oder ein Auflachen. Das Barfußlaufen auf der taubedeckten Wiese ist eine paradiesische Erfahrung. Der Himmel wird Zusehens heller. Verzaubert blickte Mario in das gestaltvolle Wolkenspiel. Da kugelt sich ein dicker Hamster am Himmel und hält sich vor Lachen den Bauch. Fröhlich winkt Mario zu ihm hinauf.

So geht es weiter. In ihrem Rücken das wachsende Tageslicht. Vor sich der noch schlafende, kühle Wald. Stück für Stück tasten sie sich in die dunkle Wand der Bäume. Aus dem schwarzen Nichts treten nach und nach die Konturen der Pflanzen hervor. Angriffslustige Mücken treiben die Beiden weiter. Von allen Seiten stürzen die Eindrücke auf sie ein. Plötzlich sind sie mitten im Dschungel.

Michael fasst seelenruhig in die Brennnessel. „He was machst du?" fragte Mario „Ich spüre nichts." antwortet Michael – Minuten später starrt er verwundert auf seine Hand. Für ihn wird sie mit jedem Pulsschlag größer und gewichtiger. Dann läuft er plötzlich neben sich selbst her. Und sie haben den Höhepunkt ihrer Reise noch nicht erreicht. Mittlerweile hat alles was sie anschauen und anfühlen, ein Eigenleben. Der Geist der „Dinge" machen sich bemerkbar.

Die Wege werden immer verschlungener. Das Winterhochwasser hat eine eigenartige Landschaft hinterlassen. Schlingpflanzen und Lianen kommen aus dem Nichts über ihnen. Michael weiß schon lange nicht mehr wo er ist und was mit ihm geschieht. Und er gibt sich vertrauensvoll hin. Sie kommen ihrem Ursprung immer näher. Schlamm, Wasser, feuchte gärende Atmosphäre. Die Gebärmutter ist ihnen ganz nahe. Überall Pflanzen, unendliche Grünschattierungen, zwischendurch ein Lichtstrahl im Morgendunst. Vögel reden laut mit ihnen. Einige Frösche haben auch was zu sagen. Doch die Beiden können keinen Moment stehen bleiben. Die Mücken stechen und treiben sie voran. Mario muss lachen. Die armen Tierchen kommen durch ihr Blut wahrscheinlich höllisch drauf.

Wurzelgewirr und Pflanzenteile, Indios, Schlangen und Lianen. Mario weiß immer wo er war. Doch zeitweise vergisst er es absichtlich. Für ihn ist es erhebend, sich in diese warme, feuchte Dimension fallen zu lassen. Weit weg von den giftigen Ausdünstungen der Zivilisation, die Jahrhunderte hinter ihnen liegt. Für Momente ist er ein Baum im Werden und Vergehen. Selbst sein Rücken bildet die Rinde aus.

Doch Mario spürt, dass er jetzt auf seinen Freund aufpassen sollte. Langsam wird es doch etwas viel für sein überraschtes Gemüt. Über verschlungene Bahnen verlassen sie Schritt für Schritt diese gewaltige Gebärmutter. Sie finden den Weg hinaus in die offene Landschaft. Dort gibt es den geeigneten Platz für das Sonnenaufgangsprogramm. Die Wiese vor ihnen atmet Morgendunst, der sich langsam in den wärmenden Sonnenstrahlen auflöste. Am Firmament strudeln vielfarbige Energiewellen – ausgehend von der Sonne – über den blauen Planeten. Jede Pore ihres Körpers öffnet sich dem Licht. Ihre Herzen atmen Liebe ein.
So sitzen sie eine ganze Weile und halten Gottesdienst. In Marios Handfläche atmet das Donaudelta seinem Zweck entgegen.

Viel später, auf ihrem Heimweg, kommen sie an einem Wehr vorbei. Das Wasser jagt Millionen Diamanten in allen Regenbogenfarben durch die Atmosphäre. Der Klang der Wassersymphonie durchströmt Marios Ohren. Das erinnert ihn an das Musikprogramm zu Hause. Wird die Musikanlage jetzt mitspielen? Nach dem langen Treppenaufstieg und dem anstrengenden Türschlossabenteuer (was ist das – ein Schlüssel? Eine Schloss?) macht sie ihnen tatsächlich die Freude. Roxy Music live, The Cars und einige andere

Freunde begleiten sie noch eine Weile auf ihrem brillanten Trip durch das Universum.

Nach vier Stunden Schlaf lassen die beiden Freunde den heißen Tag an einem Badesee ausklingen. Noch immer sind die Haut und sämtlich Sinne offen wie Scheunentore. Doch die Dritte Dimension mit ihrem Zeit- und Raumbegriff und ihrer Begrenztheit hat sie bald wieder im Griff.

Der Gedanke
Pfeilschnell, glasklar, unbeirrbar,
So stürmt er dem Himmel zu.
Das stahlblaue Firmament empfängt ihn,
Umgarnt ihn und kann ihn doch nicht halten.
Im weiten Rund nach Nahrung suchend
Fliegt er den Bergen entgegen.
Dort findet er Ruhe und Geborgenheit
Für eine Ewigkeit
Die doch nur Sekunden währt
Denn alles vergeht!

Gordana
Das Pferd springt mal wieder im Zick-Zack
Der Affe lässt dabei die Banane fallen
      Das Ei gab's doch vorm Huhn
       Die Schnecke macht Dauerlauf
Warum denn nicht?

Hände!
Die eine streicht sachte den Rücken runter
    Die andere packt zärtlich seinen Schwanz
      Woher nur kommen all diese Gefühle?

Es ist nicht nur
  Die Hand
    Der Hintern
      Der Bauch
        Die Brust
          Der Mund
            Die Augen
            Da gehört auch viel Herz dazu.

Blende - Mario fährt auf der Autobahn
Links und rechts noch Felder
Grüne, gelbe und auch Wälder
Linker Hand Hügel
Hier und dort eine Burg.
Über dem Ganzen ziehen graue Wolken.
Die Bäume neigen sich im Sturm.
Silbern tanzen Blätter in der Luft
Und Mario flitzt schneller als der Wind,
Mit hundertdreißig durch das Bild.

Mario fährt auf der Autobahn
Plötzlich – ist das nicht die Gordana –
Wie sie ihn verschmitzt lächelnd anschaut.
Doch nein, es ist nur eine Wolke,
Ein Fantasiegebilde,
Unter dem große Raubvögel ihre Kreise ziehen,
Und sich immer höher in den Himmel drehen.

Gordana, sie geht ihm nicht aus dem Kopf.
Doch er der arme Tropf,
statt sie auf Händen zu tragen
Hat er viele Klagen

Aber eins kann er ihr sagen
Ich liebe dich sehr!
Und will noch viel, viel mehr.
Und gerade darum hat er so viel Klagen.

Er hofft sie kann die noch ertragen.
Es kommen auch wieder andere Zeiten.
Sie müssen sie sich nur bereiten.

Mario fährt auf der Autobahn
Und ich sage dir, es ist kein Wahn
Wir beide sind auf ein und derselben Bahn.
Und alles andere muss stehen hinten an.

Mario ist auf dem Weg nach Freiburg um die Lage zu peilen.
Denn er will eine Wohnung finden, um mit Gordana in seiner Lieblingsstadt zu leben. Und wieder hat er Glück. Ein Bekannter vermittelt ihm einen Job in einer Kunstgalerie, die neu eröffnet wird. Er soll tapezieren, Wände anstreichen und Bilder aufhängen. So kann er einige Zeit in der Stadt blieb. Nur blöd, Gordana ist weit weg. Sie telefonieren häufig. Eine Wohnung hat er mittlerweile gefunden. Doch Gordana muss noch eine Weile in Frankfurt arbeiten, um einen Vertrag zu erfüllen.

Feelings und Wissen
Die Füße werden ihm kalt
Da hilft auch seine Schiebermütze nix
Das Gefühl, zu viel Gedanken an sie zu verschwenden
Kämpft gegen seine Zuneigung zu ihr.
Das Zipperlein hockt auf einem Ast und springt ihn an
Sein Schwanz führt sich vor wie eine Wünschelrute

Sie sucht Wasser
  Er sucht sie
    Sein Geist packt ihn
      Dreht ihm die Gurgel ab

Sein Bauch aber fordert sein Recht
  Fragt ob die Entscheidung richtig war
    So ist es...........
      Sitzt du
        Zwischen
          Zwei Stühlen-----

Blende - Mario hat in diesen Tagen dauernd schlechte Laune.
Nachdem Gordana endlich in Freiburg angekommen ist, dauert es nur wenige Wochen bis ihn seine zweite Gelbsucht erwischt.
Jetzt ist er gerade wieder aus dem Krankenhaus entlassen worden. Die finanzielle Situation der beiden ist beschissen. Und Mario knatschig wie ein kleiner Junge.
Sie haben sich am frühen Morgen gestritten. Es geht um nichts. Nun bittet Gordana ihn, sie mit dem Wagen zur Arbeit zu fahren. Und er sagt nein, du kannst mein Rennrad nehmen. Sie zieht sich an. Mario dreht sich im Bett liegend zur Wand. Kein Wort des Abschiedes. Und die Tür wird von ihr geschlossen. Und er döst ein. Doch kurz darauf wird er mit einem Ruck wach. Mario wälzt sich von einer Seite zur anderen. Ein sehr seltsames Gefühl hat ihn erfasst.
Als eine halbe Stunde später das Telefon läutet, weiß er vor dem Abheben, dass etwas Schreckliches passiert sein muss. Die Polizei ist daran. Er möge sobald als möglich auf das Revier kommen, um gewisse persönliche Dinge von der Frau

Gordana B. zu identifizieren. Und Tage vorher erst hatte Gordana von einem Unfall geträumt.

Mario ist wie in Watte gepackt. Er fragt was geschehen sei. Der Polizist am anderen Ende der Leitung sagt trocken: Sie sei überfahren worden und sofort tot gewesen. –

Stille und Schock. Mario funktioniert wunderbar. Er geht zur Polizei, er ruft ihre Eltern in Frankfurt an. Er geht zum Arzt und holt sich Beruhigungspillen. Er ist sehr alleine in diesen Tagen. Gerade beginnt der Frühling. Die schönste Zeit des Jahres und er ist wieder alleine.

Vom Reifen überrollt. TOT!
Das ist die Schlagzeile am 4.6.1980 in der Badischen Zeitung. Eine 23 jährige Jugoslawin befuhr mit ihrem Fahrrad die Breisgauer Straße in westliche Richtung. Vor ihr fuhr ein Bagger. Sie wollte ihn auf dem fünfzig Zentimeter breiten betonierten Seitenstreifen rechts überholen. Dabei wurde sie vermutlich unsicher und kippte nach rechts gegen die Leitplanke, stürzte anschließend nach links gegen den Bagger und wurde vom hinteren Zwillingsreifen am Kopf überrollt und auf der Stelle getötet.......

Diese Art Schlagzeilen kannst du täglich in dieser oder jenen Form in den Zeitungen lesen. Du liest sie, machst dir vielleicht noch ein paar Gedanken und hast sie auch schon vergessen. Wie ist das aber, wenn du plötzlich persönlich betroffen bist? - Große SCHEISSE! –

Am Unfallort sieht Mario Kreidestriche und einen großen Blutfleck. Ihre große Brille liegt verbogen im Gras. Jetzt

125

wünscht Mario sich vieles anders gemacht zu haben. Gordana – sie war so jung und er liebte sie.

Aber Mario funktionierte wunderbar. Die Überführung nach Novi Sad (Ex-Jugoslawien) wird arrangiert. Ihre Eltern kommen. Und Mario sieht ihre verzweifelten Gesichter. Und er fühlt sich schuldig. Er ist ja schließlich der Mann, der die Gordana nach Freiburg geholt hat. Mario ist schuld an ihrem Tod. Mario hat ihnen nicht die Geschichte dieses Morgens erzählt. Doch das braucht er auch nicht. Er ist auch so schon schuldig.

Die blonde Susi sagte einige Tage später: „Mario, pass auf, dass du das große schwarze Loch, das durch Gordanas Tod in dir entstanden ist, nicht mit dem hellen Schein des weißen Giftes und der Nadel ausleuchtest."

Und ja, er hängt wieder am Haken, beziehungsweise an der Nadel. Er ist zwar am Kämpfen wie der Fisch, der merkt dass er noch eine klitzekleine Chance hat am Leben zu bleiben. Doch noch ist nicht klar, wer gewinnen wird.

Der Wechselkurs steht 14 Dinar zu 1 DM.

Juni 1980 - Drei junge Männer im Opel Ascona, unterwegs zum Begräbnis der Geliebten -, der Freundin -, der Frau. Sie war es allen dreien; gemeinsam, getrennt, nacheinander und gleichzeitig.

Das Leben, der Trank des Lebens war lange nicht ausgetrunken. Viel Leid und Freude hätte noch auf ihrem Plan stehen können. Das Schicksal, Kismet, das Karma oder wie immer du es ausdrücken magst aber hatte anderes im Sinn.

Da sind also drei junge Männer auf dem Weg zu einem kleinen Bauerdorf in Ost-Jugoslawien nahe Novi Sad. Erst die deutsche Autobahn, dann die Alpen und danach die schlimme Straße Richtung Türkei, der sogenannte Autoput.

Wetter = Urlaubswetter
  Stimmung = lustig (noch)
    Musik = gute

Doch am Ende dieser Reise steht der endgültige Abschied von einer Frau, von einer wirklichen Frau, die die drei jungen Männer wohl nie vergessen werden. -

Am Abend sind sie eingetroffen. Mario, Jack und Spaxel. All ihre Erwartungen werden übertroffen.
WINZIGES BAUERDORF, LINKS UND RECHTS DER EINZIGEN STRASSE EINIGE BACKSTEINHÄUSER, WEITE, TEILWEISE SUMPFIGE EBENE. EINSAM IST'S DA, EINSAM UND KLEIN.
HIER ALSO IST DIE GORDANA, DIESER TRAUM VON EINER FRAU AUFGEWACHSEN! DAS GANZE DORF IST VERSAMMELT. VIELE BLUMEN UND KRÄNZE VOR DEM, IM ROHBAU FERTIGGESTELLTEN ELTERLICHEN HAUS.
BRAUNER, HOLZGEMASERTER SARG
BUNTE HANDTÜSCHER DRAUF -, TRADITION.

GORDANAS SCHMUCK (DER SPÄTER IN DAS GRAB GEWORFEN WIRD)
ALTERSGEBEUGTE, ABERGLÄUBIGE, SCHWARZGEKLEIDETE KLAGEWEIBER.
  VIEL VOLK
    VIEL SILBOWITZ
      VIEL TRANK, VIEL SPEIS
        VIELE TRÄNEN UND GEJAMMER
          VIEL, VIEL SCHMERZ UND LEID
            VIELE BETRUNKENE

EINEN TAG SPÄTER DIE BERERDIGUNG.
VIELE, VIELE MENSCHEN, DIE KLAGEWEIBER, SCHULKINDER IN UNIFORM, KOMUNNISTISCHER FAHNEN, FETTE TRAUERKRÄNZE, EINE BLASKAPELLE. VOR DEM SAG GEHT MARIO, IN DER GLÜHENDEN SONNE, MIT 23 WEISSEN NELKEN IM ARM.
DER SARG AUF EINER KARRE, GESCHOBEN VON SECHS JUNGEN MÄNNERN. WOHL DIE SPIELKAMERADEN DER KINDERZEIT. SIE HABEN BUNTE HANDTÜSCHER AN DEN SCHULTERN BEFESTIGT, TRADITION.
DAHINTER DIE ELTERN, GESTÜTZT VON FREUNDEN. JACK UND SPAXEL MIT VON DER PARTY. DANN KOMMT DIE GROSSE FAMILIE UND DER REST VOM DORF. ES WERDEN WOHL AN DIE ZWEIHUNDERT MENSCHEN GEWESEN SEIN.
GORDANA, GORDANA WAS MACHEN SIE NUR MIT DIR!? DU HÄTTEST DAS BESTIMMT NICHT GEWOLLT. ZUM GLÜCK IST KEIN PFAFFE DA.

SPÄT IN DER NACHT GEHEN DIE DREI JUNGEN MÄNNER NOCH EIN LETZTES MAL ZUM GRAB. DIE STERNE STRAHLEN HELL. ES IST EINE MYSTISCHE NACHT. SIE SITZEN AM FRISCH AUFGESCHÜTTETEN GRABHÜGEL UND RAUCHEN IHREN LETZEN JOINT MIT IHR. DAFÜR IST´S AUCH EIN SCHÖNES KALIBER. GORDANA, DAS IST ALLES, MEHR KÖNNEN WIR NICHT TUN! WIR MÜSSEN ZURÜCK IN UNSER LEBEN.

MARIO WILL VERSUCHEN, WIEDER AUF DAS KARUSELL DES LEBENS AUFZUSPRINGEN. DAS DREHT SICH WEITER UND WEITER UND NIMMT KEINE RÜCKSICHT AUF DIE KLEINEN TRAGÖDIEN DER MENSCHENWESEN!!
TRAUER
LAUTE MUSIK
VOM EQULAIZER VERZERRT

DER HIMMEL IST GRAU - GRAU WIE DER HINTERGRUND DES FILMS, DER IN MARIOS SCHÄDEL UNBARMHERZIG ABLÄUFT UND IHM DAS LEIDEN LEHRT.

DOCH DER TOD IST EINE LANGWEILIGE SACHE.
SO LANGWEILIG, DAS SICH NICHT EINMAL KATZEN UND AMEISEN DAMIT AUFHALTEN.
Das Leben ist auch eine langweilige Sache:
- Wenn die Dummheit aus allen Ecken gekrochen kommt und du dich fragst, wie sie nur bis heute überleben konnte!
- Wenn dich die große Öde überfällt und es nichts gibt, wofür es sich lohnt, den Arsch aus dem warmen Bett zu hieven, dann solltest du am besten in der Molle liegen bleiben und auf besseres Wetter warten!
Übrigens, hast du's schon gehört?
Demnächst soll eine neue Entsorgungssteuer für den Todesfall eingeführt werden. Denn unsere schwermetallverseuchte Leiche darf nicht mehr einfach so unter die Erde. Friedhöfe werden dann zu Sondermülldeponien erklärt.

Blende - Vielleicht ist es ja wirklich so:
Je mehr Mario leidet, je mehr Trouble, desto schneller kann er all das hinter sich lassen und sich dem Kern der Sache nähern. Manchmal, so hat er den Eindruck ist er diesem schon ganz schön nahe. Dann wieder läuft er herum, blind und dumm. Alles liegt im Nebel, von überall blinken scharfe Klingen. Der Boden auf dem er geht, ist übersät mit spitzen Dornen. Selbst die unschuldigen Möbelstücke, die doch gar nichts dafür können, rammen ihm ihre Ecken und Kanten in die Seite oder vors Schienbein.
Ist das nicht gerade das Grausame? Soviel Negatives zu sehen und immer weiter leben zu müssen und zu erkennen,

dass sich nicht viel ändern wird, außer wenn er dem Ganzen gewaltsam ein Ende setzt. Doch Selbstmord kommt für ihn irgendwie nicht in Frage.

Jeder bekommt das was er braucht. Wird er dadurch nicht schlauer, bekommt er es doppelt und dreifach – bis er es endlich schnallt. Es ist aber scheinbar in dieser Welt so eingerichtet, dass die dämlichsten Sprichworte rechtbehalten.
Der Mensch denkt und Gott lenkt oder der Krug geht solange zu Brunnen bis er endlich bricht. Und wenn ein Mensch glaubt, nun ist es gut, dann ist es das noch lange nicht.

So meine Freunde und Sportgenossen.
Kennt ihr dieses gewisse Gefühl, wenn draußen der düstere Herbsthimmel durch die Gegend wirbelt, die Bäume ganz nass und sterbensbunt die Blätter hängen und schließlich fallen lassen. –
Was Mario beim Stichwort Selbstzerstörung einfällt? Zum Bespiel sein Freund der Sachse und seine Braut. Einst über die Mauer geflüchtet, sitzt er jetzt in seiner eigenen Zonengrenze. Beide auf der Nadel, in einem Haus bestehend aus einer Baustelle, wohnend in einer längst gekündigten Wohnung, ohne Wasser, bald auch ohne Strom und Heizung. Was soll man da machen? Kannst du nix machen. Musst du gucke zu. Look at this guy, with a soul of fire! Er brennt an beiden Seiten.

Mario ist jedenfalls gespannt, wie dieser Film weitergeht. Vorerst ist er nach Frankfurt zurückgegangen. Er kann es in Freiburg, am Ort des grausamen Geschehens nicht länger aushalten. Denn jeden Tag kommt er an der Blutspur auf der Straße vorbei. Seltsam wie lange sich das auf dem Asphalt hält.

Übrigens hat Mario seine alten Connections wieder aktiviert und vertickt hundert Gramm Weise bestes Haschisch. Ein paar Kilos sind zwischendurch auch dabei. Ist doch eh schon egal – oder?

Jedenfalls hat er sich vorgenommen nie wieder arbeiten zu gehen. Gordana war schließlich auf dem Weg zur Arbeit verunglückt. –

Blende - Um sich von seinem Schmerz abzulenken,
fährt Mario wenig später mit seinem Freund Sebastian an den Atlantik. Sobald sie mit dem Benz auf der Straße sind, geht es Mario besser. Er kann die Dosis Beruhigungspillen halbieren. So sieht er bald wieder die leuchtenden Farben der sommerlichen Landschaft auf ihrem Weg und der blaue Himmel gibt ihm Trost.

Am Meer, in Mimizan Plage, in den Dünen und den nächtlichen Discobesuchen findet Mario für zwei Wochen das Vergessen vom Grauen seines Verlustes. Da Sebastian ein paar Tage früher als geplant aus geschäftlichem Gründen zurückfahren muss, verabredete Mario seine Rückfahrt mit Gaby und Annette, ihre Urlaubsbekanntschaft. Die jungen Frauen bleiben noch eine ganze Woche. Ach wie gut. Doch auch das geht vorbei.

Blende - Paris
Von Bordeaux kommend, fallen sie ohne eine Centime nachts um zwei in Paris ein. Die Drei müssen erst mal Geld wechseln. Mario steuert das Hotel Maurice an. Angeblich ein Luxushotel. Doch die Typen wechseln nur für Gäste. So geht es weiter, am Eifelturm vorbei, über die Seine und schon sind sie mitten im schönsten Pariser Nachtleben.

Frauen, Frauen, Frauen. Seine beiden werden ganz unruhig. Dann sieht Mario einen Wegweiser zum Place de Clichy. Natürlich fällt Mario gleich Henry Miller ein und er hat seine Richtung. Dort in der Gegend finden sie ein Dreisternehotel. Da die Annette eh ganz schön fertig ist und schon die ganze Zeit genörgelt hat, nehmen sie das Zimmer, die Nacht 100 DM für alle drei. Nach Wochen auf dem Campingplatz oder am Strand kommen die Badewanne, der Fernseher und das Doppelbett ganz gut. Für Mario gibt es eine Couch. Das Frühstück verpennen sie allerdings.

Am anderen Morgen macht Mario den Reiseführer. Mit der Metro durch die Stadt. Klappt gut, obwohl er noch nie im unterirdischen Labyrinth von Paris war. Am Abend treffen sie wie verabredet Pascal, ihren Pariser Freund, unterm Arc de Triomphe. Mit großem Hallo und vielen Küsschen wird er begrüßt. Mario hat ihn an einer Strandbar in Mimizanplage kennengelernt. Die Karona geht in der Nähe von Notre Dame zum Abendessen.

Paris ist ne interessante Stadt, wenn man genug Kohle hat. Die Gaby lässt sich nicht weiter stören. Muss ich halt ein paar Storys mehr schreiben, meint sie nur trocken. Na, Mario ist´s recht, ihm ist zwischenzeitlich die Kohle ausgegangen. Mit Pascal, dem Pariser hat er sich angefreundet, sie quatschten wie alte Bekannte, mit Händen und Füssen, mal englisch, mal deutsch. Pascals Freunde checken abends in der Stadt die Touristinnen ab. Mario schliesst sich ihnen für einige Stunden an. Er muss sich von den beiden Hühnern erholen, die gerade schamlos zwei jungen Deutschen drei Flaschen Rotwein leer trinken.

Als Pascal und Mario schließlich wieder am Ort des Geschehens auftauchen, sind die Mädels ganz schön knülle. Mario fährt, und so kommen sie glücklich in Pascals kleiner Wohnung an. Der heizt wie ein Hells Angel mit seinem Moped vor ihnen her. Mario muss ihm wohl oder übel hinterher rasen. Und das im irren Pariser Verkehr.

Am anderen Tag sehen sie sich noch Sacré-Cœur und das phantastische Centre Pompidou an. Vor allen der Platz davor hat es Mario angetan.

Nun ja, nach einigen lebendigen interessanten und anstrengenden Tagen in Paris geht es am Sonntag heimwärts über die Grenze. Ab dort geht es Mario schlagartig schlecht. Die vergangenen Monate mit Gordanas Tod und seiner Trauer holen ihn mit Macht ein. Bei Köln steigt er aus dem Wagen, verabschiedet sich bei den beiden Mädels und verspricht sich bald zu melden. Dann streckt er den Daumen in den Himmel. Abends um Zehn ist er glücklich zuhause angekommen. (Damals machte das Trampen noch Spaß.)

Übrigens, im Herbst kommt Pascal wie verabredet nach Frankfurt. So kann sich Mario für dessen Gastfreundschaft revanchieren. Ein paar Tage später zieht der Pariser weiter aufs Oktoberfest. Neofaschisten lassen in einem Papierkorb am Eingang eine Bombe hoch. Pascal wird ein Bein abgerissen und ist sofort Tod.

Blende - Unsicherheit - ein "Kreativitätsdünger"
Leid und Krankheit auch. Also, was beschweren wir uns dauernd?! Mario bemerkt, wie schwer es ihm fällt, aus

seinem versumpften und verkorksten Kopf heraus zu kommen.

HÄ, HÄ, halts Maul alter Moralist! Du tust ja nur so! Vorhin noch sagst du, dass eh alles egal ist und jetzt mühst du dich um geistige Reinheit!

Mein Freund, dein eigentliches Dilemma ist, dass du nicht weißt, was du willst. Bist du jetzt fürs Patriarchat? Dann mach eine Frau glücklich! Oder bist du einer von diesen Männern, denen die Emanzen die Schwänze gekappt haben?

Aber wenn die Emanzen recht haben!?

Sie haben schon recht, bloß wissen die auch nicht so recht was Sache ist. Ganz ohne Männer geht es ja wohl nicht!

Also Mario, höre auf zu kämpfen, finde heraus was du zum Überleben brauchst und hole es dir, sonst unterliegst du dir noch eines Tages selbst und bringst dich endgültig um. –

So ist das also. Fast wie beim Fixen.

Die Gedanken bewegen sich immer wieder in die gleiche Richtung. Doch die Frau die Mario wieder erwecken wird, was wird er eigentlich mit ihr tun? Wird er sich aus Dankbarkeit zum Knecht entwickeln?

    Was war das?

       Wie ging das?

          Was mag die Frau am Mann?

Dass er weiß, was er will, keine großen Sprüche darum macht und ruhig seinen Weg geht.

          Was mag der Mann an der Frau.

        Die kraftvolle Weiblichkeit

      Die stärkende Macht

    Und natürlich die Mutter

Oder - war da was?

        Wie ging das?

Und da sind wir an einem Punkt, bei dem der Psychoanalytiker bei Mario ansetzen würde. Er hatte eine Macke. Zärtlichkeiten von seinen Eltern, gerade von seiner Mutter machten ihm meist Gänsehaut. Berührungsangst nennt man das wohl. So ging es ihm auch in anderen Dingen.

Blende - Das LSD beginnt zu wirken
Die Sonne blendet
Ein Hase rast über die Landstraße.
Mit großen Sprüngen ein Windhund hinterher.
Reifen quietschen
Gummi wird geplagt
Automobile müssen bremsen.
Weit hinten im Feld eine winkende, rennende Gestalt.
Den Hasen stört das Chaos nicht.
Er rennt um sein Leben
Kleine Staubwolken aufwirbelnd
Rasen die beiden Viecher über den braunen Acker,
Direkt in die Sonne hinein.

Blende - Wochen später
Mario hat genug von dem Hin und Her in seinem Kopf. Der Sommer geht zur Neige. Er weiß, er muss wieder auf Reise. In Sollér mietet er telefonisch für wenig Geld ein Apartment für den Herbst an.
Also trampt er nach Mallorca, seine geliebte Insel. Das will er sich mit Freunden teilen. So landet Mario auf einer Raststätte Nähe Karlsruhe. Hier guckt er sich einen sympathischen Lkw-Fahrer aus, der ihn mit in den Süden nimmt. Wenig später sitzt er in einem riesigen Truck mit einer guten Aussicht über die Autobahn Richtung Schweiz.

"Da fahr ich mit meinem LKW von Hamburg nach Luzern und von Luzern nach Hamburg, verdiene mehr Geld als du wahrscheinlich in deinem ganzen Leben als Hippie jemals gehabt hast."

Mario lächelte in sich hinein, und denkt an die vielen Geldscheine, die er so oft in den Händen gehalten hat. Wenn der wüsste!

„Und du hast was vom Leben. Und nicht nur das, sondern du machst das auch noch ohne zu arbeiten oder einen Haufen Geld zu besitzen. Wer ist jetzt der Klügere, du oder ich?"

Und der Typ hat ein schönes Haus in Flensburg mit Frau, Tochter, Hund, Weihnachtsbaum, zwei Wagen mit Garage, Rosen und Rasenmäher aber er hat nichts davon, weil er in Wirklichkeit nicht frei ist.

Nach drei Tagen Trampfahrt kommt Mario schließlich in Barcelona an. Das Kolumbusdenkmal am Hafen zeigt noch immer nach Amerika. Die belebten Ramblas weißen Mario einen anderen Weg. Die Blumenhändler und Restaurants verbreiten ihre Düfte. Menschen flanieren. Losverkäufer dealen mit dem Glück.

Nach fünfhundert Metern ein Schaufenster voller Stiefel. Da ist er, sein Stiefelmacher. Mario findet welche mit weichem Leder und guter Sohle, die ihn lange begleiten werden.

Nach seinem erfolgreichen Einkauf biegt er rechts ab ins Hafenviertel. Das Los Caracoles in der Calle Escudellers 14 ist sein nächstes Ziel. In den engen verwinkelten Gassen riecht er schon von weitem den Holzkohlengrill. Den Köchen kann er von der Straße aus zuschauen. Mario fühlt sich in diesem traditionsreichen Feinschmeckerrestaurant wie zu

Hause. Porträts von allen möglichen Größen des Schaugeschäfts hängen in den schummrigen Räumen. Und die Paella ist wieder vom feinsten, dazu noch einen leckeren spanischen Rotwein, genau das richtige nach drei Tagen auf der Straße.

Blende - Mallorca

„Woher nimmst du dir nur das Recht so zu leben, wie du es im Moment vorführst?" wird Mario gefragt.

„Ich habe die Gelegenheit dazu und nehme sie mir. Kann ich wissen, was später kommt?!"

Also genieße es, sagt er sich.

Genieße die Ruhe, die dich umhüllt.

Die spätsommerliche Wärme ist deine Luxusdaunendecke.

Das Rufen der Möwen,

Die Brandung des Mittelmeeres deine HiFi-Anlage.

Genieße es, Ende Oktober in den Felsen am Meer zu sitzen und zu zusehen,

wie die Jahrtausende das Land formen.

Schaue dem Gutenachtgruß der Sonne ihre Haltung ab und versuche ihr gleich zu kommen.

Danach noch etwas Musik von Crosby, Still, Nash and Young aus dem Walkman. Und dann die verräucherte Fischerkneipe, in der die Wettergezeichneten, verarbeitenden alten Männer in ihren Stühlen hängen und ihre spanische Fußballmannschaft im TV anfeuern, während Mario Kuba Libre schlürft.

Da sitzen die braungebrannten Männer, haben ihr Tagwerk vollbracht, spielen mit todernstem Gesicht und dem Filzhut auf dem Kopf Karten oder lachen den dänischen Mittelfeldspieler aus, wie er den sicheren Ball übers Tor knallt und drohen mit muskulösen Fäusten, als dem spanischen Stürmer das gleiche geschieht. Sie haben sich ihren Feierabend verdient.

Und so sitzt Mario hier, versucht der Vollkommenheit des Sonnenunterganges gleich zu kommen, sucht ihn mindestens mit Worten zu beschreiben und damit seinen Teil beizutragen, am Spiel des Lebens, auf dass er den Fischern mit gutem Gewissen ins Auge schauen kann.

Blende - Eine Woche später
findet Mario eine Bucht, die er für ein paar Tage beinahe ganz für sich alleine hat. Und die Sonne ist wieder aufgegangen. In der Nacht sieht es nicht so aus. Gestern Abend fing es an. Es wollte einfach nicht kühler werden. Wurde eher noch schwüler. Wolken zogen auf. Gegen 23 Uhr fallen die ersten Regentropfen. Mario spannt seinen Regenponcho über die Hängematte und schläft wieder ein. Später wird er wach. Der Regen hat aufgehört. In der weitläufigen Bucht ist alles ganz still. Eine seltsame Spannung liegt in der Luft. Die Härchen an seinen Unterarmen stehen senkrecht.

Am Horizont überm Meer sieht er Wetterleuchten. Es strahlt auf und blitzt, doch es ist kein Donner zu hören. Im Gegenteil, die Stille ist greifbar.
Die Bucht, seit Tagen Marios Zuhause, ist immer wieder für Augenblicke hellerleuchtet. Die Atmosphäre knistert. Weit draußen auf dem Meer tobt ein heftiges Gewitter. Kaum ein Lufthauch rührt sich.
Mario hat es sich, in seiner Hängematte sitzend, bequem gemacht. Das ist schließlich besser als jedes Kinoprogramm. Die Umgebung, hochaufragenden Klippen und Berge dahinter, werden stroboskopartig erleuchtet. Die Bäume nehmen skurrile Formen an.

So ähnlich muss es gewesen sein, als die Erde ganz jung war. Elektrische Ladungen ungeheuren Ausmaßes durchzucken die Atmosphäre. Das Wetter marschiert nun mit lauten Donnerschlägen über das Meer in die Bucht hinein, auf Marios Platz zu.

Er sitzt in der fragilen Konstruktion seiner Hängematte, zwischen zwei niedrigen Bäumen gespannt, die dicht am Strand stehen, sozusagen in der ersten Reihe.

Jetzt kommt der große Regen über das Wasser angewalzt. Der Regenponcho hält zwar einigermaßen den Regen von oben ab. Doch die Schnüre der Hängematte saugen sich langsam voll. So kommt die Nässe von unten. Blitze kreuz und quer in der Atmosphäre. Der Donner macht kaum eine Pause. Mario entspannt sich, lächelt. Das ist ganz nach seinem Geschmack. Und er lacht bei dem Gedanken an so manchen Bekannten, dem jetzt vor Angst die Zähne klappern würden.

Es wird kühl. Die Bucht ist voller Wasserdampf und langsam dämmert es. Die Äste der Bäume glänzen vor Nässe und tausend Tropfen perlen der Schwerkraft entgegen. Der Regen hört auf.

Mario setzte sich im kommenden Tageslicht auf den Kiesstrand und staunt über die kräftiger werdenden Farben der Welt.

Die Sonne geht wieder einmal strahlend überm Meer auf. Er schwimmt seine Morgenrunde in der Bucht, die jetzt wieder ganz unschuldig daliegt. Die Luft ist glasklar. Nach einigen Yogaübungen und einer kurzen Meditation macht er sich sein Müslifrühstück und entscheidet, dass es ihm rundherum gut geht. So sollte es jeden Morgen sein. Doch wer hat schon so ein grandios Schwimmbad zu Hause?!

Später legt Mario seine nassen Sachen am menschenleeren Strand aus. Selbst sein Daunenschlafsack ist am Nachmittag wieder trocken.
Er spürt sich und wie er sich spürt!
In der Nacht schläft er mit Musik im Kopf.
Woher die kommt?
Vielleicht von der Natur um ihn herum.

Blende - Und auch das geht vorbei.
Mario macht sich auf den Weg zurück nach Frankfurt. Die Fähre bringt ihn nach Barcelona. Er spricht zwei junge Franzosen an. Sie nehmen ihn mit bis Montpellier. Das ist doch schon mal ein guter Anfang. Doch in Montpellier geht es nicht so recht weiter.
Mario steht wie bestellt und nicht abgeholt an der Straße. Und das jetzt schon gute drei Stunden. Das Wetter ist ungemütlich. Gerade fängt es wieder an zu schiffen.
Wenn ich mal das ganz große Geld gemacht habe, denkt er sich, kauf ich mir einen Bus, ne Smith and Wesson, lad alle Tramper auf, die mir begegnen. Und wenn mir einer frech kommt, so was gibt's ja, zeig ich ihm kurz meine Knarre. Aber ansonsten soll´s ihnen nicht schlecht gehen bei mir.

Na endlich, die Sonne kommt gerade raus, hält ein "2CV". Er fährt nach Straßburg. Das ist ein gutes Stück Weges für ihn. Du weißt halt nie, für was es gut ist. Selbst die Dinge die vordergründig mies aussehen, können sich hinterher als Gewinn herausstellen. Also Mario bleib locker, wenn mal was passiert, das dir nicht passt!
In Straßburg bleibt er für einen Tag, isst französisches Brot und Käse und trinkt preiswerten, gar nicht mal so schlechten Rotwein. Das Münster ist leider renovierungstechnisch eingerüstet.

Am nächsten Tag, der Herbst zeigt sich von seiner sonnigen Seite, besucht Mario seine alten Freunde in Freiburg. Seltsam, überall wo er in letzter Zeit hinkommt, ob's München, Amsterdam, Straßburg, Hamburg oder Freiburg ist, überall stehen Baugerüste rum. Das Münster in Straßburg, ein Kunstwerk, ist vergittert und der Dom von Freiburg, vor einiger Zeit schon mal besucht, ist anscheinend immer noch am Auseinanderfallen.

Blende - Monate später sitzt Mario mit untergeschlagen Beinen
auf seinem Bett und beginnt den roten Faden seines Lebens, den er eben erst wiedergefunden hat, in meditativer Ruhe aufzuwickeln. Soft Jazz im Radio. Regen trommelt aufs Dachfenster. All you need is Love. Seitdem er mit seinen Pflanzen spricht, wachsen sie besser. Früher hat das die Gordana für ihn erledigt. Ja, früher – ist noch gar nicht so lange her. Jetzt muss er wieder für sich alleine kämpfen.

Und der Winter war noch nie im Kino.
Während dem, mitten im März, immer noch nicht klar geworden ist, das er eigentlich am Drücker ist;
Während die Arbeitstiere der alljährlichen genormten Aufforderung zu allgemeinen Ausgeflipptheit Folge leisten und sich die Clownsnase aufkleben lassen;
Während sich die Big Brothers immer noch mit dem Spiel des Raketenzählens die Zeit vertreiben;
Während die Saureregengeschädigten Tannen von den heftigen Winden entwurzelt werden, die unseren Erdball umwehen;
Während die politischen Theaterfachleute auf der Bonner Bühne nach der witzigsten Besetzung und dem besten

Oberschauspieler Ausschau halten, der es schafft, die Passagiere des sinkenden Schiffes bei Laune zu halten;
Während ihnen das Wasser fast schon bis zum Halse steht;
Während die Ratten im überfüllten Käfig langsam damit beginnen, ihren Nachbarn, die ihnen zu nahe kommen, die Haut, schwermetallverseucht, von den radioaktiven Knochen zu nagen;
Während die Psychiater keine freien Termine mehr im Kalender finden;
Während die Neurosen durch die Gegend wimmeln und die Pharmaindustrie sich ne goldene Nase verdient;
Während das allgemeine unvermeidliche Chaos grösser wird;
Während die Arbeitslosenzahl sich der Hoffnung erregenden Marke von drei Millionen nähert;
Während die Kinder sich zum mikroelektronisch gesteuerten Analphabeten entwickeln und keiner mehr der eigenen Frau traut;

Während also der überlaufende Topf auch noch zu brodeln anfängt, und der Himmel da oben sich vergrämt abwendet und seinen grau-verschleierten Rücken sehen lässt;
sitzt Mario auf seinem Bett, um den roten Faden seines Lebens in meditativer Ruhe aufzuwickeln. Die Dinge sind schließlich genügend verwirrt. Es wird Zeit, diese Verwicklungen, gänzlich ungewollt, ängstlich vermieden und gerade deshalb eingetreten, aufs Papier zu bringen, damit die Nachwelt auch was zu lachen hat.

Wo fängt die Geschichte nur an?
Wo findet sich der Anfang der ihm immer wieder entschlüpft?
Er möchte sie abspulen und festhalten.

Seine Geschichte.
Wo fängt sie nur an!?
Ohne Anfang keine Geschichte – oder?
Soft Jazz im Radio.
Regen trommelt aufs Dachfenster.
All you need is Love.

Mario denkt an all die vielen schönen Vorsätze, die er sich gemacht hatte. Er erinnert sich an die Klarheit, die ihm zu einem gleichbleibend gehobenen Feeling in Bezug auf die Ursachen, ihre Verkettungen, Wirkungen und Komplexitäten verhalf.
Diesen Zustand,
der ihn lächeln lässt und ihm die Einsicht gibt,
dass im Grunde doch alles ganz einfach ist,
diesen Zustand würde er zu gerne für Immer verwirklichen.

Stattdessen hat er sich in den letzten Wochen wieder seinen patentierten Regen-, Schmutz-, Frustrations-, Enttäuschungsganzkörperkondom angezogen. Inklusive gibt es allerdings auch den Liebe-, Vertrauen-, Wärmeabweisenden Original Frankfurter Seelenüberzieher.
Mit diesem Überlebenspaket ausgestattet, hat er seinen Beobachterposten am großen Panoramafenster seines Lebens, mit Blick auf den irren, hektischen, hysterischen Zeitgeist eingenommen. Aber immerhin, wieder einmal wird ihm vor Augen geführt, dass er noch viel zu lernen hat.
Mario sollte es schaffen, eine größere Übereinstimmung bezüglich seiner materiellen-körperlichen und geistigen Realitäten zu erreichen. Anpassen aber nicht zu viele Konzessionen an unannehmbare Zustände machen.
Anpassen ist sicherlich ein unpassender Ausdruck. Besser ist vielleicht: mitspielen und langsam aber sicher die

Spielregeln ändern. Unpassend ist bestimmt die allgemein stärker werdende Neigung zur Verdrängung.

Du atmest – denkst du –
Irrtum –
Du wirst geatmet –
Du lebst – denkst du –
Irrtum –
Du wirst gelebt –
Jedenfalls solange, bis du die Einflüsse und Abhängigkeiten erkannt hast, in denen du verwickelt bist und du es geschafft hast, dich daraus zu befreien.

Mario ahnt, dass das menschliche Gehirn
auf Dauer nur die Eindrücke ins Bewusstsein lässt, die der Lebenserhaltung dienen. Alles andere ist ein Überfluss an Informationen, der nicht in persönliche Bezüge gebracht werden kann.
Wie sonst kann es angehen, dass noch immer der größere Teil der Menschheit an eine Zukunft der Wachstumsgesellschaft glauben kann. Ja, wenn der geistige Aspekt und nicht der materielle gemeint wäre. Aber so hat das menschliche Hirn eine ganze Menge Schlamassel zu verdrängen. Die Leistungsgesellschaft verlangt es.
Gefühle, menschliche Bedürfnisse, Gemeinschaft, Liebe, Solidarität, Geborgenheit, Bewusstheit, Erleuchtung sind Attribute, die dem Leistungsdenken zum Opfer fallen.
Selbst in der Sprache verschwinden sie - Wort für Wort.

Der Soft Jazz hat mit Frank Zappa den Platz im Radio getauscht.
Mario lässt seinen Blick durch das Zimmer gleiten. Er sieht die Marokkanischen Decken und die Bastmatten, die von

144

der Decke über die Wände fallen und einen Baldachin über ihm bilden. Er sieht an der Wand die geheimnisvollen Bilder von Escher und Fotos seiner Reisen. Er sieht die Teppiche auf dem Boden und die Pflanzen. Und er sieht auf der anderen Seite der Fensterfront, wie der Regen in Schnee übergeht. Und Mario stellt fest, dass er fast glücklich ist. Bis auf eine mittelgroße, dunkle Höhle tief in seiner Seele. Gerade jetzt, trotz all dem. Und es lässt sich aushalten und David Bowie singt ihn in die Nacht.

Die Erkenntnis, dass der Mensch eine Fehlkonstruktion ist, ist für Mario bedrückend und erleichternd zugleich. Und er tut sein Bestes um damit klar zu kommen. Die Drogen die es überall zu kaufen gab, halfen ihm die Kunst des Vergessens zu erlernen. Manchmal hatte er sich von der Realität des Menschseins so weit gelöst, dass er keine Uhr mehr brauchte und nicht wusste, welcher Wochentag oder Monat gerade war. Die Zeit schoss an ihm vorbei. Die Woche wurde zum Tag, das Jahr zum Monat.

Und trotz allem, in seinem Innersten bleibt ein nagendes Gefühl. Selbst seine Vergesslichkeit hilft ihm nicht darüber hinweg. Irgendetwas stimmt nicht mit ihm. Und Mario erkennt, dass alles Leben sich weiterentwickeln will. Du kannst die Intelligenz nicht wirklich unterm Asphalt verstecken. Früher oder später bricht sie durch, wie der Grashalm, der mitten auf dem betonierten Parkplatz zum Licht hin strebt. Das Leben duldet keinen Stillstand. Rückschritte sind nur scheinbar möglich. Am Ende ist jeder Rückfall ein weiterer Schritt zur Erkenntnis. Da kannst du machen was du willst.

Und die Kunst des Verdrängens
hat am sechsten März dreiundachtzig in Deutschland einen weiteren Höhepunkt erklommen. Das halbe wahlberechtigte deutsche Volk wählt sich ihre Rattenfänger, die es verdient hat. Die andere Hälfte will wohl mit dem Trauerspiel nichts zu tun haben und geht erst gar nicht zur Wahl. Aber ist die schweigende Mehrheit nicht noch schuldiger?!

Denn die Hoffnungen der Millionen wird denen in die Hände gegeben, die nichts Besseres im Sinn haben, als den wirtschaftlichen und waffentechnischen Bereich zu neuen, ungeahnten Höhen zu verhelfen. Die Nebenwirkungen eines solchen Handelns der ökologischen und ökonomischen Ausbeutung wird natürlich wieder verdrängt.

Jeder von uns kennt diesen Gedanken:

Mich trifft das eh nicht, warum soll ich arbeitslos werden, habe ich nicht immer meine Pflicht erfüllt?!

Das wir bald kein trinkbares Wasser mehr haben, einfach lächerlich. Seit dem es Menschen gibt hats auch Wasser gegeben!!

Mein Sohn macht das nie, Heroinspritzen.

Der und schwul sein?

Doch das Leben hat seine Eigendynamik.

Bestimmte Vorgänge können, einmal in Gang gekommen, nicht mehr gestoppt werden.

Vielleicht muss es aber so sein.

Vielleicht muss es wirklich sein,
dass das Menschengeschlecht Platz macht
für die Ordnung der Natur.

Angst
Beim Joschi ist wiedermal überhaupt nichts los. Die Menschen dieser Stadt besaufen sich zu Hause. Die gerade

gelesenen drei Seiten von Satres 'Wörter' können Marios dumpfe Teilnahmslosigkeit für seine Umgebung, die schon tagelang wie eine große Glasglocke über ihm gestülpt ist, nicht beseitigen. Er schlägt die Seite um und schaut dabei kurz in die Runde. Da kommt eine junge Frau herein. Sie schaut sich mit ängstlichem Blick in der Kneipe um und nimmt an einem kleinen Tisch in der hintersten, dunkelsten Ecke Platz. Sie bewegt sich dabei wie ein gejagtes, eingeschüchtertes Tier. Setzt sich mit dem Rücken zur Wand, ihre alte, abgeschabte weißgraue Lacklederhandtasche packt sie mit der Rechten, als gäbe sie ihr den einzigen Halt in der Welt. Ihr verzweifelter Versuche unbemerkt zu sein, steht im krassen Widerspruch zur hellroten, fast pinkfarbenen Hose und dem grasgrünen Pulli. Beides bringt die ruhige, gediegene Düsterkeit der Ecke in arge Bedrängnis.

Mario blickt verstohlen zu ihr hinüber und hofft sie bemerkt ihn nicht. Angstvollere Augen hat er noch nicht gesehen. Die Wangen zieht sie zwischen den Zähnen ein, die Lippen stehen spitz vor. Mit nervöser Hast glaubt sie eine Packung Zigaretten aus der Tasche und versucht, mit zittrigen Fingern, einen Glimmstängel anzuzünden. Mario würde sich gern an ihren Tisch setzen, um zu erfahren was mit ihr ist. Da hat sie aber schon den doppelten Whiskey runtergeschüttet und hinkt aus dem Lokal. Das Geld hat sie auf die Tischdecke kullern lassen.

Und während Mario über das eben Erlebte nachdenkt -, die farblichen Widersprüche, die Hektik, die Angst, das spätbemerkte Hinken - und die achtlos hingeworfen Münzen auf dem Tisch betrachte, zerspringt die Glasglocke um seinen Kopf in tausend Stücke. Mario springt hoch, reißt die Tür auf, die ihn auf die Straße mit all ihrem Getriebe, Lärm und Gestank entlässt. Er will sich bei ihr bedanken. Bei ihr, deren Namen er nicht kennt, sie aber gut zu kennen glaubt. Er will ihr danken, weil sie ihn aus seiner Beziehungslosigkeit herausgerissen hat. Doch er kann sie nirgendwo entdecke, es gibt zu viele dieser Gestalten. Hektisch, ängstlich, ohne Ziel rennen sie durch die Straßen, ein Gesicht angstvoll als das andere. Und so kehrt Mario zu seinem Kubalibre im „Joschi" zurück. Dort sitzt er und erinnert sich an lang vergessene Tage.

Blende - Selbstmord - lohnt sich das?
An einem Tag im Frühling. Mario fuhr mit dem Postkombi durch Sachsenhausen und hatte wiedermal Selbstmordabsichten. Passierte da nicht etwas Mystisches? Von den in Haufen auf die Straße gewehten Kastanienblüten wurde ihm geraden es nicht zu tun.
Was nicht zu tun?
Nicht mit hundert Sachen gegen die nächste Mauer zu rasen.

Die leuchtend weiß-roten Flecken auf der Straße kamen ihm wie ein Fingerzeig der Natur vor. Die Blütenkleckse wollten ihm klar machen wie schön die Erde und das Leben doch sind! Wie ein Ruf des Sommers: Warte ab und sieh was geschieht, du musst nur die Augen aufmachen.

Vielleicht begreifst du, wenn du weißt, dass Mario im zarten Alter von dreizehn Jahren nachgerechnet hat, wie lange er noch zuhause wohnen muss. Vielleicht kennst du auch seine Abneigung, morgens aufzustehen, um in die öde Schule zu gehen, in der er doch nicht fürs Leben lernte, wie sie ihm immer weismachen wollten.

Dort im Joschi sitzend bemerkt Mario,
dass er mal wieder eine Auszeit braucht. Also wird er wieder
auf Reise gehen. Manchmal ist für ihn das „Auf Reise sein"
wichtiger als das Ankommen. Denn am besten kommt
Mario zu sich, wenn er unterwegs ist.

Sein innerer Zugvogel spürt einen unwiderstehlichen Drang
zu neuen Gefilden hin.
Geschlossene Räume, im Winter ein willkommener
Zufluchtsort, sind ihm jetzt, in der warmen Frühlingssonne,
atemraubendes Gefängnis und Grab. Also packt er sich
Geld, etwas Dope, seinen Rucksack, die Hängematte und
seinen Daunenschlafsack und macht sich auf in den Süden.
Die Sonne, das Leben, der Funke. Wie kann sie nach einem
kalten Winter ohne Mario strahlen? Wie kann er da in der
Molle liegen bleiben, um die Nacht der glitzernden
Großstadtlichter zu erwarten? Im Winter ist das noch
vertretbar. Jetzt aber bricht neues auf. Er gibt Lisa und Lutz
Bescheid. Die sollen sich um die Wohnung kümmern, die
Miete ist für ein halbes Jahr bezahlt.
Und bald siehst du Mario am Straßenrand, den Daumen
raushalten.

- Wir sollten den Vorgang des Geboren Werdens, der
keinesfalls mit dem Vorgang, der Geburt beendet ist,
energisch unterstützen und vorantreiben. Ist es nicht das
Ziel eines jeden Menschen, nach Weisheit zu trachten? –
„Papa, wo sind all die Bäume?"
„Welche Bäume mein Junge?"
„Na, die Bäume längs der Straße!"
„Vielleicht hat sie der Mond genommen."
„Was will denn der Mond mit den Bäumen, er hat doch
neulich erst die Häuser geschnappt?"

„Söhnchen, wenn du dich nicht rumdrehst und weiterläufst, wird er uns auch noch die Straße nehmen. Dann müssen wir sehen wie wir weiter kommen."

Stefan fährt in seinem alten „Käfer" die Straße lang.
Die Lichtreflexe der Sonne, die durch die Alleebäume blinkt, irritieren ihn. Mit der Rechten holt er seine Sonnenbrille aus dem Handschuhfach und setzt sie sich auf die Nase. Der „Käfer" wird durchgerüttelt von der Landstraße, die sich in sanften Bögen an einem schmalen Flüsschen entlang, durch die Landschaft windet.
"Verflucht noch mal, da blechst du nun zig tausende von Märkern an die Steuer und was machen die Hornis damit?! Die lassen sie vom Himmel fallen, statt dass sie anständige Straßen bauen. Sollten sich mal von den Itackern ne Scheibe abschneiden. Pikobello die Straßen dort, pikobello sage ich dir!"
Auf dem Beifahrersitz liegt eine aufgeschlagene "Bild", reißerische Überschrift mit dickem roten Balken: „72. Starfighter vom Himmel gefallen". Mario sitzt auf dem Rücksitz. Seit seinem Unfall neulich, er trampte mit 'nem Besoffenen, sitzt er lieber hinten. Der Rucksack liegt neben ihm. Plötzlich, Stefan tritt volle Kanne auf die Bremse, geht in relativer Nähe ein älterer, hagerer Mann gebeugt über die Straße. Er hebt nicht den Kopf, schaut nicht links, schaut nicht rechts. Der Mann kommt geradewegs zwischen den Alleebäumen hervor.

Das grauenhafte Quietschen der blockierenden Räder durchbricht die Sonntagsnachmittagsdörflerruhe.
Mein Herz, mein armes Herz, hoffentlich packt das mein Herz, denkt Mario. Kalter Schweiß bricht ihm aus, der Rucksack an seiner Seite ist ihm auch keine große Hilfe. Wie

ein angestochenes Kalb bleibt der Alte mitten auf der Straße stehen und erwartet den Todesstoß. Doch dazu kommt es nicht. Stefans Auto steht. Mario lässt seinen Rucksack wieder los. Der kann ja nix dafür. Er versucht seinem Herz Hilfestellung zu geben und wischt sich mit dem Handrücken den Schweiß von der Stirn. Da erwacht der hagere Alte aus seiner Hypnose und kommt Stockschwingend auf das Auto zugefegt. Wo der alles schon war! Die Abzeichen auf seinem Stock verkünden, dass hier ein Altmeister der Wanderzunft vor ihnen steht.

"Sagen sie mal, was erlauben sie sich eigentlich?" schreit er sie an, "Sie machen einen Lärm, der einem das Blut in den Adern gefrieren und die Haare zu Berge stehen lässt."
Und dann tritt er wutentbrannt gegen den Kotflügel. Jetzt muss der verblüffte Stefan aber doch aussteigen. Auf seinem Logenplatz im Fond fühlt Mario sich ganz wohl und geborgen. Gerade will Stefan sein Fass voll Zorn über den alten Herren ausschütten, da erscheint eine grauhaarige, etwa sechzigjährige Dame, offensichtlich völlig außer Atem. Sie eilt mit hocherhobenem Regenschirm ihrem Mann zu Hilfe. Eine wirklich groteske Situation. Hier der alte Herr, mit hochrotem Schädel unter seiner Wanderkappe und dem Spazierstock drohend. Dort die ihm zu Hilfe eilende Dame, ihr Dutt löst sich auf. Und da Stefan neben seinem Käfer stehend, mit gerechtem Zorn im Bauch.

Über die Szene senkt sich die Sonntagsnachmittagsdörflerruhe. Die Sonne scheint, Vögel zwitschern in den Bäumen und Kinder fahren mit klapprigen Rädern, neugierige Blicke herüberwerfend, zum Baden. Die Vernunft siegt. Einen lauten Rülpser von sich gebend, springt Stefan in seinen Wagen, lässt den Motor laut aufheulen und rauscht davon. Mitten auf der Landstraße stehend, Stöcke schwingend, schimpfend bleiben die alten Herrschaften zurück. Mario dreht auf den Schreck hin erst mal einen Joint. Stefan nimmt es grinsend zur Kenntnis.

Die ersten warmen Sonnenstrahlen
und schon dreht das Leben durch. Das Asphaltband der Landstraße liegt vor ihnen im strahlenden Licht. Die Sonne am hellblauen Himmel lässt alles klar, nah und in eindringlichen Farben erscheinen. Der Frühlingswind streichelt Mario mild und erfrischend. Die Luft törnt wirklich gut. Die Spatzen sind so geil, dass sie nicht mehr wissen wo hin. Die Chausseebäume ziehen vorbei. Ein alter Typ trottet versonnen die Straße lang. Sein dicker Bauch schwappt ihnen entgegen. Nicht nur sein Hemd, seine Schuhe hat er auch vergessen. Na so was, so warm ist es doch wirklich noch nicht! Was macht nur dieser dicke, halbnackte, behoste, graue, alte Mann da auf der Straße?

Eine Ecke weiter auf der Koppel, flitzen die Hengste wie angestochen, durch das Frühlingslicht. Bedrohlich lange Schwengel wackeln zwischen ihren Beinen. Die Stuten haben schreckensweite Augen und weitgedehnte Nüstern. Frühling - was ein paar Sonnenstrahlen alles ausrichten können! Denn da kommt ihnen der letzte Überlebende von Stalingrad entgegen. Sein hoch bepacktes NSU-Fahrrad zieht ihn den Berg hinab. Der schwere lange Mantel flattert im Fahrtwind. Er dient bestimmt nachts als Einmannzelt. Die Augen, in die Ferne gerichtet, finden keine Heimat. Mit seinem Ersatzreifen, hinten auf dem Gepäck befestigt, kommt er noch kreuz und quer übern Kontinent.
Die seltsame Symmetrie der Felder und Äcker leuchtet auf. Farben bringen das Bild auf Trab. Frisches Grün wechselt ab

mit sattem Braun. Und hin und wieder strahlt das wuchtige Gelb eines Rapsfeldes auf. Das erfreuliche Kaleidoskop des Frühlings auf der Landstraße.

Und so kommt Mario am Abend in Freiburg an. Jene Stadt, die so viele Erinnerungen für ihn auf Lager hat. Er möchte ein paar Tage nutzen, um zu sehen, was in den drei Jahren seiner Abwesenheit alles geschehen ist. Beim Oskar, einem alten Bekannten findet er einen Schlafplatz. Dort hat Mario noch ein paar Möbel stehen, zum Beispiel einen schönen großen, runden, goldgerahmten Spiegel. Mario möchte das Zeug demnächst nach Frankfurt holen.

Tage später.
Mit den länger werdenden Tagen verschwinden die letzten Spuren des Winters. Mario hat sich in der Stadt erkundigt. Ihm sind die üblichen Geschichten in die Ohren gedrungen. Der langhaarige, agile Gogo, sein spezieller Kollege und Genosse so mancher Nacht, sitzt im Knast. Es hat ihn mit drei Jahren ganz schön erwischt. Mario denkt, dass für Gogo die Knastzeit ganz heilsam sein kann. Teilweise wusste er ja nicht mehr was er tat. Diese ganze Pillenfresserei, das Drücken, Kiffen, später die Einbrüche und die Schlägereien. Seine Freundin, die Babs ist tot. Ein klassischer Janis Joplin Exodus -, was eigentlich abzusehen war.

Gogo war damals bei der Hausbesetzeraktion in Basel dabei. Ist schon ein paar Jährchen her. Einige Leute aus der Freiburger Hausbesetzerszene waren mitgekommen. Sie haben in der Ryffstrasse versucht, ein besetztes Haus zu halten. Eigentlich war es ein ganzes Ensemble intakter Gründerzeithäuser, die geräumt werden sollten. Aber mit den Schweizer Spontis ging das nicht gut. Die waren einfach zu brav. Den Wilhelm Tell, den großen Freiheitskämpfer, gab's bei ihnen nur noch in Sagen und Märchen.

Dabei hatten sie die Sache gut organisiert. Übers Wochenende war's richtig gemütlich. Selbst die Nachbarn solidarisierten sich und brachten ihnen Kaffee und Kuchen. Die vier Straßenecken um das Viertel wurden in Mutters Wohnstube verwandelt. Die Nacht über campierten bestimmt zweihundert Leute bei Kerzenlicht auf der Straße, spielten Karten oder diskutierten. Um fünf Uhr kamen die Bullen mit Wasserwerfern. Aus den Möbeln auf der Straße wurden Barrikaden. Doch nach dem die erste Barrikade geräumt wurde, fing die Hektik an. Die Schweizer Pseudoanarchisten sind gerannt wie die Kaninchen. Und die paar Freiburger Aktivisten vom Dreisameck standen plötzlich ganz alleine auf weiter Flur. Die Flucht vor der Polizei ging durch die halbe Stadt. Am Ende waren die Straßen von Müll übersät und einige Container brannten. Na ja, also wieder nix mit der Weltrevolution, stattdessen Stress und Frust.

Danach musste Mario erst mal 15 Stunden schlafen. In der Basler Zeitung las er später, dass ein paar ausländische, radikale Linke die Schweizer Jugend verdorben hätten. Mülleimer seien in der halben Stadt in Flammen aufgegangen und Sachbeschädigung am Eigentum einer großen Schweizer Bank sei zu beklagen.

Doch zurück ins Hier und Jetzt:
Die Andy oder Andrea, wie er jetzt vielleicht besser sagen sollte, hat sich zu einer richtigen kleinen Dame entwickelt. Schaut gut aus und dem Anschein nach geht es ihr auch ganz gut. Mit einer Freundin teilt sie sich eine Wohnung, macht eine Lehre als Friseuse und will später

Maskenbildnerin werden. Läuft alles easy. Zusammen sitzen sie gerade in einer Schwarzwaldkneipe, von Rauch gebeizte Dachbalken, Hirschgeweihe, Bilder und Trophäen des örtlichen Schützenvereins an der Wand. Schwere Eichentische mit eingeritzten Herzen und anderen Stilblüten. An ihrer Seite zwei Arbeiter, breite Schultern, schwielige Hände. Sie sind, angeheitert ins Gespräch vertieft.

"Was wünschst du dir eigentlich vom Leben, Franz?"

"Weißt du, was ich will? Ich will es dir sagen und dann kannst du den Knackern dort drüben zuhören, die stundenlang da sitzen, rumsülzen und doch nie was auf die Beine stellen. Ich will dir sagen was ich will, und das ist auch das einzigste was ich will. Ich will eine Frau mit so richtig großen Titten und dem dicksten Arsch im ganzen Hurenstall! Und dann drauf - OH, die Titten!"

Und Mario schaut Andrea an. Sie grinst und legt einen Finger auf die Lippen.

"Wer die sich bloß einfallen lassen hat. Gott weiß schon, was gut ist. Bloß Titten und einen anständigen Hintern. Ich will abends nach Hause kommen, einen anständigen Brocken Fleisch in die Pfanne hauen, mir den Bauch vollschlagen und dann auf die Alte steigen. Dann will ich noch ein paar Kinder, etwas wofür es sich zu arbeiten lohnt. Ich will einen Anreiz. Jetzt gammle ich in dieser verräucherten Kneipe herum und verschwende meine Zeit. Immerhin gehe ich auf die vierzig zu."

Erstaunt schaut Mario ihn an, so alt ist er schon!

"Ich könnte vielleicht so ein feiner Herr sein, mit Chauffeur und Dienstmädchen aber eigentlich gebe ich kein Stück Scheiße drauf. Das ist vorbei und weinen hilft nicht. Aber wenn ich eine Alte hätte, dann hättest du mich das letzte Mal in der Kneipe gesehen." -

Mark ist zurzeit nicht da. Sein Wohnkollege ist ganz schön fertig. Mario hat ihn gestern in der Tangente, einer Disco, getroffen. Er kam gerade von einer Entziehungskur, machte auf ihn aber nicht den Eindruck, als hätte er es gepackt. Der Abend in der Tangente hat Mario heftig geschüttelt. Ihm ist aufgegangen, wie viel er in Freiburg erlebt hat. Doch die Zeit nach Gordanas Tod ist noch immer wie in einen Nebelschleier gehüllt. Ob das von diesen Pillen kommt, die er gegen seine Depressionen genommen hat oder ob er damals in einem permanenten Zustand des Schocks gelebt hat? Wer weiß? Klar ist, dass Mario vieles vergessen hatte, was jetzt plötzlich in kristalliner Klarheit wieder vor ihm steht. Eigentlich fehlt nur noch das kleine blonde Mädchen, dessen Namen ihm entfallen ist, bei dessen Geburtstag er aber mit Muttern ne Tasse Kaffee genommen hat. Nach Gordanas Tod hatte das Mädchen ihm sehr geholfen aus seinem Sumpf heraus zu kommen. Und das hat sie wahrscheinlich nicht einmal bemerkt.

Und Mario fällt seine permanente Fluchthaltung auf, die er bis heute nicht abgelegt hat. Doch halt einmal-, ist es eine Flucht oder hält er sich so die Abhängigkeiten vom Hals? Na, egal für den Moment. Er will versuchen bewusster zu sein und seine Verdrängungsmechanismen nicht allzu mächtig werden zu lassen.

Freiburger Markttag
Große graue Wolken treiben über die Hügel. Manchmal bricht ihnen ein Sonnenstrahl das Kreuz. Die Schwarzwaldberge sind dann nicht mehr ganz so schwarz. Die alten Glocken des Freiburger Münsters läuten den Samstag ein. Mario trinkt seinen Frühstückstee im Kaffee am Markt, der gerade ein Ameisenhaufen ist. Hunderterlei

Gerüche treibt der Wind an seiner Nase vorüber. Viel Volk. Alte Marktfrauen in ihren Trachten, mit verhutzelten Gesichtern. Jüngere Marktfrauen mit strammen Brüsten und kräftigen Waden. Sie bieten Gemüse, Käse, Eier, Obst und andere Köstlichkeiten feil. Typische Amitouris flitzen herum. Gestern waren sie noch in Helsinki, morgen sind sie in Lissabon. Du erkennst sie sofort. Fotoapparate vor der Brust, unmögliche Sonnenbrillen auf den scharfen Nasen. Die Babygesichter auf dem langen Hals der Männer, die Verbindung zur lang gestreckten Gestalt, an denen schockkarierte oder -gestreifte Hosen und Hemden schlappern.

"OH, look there darling, beautiful, nice!"

Mann oh Mann! Aufbruch, Hektik, Stühle werden gerückt. Machs gut --- leb wohl! Winken rufen. "Ach, ich hab was vergessen!" Rennen, laufen und nach Atem schnaufen.

Der dicke rotgesichtige Metzger kommt nicht nach mit seinem scharfen Messer, so drängeln die Kunden um den guten Schwarzwälder Schinken. Schöne rot-, schwarz-, blondhaarige Mädels huschen lachend vorbei. Französische Laute dringen an Marios Ohr. Eine Nonne in schwarzer Tracht gleitet mit glattem, faltenlosem Gesicht durchs Gewühl. Der frische, warme Käsekuchen von vorhin träumt noch immer an Marios Gaumen. Die grauen Wolken haben dem Blau des Himmels das Feld überlassen. In seinen Kopf zieht Ruhe ein. Das Marktgewimmel wird stärker. Roter Paprika spiegelt die Sonne hundertfach.

Du siehst Mario gemütlich in der Sonne sitzen, das Markttreiben lächelnd beobachtend, da schießt ihn ein weiterer Erinnerungsfetzen fasst über den Haufen. Diese Geschichte liegt sogar noch etwas weiter zurück. Ja, Freiburg ist immer wieder für eine Überraschung gut.

Blende - Der Albtraum

Mann oh Mann, da ist ihm ein Ding passiert! Er kann's immer noch nicht begreifen. Hat die ganze Zeit über gehofft, dass er aufwacht und alles ist nur ein Traum gewesen, wenn auch ein Alptraum. Vielleicht könnte er dann wieder lachen.

Es ist eine interessante Erfahrung, aus einem dieser Träume aufzuwachen. Schweißnass und noch vor Angst zitternd machst du mitten in der Nacht die Augen auf und merkst, das der Sturz aus dem vierunddreißigsten Stockwerk und der nahe Aufprall auf dem, vor Hitze flimmernden Asphalt nicht wirklich war. Du stehst auf, lachst erleichtert und verwundert, schlurfst in die Küche und machst den Kühlschrank auf. Nach einem Schluck Wasser erinnerst du dich, wie schön das Leben doch sein kann.

Aber, schon zweimal hat Mario sich in den Arm gekniffen. Es war kein Traum! Wirklichkeit, die unprosaische, humorlose Wirklichkeit hat ihn in den Fängen.

Wie konnte das nur geschehen? Wer ließ es zu?

Mario wendet sich nach rechts, weg von der in der Sonne schwimmenden Allee, auf der sommerlich gekleidete Menschen unter den blühenden Kastanienbäumen dahintreiben. Strebt auf Karins Pinte zu. Aus den weit geöffneten Fenstern schwappt Stimmengewühl und Musik von Steve Wonder an sein Ohr. Er schlägt die Perlenketten am Eingang zurück und hält Ausschau nach Betti und David. Viel Jungmenschengewimmel, auf den Tischen Gläser, Flaschen, Kaffee und Kuchenstücke. Hinten in der Ecke sieht er eine winkende Hand. Mario steuert zwischen den gut besetzten Tischen auf die Beiden zu. Aufatmend fällt er in den rotweiß gestreiften Korbstuhl. Sie begrüßen ihn besorgt und Betti fragt gleich:

"Was ist denn geschehen, vorhin am Telefon hast du dich gar nicht gut angehört."

Und David schaut ihn ebenfalls fragend an. Die Bedienung kommt an den Tisch. Mario bestellt einen Kirschsaft. Nachdem sie wieder verschwunden ist, fängt Mario zögernd zu erzählen an.

"Ich kann's selbst noch nicht glauben. Das erste Mal sah ich sie in der Galerie. Ihr braungelockter Kopf versperrte mir den Blick auf den Sonnenuntergang des surrealistischen Malers. - Ich wartete -. Nach einigen bewegungslosen Augenblicken wandte sie sich um, blickte mich an, lächelte und ich wusste, dass dies einer der seltenen Momente war, in denen nicht viel gesagt werden musste. Es war geschehen und wir waren wie alte Bekannte. - Wenn ihr versteht, was ich meine -!"

Betti hat die Ellbogen auf die Tischplatte gestützt, das Kinn in die Hände gelegt und sieht Mario interessiert an. David beobachtet beim Zuhören die bevölkerte Straße draußen. Der Himmel verdunkelt sich und es sieht ganz nach einem ordentlichen Sommergewitter aus.

"Nach einigen Tagen sahen wir uns wieder. Wir trafen uns in der Galerie, um an einem Workshop für junge Schreiber teilzunehmen. Brigitte und ich wechselten erste Worte. Später tauschten wir von uns Geschriebenes aus. Sie war gerade zwanzig und schon verheiratet. Jetzt, nach drei Monaten Ehe wusste sie, dass sie einen Fehler begangen hatte. Was aber konnte sie tun? Sie fühlte sich gefangen bei ihren spießigen Eltern, die irgendwo im tiefsten Schwarzwald lebten. Sie fühlte sich eingesperrt in dem Schwesternwohnheim, das dem strengen katholischen Krankenhaus angeschlossen war, in dem sie arbeitete. Sie war unglücklich, einsam und jung. Sie wollte unabhängig sein und frei. Da traf sie Pit, sie mochten sich und das

Unglück nahm seinen Lauf. Nun war sie mit ihm verheiratet und sie wusste, dass sie einen Fehler gemacht hatte.

Und jetzt hatten wir uns getroffen
Ihre Haut so weich
Ihre Hände so wissend
Ihre Augen so strahlend
Es war eine lange Nacht
Zum Schlafen kamen wir nicht

Zwischendurch brachte ich die Uhren aus dem Zimmer
Sie rannten zu schnell
Einfach mitleidslos.
Göttin der Zeit
Lass uns doch eine Ewigkeit!

Doch was hilft alles Flehen
Nur eins zählt:
Heute und Jetzt
Was Morgen ist, überlass ich den Zeitgeistern.

Und wenn wir uns umarmten
Um uns zu küssen
Floß Energie
Grenzen begannen zu verschwimmen
Die Grenzen zwischen Körper und der Welt

Wir redeten immer zu
Nicht mit Worten –
Die können oft tödlich sein
Mehr mit den Augen
Den Händen
Dem Körper

Es war eine herrliche Nacht!

Um sechs Uhr in der Früh erschütterte der Wecker im Flur unseren raumlosen Zustand. Er holte uns von unserer Wolke herunter, aber mit einem Bein schwebten wir noch immer auf ihr. Mit geschmeidigen Bewegungen verwandelte Brigitte ihren beredsamen Körper in einen Schwesternkörper mit weißer Tracht. Sie sah so jung aus, so sauber, so unnahbar und gleichzeitig strahlend glücklich."

In diesem Moment, draußen wird es bedrohlich dunkel, schaut David auf seine alte silberne Taschenuhr.
"Es tut mir leid, aber ich habe einen Termin, muss mich verabschieden. Betti du bleibst noch, erzählst mir heute Abend alles."
David gibt Betti einen Kuss und geht.
"Nun Mario, mir scheint du hast dich ganz schön verknallt. Bin gespannt wie es weiter geht", sagt Betti.

"Na ja, wir verließen also ihre Wohnung am frühen Morgen. Pit war glücklicherweise für einige Tage unterwegs.
Ich brachte Brigitte zur Arbeit und machte mich dann auf den langen Fußweg nach Hause. Am frühen Sonntagmorgen lag die Stadt ruhig und verschlafen. Nur ein paar alte Leutchen trotteten durch die leeren Straßen, Richtung Kirche. Wie grüßt man auf Badisch? Im Stadtparkspringbrunnen badete ein Haubentaucherpärchen. Die Blüten der Frühsommerblumen schliefen noch. Mit großen Figuren und noch größerem Mundwerk spielten zwei alte Männer mit grauen Bartstoppeln und schwarzen Regenschirmen Schach.

Es nieselte leicht.

In mir steckte noch die vergangene Nacht.

Alles um mich herum war klar, ruhig, strahlend.

Alles war, wie es sein sollte.

Der mit dem größeren Mundwerk war plötzlich schachmatt.

Ich lachte, es regnete stärker.

Die beiden stellten die Figuren zu einem neuen Spiel auf.

Was bringt nur zwei alte Männer dazu, am frühen Sonntagmorgen, im Regen Schach zu spielen? Die Regentropfen trieben mich nach Hause. Mein Heimweg führte mich zu den Schwarzwaldhängen hinauf, die verschlafen in ihren Decken von Morgendunst lagen. Weit entfernt sah ich das Bauernhaus, in dem ich Quartier bezogen habe, am schrägen Hang kleben. Als ich mir schließlich die Bettdecke über den Kopf zog, die Sonne kroch gerade über den östlichen Bergrücken, war ich glücklich und traurig zugleich. Brigitte musste jetzt arbeiten und bestimmt war es danach für sie kein Vergnügen nach Hause zu gehen. Aber sie musste mit Pit darüber reden."

"Es ist doch immer wieder beruhigend zu hören, dass man nicht der einzige Mensch ist, mit solchen Erfahrungen." warf Betti ein.

Mario blinzelte und trank einen Schluck Kirschsaft. Die schwarzen Gewitterwolken senkten sich drohend über die Stadt.

"Tja, und ich war am Abheben. Dachte nur noch an Brigitte. Brigitte, Brigitte, immer nur Brigitte! War ich verrückt? Was war los mit mir, was war geschehen? Brigitte hier, Brigitte dort! Große weiße Wolken am Himmel, Brigittes Gesicht darin. Von der Sonne beschienene goldene Wiesen,

leuchtendes Grün, schillernde Tannen und Brigitte mit glänzenden Augen, das war's was ich sah. Brigitte auf der Sommerwiese, Brigitte als Sommerwiese.
Träume summen wie große Hummeln von der violetten Blüte zur pinkfarbenen. Ich kenne die Namen der Gräser nicht, die im Lichte der Sonne und dem milden Luftzug unseren Körper streichelten.

Brigitte, ich habe Angst!
Brigitte, ich war schon mal süchtig!
Brigitte, ich will frei sein!
Brigitte, ich bin glücklich, wenn du bei mir bist!
Brigitte, wo führt das hin?!"

Plötzlich bricht das Gewitter mit ohrenbetäubendem Getöse und heftigen Blitzen über der Stadt los. Die Straßen leeren sich, die Atmosphäre ist aufgeladen. Betti hat ihren Blick durch die Fenster schweifen lassen und fragt nun: "Und was ist mit Pit? Wie hat der reagiert?"

"Na ja, Pit ist erst mal komplett ausgerastet, als Brigitte ihm die Sache mit uns gestand. Drei Monate verheiratet und dann so was. Er flippte völlig aus. Kann man schon verstehen. Aber was er dann an Grotesktheater brachte, das grenzte schon an Irrsinn. In Worten kann ich den Psychokrieg nicht beschreiben, den er über uns ergehen ließ. Als aber alles nichts genutzt hatte, keine Schläge, keine Erpressung, kein Bitten und Flehen und er sich der, von ihm selbst heraufbeschworenen Trennung gegenüber sieht, inszeniert er ein "abschließendes" Treffen.
Zwei seiner Freunde, Brigitte und ich saßen in Pit´s Wohnzimmer. Die Freunde sollten später beim

163

Scheidungstermin als Zeugen gegen Brigitte auftreten. Pit hatte schon wieder eine Flasche Rotwein abgeschüttet, schluckte zwischen durch, als wären es Drops, ein paar Beruhigungspillen und trat schließlich fast theatralisch vor uns hin und schnitt sich mit einer Rasierklinge am Handgelenk herum. Wenn es nicht so unsagbar traurig gewesen wäre -, ich hätte fast gelacht. Schlimme Story das.

Pit kam ins Krankenhaus auf die Psychiatrische. Er hatte eh hin und wieder leichte schizoide Schübe. Ihm musste geholfen werden und das nicht erst seit der Affäre mit Brigitte und mir. Er hatte die Übersicht verloren. War schon mal verheiratet gewesen, wurde schuldig geschieden. Aus dieser Ehe gab es einen sechsjährigen Sohn, den er nur sporadisch sehen durfte und der Angst vor Pit hatte. Mit Brigitte hatte er sich alles so schön ausgemalt, hatte Visitenkarten drucken lassen und Pläne geschmiedet. Aber die Hast, die Hektik und die Angst, die er bei all seinen Aktivitäten an den Tag legte -, gesund war das nicht.

Am siebzehnten November wurde er von seiner Frau geschieden und acht Tage später war er schon wieder mit Brigitte verlobt. Er suchte die Mutter. An die, die er über alles geliebt haben muss, dachte er noch immer mit Tränen in den Augen. Aber Brigitte konnte das für ihn nicht sein."
"Ich finde das nicht gerade klug von Brigitte, sich auf so eine Story einzulassen", warf Betti ein, "hätte den Typ erst mal besser kennenlernen sollen."
"Stimmt", erwiderte Mario, "aber sie ist halt noch sehr jung und unerfahren gewesen. Und nun hänge ich mit drin in diesem Film, den nur das Leben schreiben kann. Ich hatte Pit im Krankenhaus besucht und mit ihm noch mal über unser Thema gesprochen. Ich versuchte ihm klar zu mache,

dass es keinesfalls in meiner Absicht lag in diese Beziehung einzudringen, um ihm die Brigitte zu entreißen. Und ich fragte ihn, ob es nicht auch an ihm liegen könnte, dass sie sich von ihm distanzierte? Ich sagte ihm, dass, wäre ich nicht gekommen, es ein anderer gewesen wäre. Und er sah scheinbar ein, dass es nicht der richtige Weg war, um Brigittes Liebe zu erlangen, sie in seiner Verwirrung auch noch zu schlagen.

Vorgestern haben die Ärzte Pit aus dem Krankenhaus entlassen. Sie hatten ihn gerade knappe zehn Tage dort behalten und hatten keinen Verdacht auf Selbstmordabsichten feststellen können. Also entließen sie ihn auf eigenen Wunsch hin. Er ist gleich nach Hause, traf dort auf Brigitte und die Geschichte fing wieder an. Er fragte sie scheinbar ganz ruhig, wie sie sich ihre gemeinsame Zukunft vorstellen würde. Und sie erklärte ihm, dass sie sich ihre Ehe nicht als Gefangene vorstellen könne. Sie brauche Geborgenheit, Verständnis und Freiheit. Sie sei schließlich noch jung und wolle lernen.

"Na ja, wie diese Freiheit aussehen soll, kann ich mir ja jetzt vorstellen", meinte Pit und fuhr raus zu mir.

Von meinem Zimmerfenster aus sah ich seinen VW-Bus schon von weitem. Ich setzte Teewasser auf und erwartete ihn mit gemischten Gefühlen. Aber schließlich war er mir im Krankenhaus ganz verständig vorgekommen. Dann hörte ich Pit, wie er das alte Holz der Treppe aus dem Mittagsschlaf weckte.

"Holla, Pit, die Tür ist offen, komm nur rein!" rief ich ihm entgegen. "Grüß dich, schön dass du mich besuchst."

Sein Blick war müde und unsicher. Traurigkeit und Verzweiflung sprangen mich aus den Falten seines gealterten Gesichts an.

"Komm setz dich, habe gerade Teewasser aufgesetzt. Wie geht´s denn so?"

"Ach Mann, reden wir nicht davon. Wie soll´s mir schon gehen?"

Danach unterhielten wir uns über Gott und die Welt und über die schöne Gegend hier draußen. Ich hatte mir Pits ersten Besuch schlimmer vorgestellt. Er kam mir ganz zugänglich vor. Doch eigentlich hätte mir die Sache spanisch vorkommen müssen.

Die Fenster meines Zimmers standen weit offen. Ein milder Luftzug kühlte meine Aufregung. Sonne und Wind zauberten auf das hochgeschossene Gras der Wiesen weit dahinfließend Wellen. Hier und da betrieb eine Kuh ihr Lebenswerk-, sie fraß und wurde fett. Hoch überm Tal zogen zwei Bussarde ihre Kreise, bis sie schließlich genügend Höhe gewonnen hatten, um im eleganten Schwung, dicht über den Wipfeln der Tannen, zum nächsten Tal hinüber zu segeln.

Ich war gerade dabei eine neue Tasse Tee einzuschenken, als Pit ganz ruhig aufstand und in der Plastiktüte kramte, die er mitgebracht hatte. Ich vermutete Bücher und Zeitschriften darin. Aber er holte etwas ganz anderes daraus hervor. Etwas was ich bisher nur aus meinem Leben als Dealer oder Gangsterfilmen her kannte. Und ich bekam große Augen. Pit hatte nämlich plötzlich eine schwere schwarze Pistole in der Hand und er richtete das große dunkle Rohr direkt auf mich.

Ich sprang erschreckt auf. Fühlte mit einem Male eine große Leere. Es war wie im Traum, konnte doch nur ein Traum sein. Das ganze kam mir wirklich sehr unwirklich vor. Da war diese große schwarze Pistole! Die Bedrohung an sich, die Macht, der Tod und das alles in Pits Hand, der mir kein

Fremder war. Es passte nicht so recht zusammen, es passte so gar nicht in diesen lichtdurchfluteten Nachmittag, zur friedlichen Natur draußen vor dem Fenster. Das schwarze Ding passte entschieden nicht hier her!

"Was soll denn das Alter, nimm das Ding weg, es stört kolossal die Stimmung", war alles was sagen konnte. Bis dahin hielt ich das ganze ja noch für einen Scherz. Zwar einen makabren, aber doch für einen Scherz.
"Du erinnerst dich bestimmt noch an das, was ich dir mal gesagt habe?" fragte mich Pit, während ich genau in die runde, schwarze Öffnung starrte. So ein Ding soll den Tod bringen?! Sicher, Pit hatte mir mal damit gedroht er würde mich erschießen, wenn...... Damals hatte ich nur gelacht aber jetzt brach mir doch der kalte Schweiß aus. Nun bekam ich es mit der Angst zu tun. Meine Knie wurden weich. Für was waren eigentlich diese verdammten Psychiater da, wenn sie einem Kranken nicht helfen können?!
"Leg dich auf den Boden!" befahl mir Pit.
Verzweifelt grinste ich ihn an. Mit den Worten: "Das willst du doch nicht wirklich tun, was bringt es dir denn?" versuchte ich ein Gespräch anzufangen.
"Leg dich hin!" wiederholte er und deutete dabei mit der Knarre auf den Boden.

Hätte ich in diesem Moment die Situation wirklich erfasst, ich hätte mir wohl vor Angst in die Hose gemacht. Da lag ich also, dicht vor meiner Nase die frisch gebohnerte, dunkel glänzende Holzdiele, mit dem Geruch von Wachs und einem Astloch in der Maserung des Holzes.
Das Knacken, als Pit den Sicherungshebel umlegte, bekam ich nur am Rande mit. Im Vordergrund stand etwas anderes.
- So also stirbst du! Wolltest es ja schon immer wissen. Eine

167

Ahnung, dass ich eines gewaltsamen Todes sterben würde, hatte ich schon oft. Aber so früh.....NEIN!! - Dann war da der Knall, seltsam trocken, spröde! -
Ich lauschte in mich herein, fühlte nirgends Schmerz -, war ich etwa schon tot? Nein, denn unter mir sah ich noch immer das dunkle Stück Diele, das Astloch vor der Nase und riechen konnte ich auch noch. Vogelgezwitscher und Kuhglockengeläut drang an mein Ohr. Dann ein leises Stöhnen. Es fuhr mir unter die Haut, als würde jemand den Fingernagel über eine Gipswand streichen.

Da lag Pit auch schon auf mir. Der Albtraum nahm kein Ende. Ich versuchte mich möglichst vorsichtig von seinem Gewicht zu befreien. Überall Blut, im ganzen Zimmer alles voll Blut. Es strömte ihm aus Mund und Augen und Ohren und wo sonst noch alles. Ich konnte nicht mehr hinsehen. Saß betäubt auf dem Boden.
Draußen kamen Stimmen näher. Alles war in hellster Aufregung, selbst die Kühe hatten aufgehört zu grasen. Meine Wirtin, die dicke Bäuerin, schaute in den Raum, schrie auf und kurz darauf schwang sie sich aufs Fahrrad und fuhr zum Telefonieren. Nach einer langen, sehr langen Viertelstunde hörten wir endlich das Martinshorn. Der ganze Dielenboden war inzwischen mit Blut bedeckt, auch die Stelle, auf die ich vorhin noch meine Nase gedrückt hatte, war mit der schimmernden, roten Flüssigkeit bedeckt. Fliegen hatten sich auch schon eingestellte. Pit lebte noch. Ich hatte einen Schock, weinte, lachte, trank Tee und machte sonst noch einiges, von dem ich heute nichts mehr weiß. Polizei war später da, mit all ihrer Fragerei.

Nun, nach einer Woche weiß ich, dass Pit außer Lebensgefahr ist. Aber er wird wohl Zeitlebens gelähmt sein.

Die Ärzte erklärten mir die Zusammenhänge. Ich habe aber nur so viel verstanden, dass die Kugel keine lebenswichtigen Gehirnteile getroffen hat. Irgendwie scheint das Hirn aus zwei Teilen zu bestehen und da hat er gerade durchgeschossen. Wäre Pit tot, es wäre besser für ihn. Jetzt ist er dreißig und für immer ans Bett gefesselt. - Brigitte ist von ihren Eltern nach Hause geholt worden. Ich weiß nicht wohin. Und ich hänge hier rum, werde jeden Tag aufs Neue an die Geschichte erinnert und springe geistig im Dreieck."

Betti sah Mario mit großen erstaunten Augen an.
Vor den nun geschlossenen Kneipenfenstern ging immer noch der Gewitterregen nieder. Dann legte sie Mario ihre rechte Hand auf seine zur Faust geballte Linke. Das war wohl das einzig richtige, was sie machen konnte. Ein Damm brach in Mario. Ein Damm der Taubheit, des nicht Wissenwollens, der Druck löste sich auf in seiner Brust. Schwere salzige Tränen liefen ihm das Gesicht hinunter, tropften auf ihre Hand.

Schließlich, nachdem einige Zeit vergangen war und Bettis Hand von Feuchtigkeit glänzte, fühlte Mario sich besser.
Seit etlichen Jahren hatte er wieder geweint. Sein Vater sagte immer: "Ihr seid Jungens, und Jungens dürfen nicht weinen." -

Diese Geschichte ist nun einige Jahre her. Die Erinnerungen sind verblasst und das Leben ging weiter. Doch nach dieser Geschichte war seines Bleibens in der Stadt nicht mehr lang. Zu viele vorwurfsvolle Gesichter, zu viel Schmerz in den Straßen der Stadt und in seinem alten Zuhause. So musste Mario wieder auf Reisen gehen. -

Nun ist er zurück

– wenigstens für einige Tage. Er schlendert durch die Stadt. Und kommt an die Dreisamwiesen. Dort setzt er sich unter das junge Volk, das sich in der Sonne entspannt. Langsam kommt ihn der Freiburgaufenthalt wie ein leichter LSD Trip vor. Immer wieder neue Bilder, Gefühle, Töne und Erinnerungen kommen in ihm auf. Will sich sein Bewusstsein von den Altlasten befreien?

Blende - Er wartete damals auf einen Freund

(Thomas, der später HIV bekam)
Die Sonne schien und Mario saß an seinem Schreibtisch, die Ellbogen aufgestützt, das Kinn in den Händen. Er wartet.
Die hellgrauen Wolken zogen von Westen her über die Schwarzwaldberge. Ein milder Wind blies sie vor sich her und brachte den Duft der Nadelbäume mit sich. Der Schatten einer Wolke zog über den gegenüberliegenden Berghang, die grüne Sommerwiese und braunweiße Kühe hinweg.

Und er wartete, wartete auf einen Freund. Wie wird er sein? Was hat er in der Zwischenzeit alles erlebt? Wie wird er aussehen? Wird er clean sein, gesund sein? Werden sie sich verstehen? Werden sie sich wieder aneinander freuen können?
Die Sonne schien nicht mehr. Regentropfen fielen auf die Blätter des Apfelbaumes vorm Fenster und wuschen den Staub von der Straße. Die Luft war frisch und klar.
Mario wartete auf einen Freund.
Wird es auch zwischen uns einen reinigenden Regen gegeben haben?

Ich warte Mann, ich freu mich, komm bald. (erster Tag)
Ich warte Mann, ich freu mich, komm bald. (zweiter Tag)
....
Am dritten Tag war Mario klar, dass Thomas es nicht
geschafft hatte von der Nadel zu lassen. –

Blende - Und Mario springt von der Wiese
an der schnellfließenden Dreisam auf. Jetzt reicht's ihm
aber. Genug der Gruselgeschichten.
Auf zur Kirmes
  Riesenachterbahn
    Hau den Lukas
      Radmitlichthochübermdach

Bierzeltmusik
 Losverkäufer
   Kommen Se näher, kommen Se ran
    Hier werden Se genauso beschissen wie neben an.

Gesichter -
    lustig   grollend
      lachend   traurig
        lärmend   besoffen
          einsam   schreiend

Viele Beine
    Und Gewimmel
      Glockengebimmel
        Geldgeklingel

Und kaum setzt sich Mario zu einem Glas Rotwein und einer
Brezel, kommt die nächste Erinnerung aus dem Versteck

geschlichen. Zeitlich muss sie vor dem Alptraum gewesen sein.

Blende - Irgendwo in all dem Leben,
es kann auch in dieser Hausbesetzerkneipe am Dreisameck gewesen sein, treffen sie sich. Es ist vom ersten Moment ein Knistern zwischen ihnen. Kann es sein, dass dies der Vorzug der spontanen Menschen ist. Menschen, die den Augenblick leben – lassen das Knistern zu.
Und sie wissen beide, dass es nicht von Dauer sein kann. Denn ihr Zug geht am nächsten Morgen. Sie studiert in Frankfurt – immerhin – eine Perspektive für später – denkt Mario bei sich.

Augenblicke
Die Zeit beginnt knapp zu werden
Sekunden rinnen unaufhaltsam dahin
Unaufhaltsam, wie ein kleiner Bach den Berg hinunterspringt

Und ihr Zug fährt in hundertachtzig Minuten

Vor kurzem erst haben sie sich gefunden.
Eine kurze Nacht liegt dazwischen
Alles ist ganz selbstverständlich

Ihr Atem fließt in eins
Ein Herz schlägt für Zwei
Wie der Bach in den Fluss mündet
So kommen sie zusammen

Und ihr Zug fährt in hundertvierzig Minuten

Der Fluss gleitet dahin
Wasser, Ursprung allen Lebens
Ruhig sanft
Nicht-zu-halten

Lachende, spielende, frohe Kinder
Das Raunen des Windes in den Trauerweiden vom Ufer her
Die Sonne spielt auf den Wellen
Dahintreibende Kähne

Alte Männer mit faltigen Gesichtern
Die kalte Zigarette im Mundwinkel
Halten die Angel ins Wasser

Und ihr Zug fährt in neunzig Minuten

In der Ferne das dumpfe Dröhnen eines Wasserfalles
Düster drängen die Ufer zusammen
Wasser arbeitet am zerklüfteten Fels
Strudel zerreißen die trügerische glatte Fläche

Und ihr Zug fährt in sechzig Minuten
Da - ein scharfer Bruch
Laut aufjubelnd stürzen die Geeinten in die Tiefe
Lachend
    Aufstöhnend
        Glitzernd
            In den Himmel spritzend
So wirbelt das Nass über Steine und Felsen

Und ihr Zug fährt in fünfundfünfzig Minuten

Langsam sich beruhigend,
Strömt der Fluss dahin
Glühend in der Sonne,
Liegt ein See im Tal
Arm in arm
        Eng an eng
                Fließende Gemeinsamkeit

Durch die aufkommenden schwarzen Gewitterwolken
Grüßt sie ein Sonnenstrahl
Mit ausgebreiteten Armen
Tauchen sie aus den Fluten hervor

Und ihr Zug fährt in einer halben Stunde

Erstes Donnergrollen von Ferne
Plötzlich heranfegende Winde
Treiben kalten Regen vor sich her
Ein gewaltiger Blitz teilt die Fluten

Es war schön, sagt Anja
Aber jetzt muss ich gehen

Denn ihr Zug fährt in einer viertel Stunde

Und Mario liegt im Bett
Regen fällt
Jetzt hebt der Bahnhofsvorsteher seine Kelle
Trillernd verabschiedet er den Zug
Und zwei jungfräuliche Ströme
Von vielen Quellen gestärkt
Verlassen den See im Tal

Am Abend sitzt Mario in seiner Stammkneipe und beobachtet, wie sich
eine Nonne in weißer Tracht, sorgsam genießend, durch den gepflegten Garten des katholischen Kinderheims träumt. Ihre Schützlinge liegen gut verpackt in sauberen Betten.
Sanftes Lampenlicht dringt durch schwere rote Vorhänge in die Dunkelheit der milden Mainacht.
Der schleppende, schaukelnde Schritt des langhaarigen Freaks. Im Laufen leert er die Rotweinflasche, um sie dann achtlos über die Schulter in die Nacht zu schleudern. Lautes Klirren auf altem Kopfsteinpflaster. Abendliche Passanten wenden erschrocken die Köpfe.

Das zaghafte, kindlich-erwachsene Mädchen. Es steht vor der Kneipe. Sie fragt sich: Soll ich reingehen oder soll ich nicht?
Das Gleiten im Wasser des großen Schwimmbeckens heute Nachmittag. Mario schwebte alleine im azurblauen Medium. Plötzlich ein Wolkenbruch. Er hatte die Augen dicht überm Wasser. Um seinen Kopf herum schlugen schwere Regentropfen in Zeitlupe aufs Wasser, federten ein Stück zurück, um dann in winzigen Bruchstücken nach allen Seiten zu spritzen.
Hier in der Stadt hat es einen Springbrunnen, direkt vor ihrem Haus -, in dem hat es ähnliches. Eigentlich wollte er sie vergessen. Doch zu viel erinnert ihn an sie. Immer wieder diese inneren Assoziationen:
Weißes Pulver, Silberpapier oder eine Spritze lässt Mario noch immer zittern und seine Armvene nach einem Schuss gieren.

Aber da ist wieder das, in zartem Pastellfarben gehaltene Landschaftsmuster, auf dem altmodischen Lampenschirm über dem Kneipentisch. Draußen der malerische Sanktwieauchimmerbrunnen, angeleuchtet von Strahlern die im Wasser baden.

Und da ist sie noch! Das kindlich-erwachsen Mädchen. Noch immer hat sie sich nicht entschieden.

So manches Mal rennt die Zeit dahin

Für Mario geht die Reise weiter. Von Freiburg, direkt durch den Schwarzwald an den Bodensee. In diesen Zeiten war Trampen eine schöne Sache. Die Angst dass etwas passieren könnte, war noch nicht so greifbar wie jetzt. Mario lernt die unterschiedlichsten Menschen kennen. Er hat meist Glück und wird schnell mitgenommen. Nur einmal, er steht im tiefsten Schwarzwald, in der Nähe eines Dorfes, da muss er eine Viertelstunde warten.

Und als diese Viertelstunde vorüber ist, bemerkt Mario wie müde er eigentlich ist. Denn die letzte Nacht hatte er keine Auge zugemacht. So legt er sich er sich auf eine nahe Wiese in die Sonne und ruht sich eine Weile aus. Nach seiner kurzen Siesta stellt er sich wieder an die Straße, steckt den Daumen in die Höhe und gleich der zweite Wagen hält. Eine junge Frau nimmt ihn mit bis nach Friedrichshafen. Das Wetter ist schön, doch überm Bodensee liegt Nebel. Die Alpen auf der anderen Seite des Sees lassen sich nicht blicken.

Mario hat sich einen Jugendherbergsausweis besorgt. Er will die Kosten seiner Reise niedrig halten. Wer weiß wo es Ihn noch hin verschlägt.

Auf dem Weg zur Herberge am Seeufer, den Rucksack aufgeschnallt, die Flickenjeans am Hintern, die Punkerbrille auf der Nase, hält plötzlich ein grauer VW-Bus. Der ist vom Zoll.

Heraus springen drei Grüne und nehmen ihn erst mal in die Mitte. Alle seine „Sünden" fallen ihm ein. Doch glücklicherweise war er auf solche Vorkommnisse vorbereitet. Sein Geld und sein Dope waren an sehr geheimen Plätzen verstaut.

Der Rucksack wird drin im Bus untersucht und Marios Personalien über Funk geprüft. Danach, die Zöllner haben nichts Verdächtiges bei ihm gefunden, darf er gehen. Die Aktion hat ne knappe halbe Stunde gebraucht und einiges von seinem wiedergewonnen Nervenvorrat. Tja, selbst hier is Big Brother watching you.

In der Jugendherberge bekommt er ein Bett in einem leeren Zimmer zugewiesen. Überhaupt ist da kaum was los. Mario nimmt erst mal eine ausgiebige Dusche. Später siehst du ihn am Seeufer sitzen, einen Joint rauchend und den Sonnenuntergang genießend. Der Nebel hat sich doch noch gelichtet und die tieforangefarbene Scheibe versinkt rechter Hand in der Pampa. So haben die Alpen sich am Ende des Tages doch noch blicken lassen.

Am Morgen darauf kommt Mario gerade aus der Jugendherberge, geht über die Straße, steckt den Finger raus, da hält auch schon ein dicker Benz. Ein freundlicher, beleibter bayrischer Geschäftsmann möchte etwas Gesellschaft auf seiner Fahrt nach Kempten. Mario kommt seinem Ziel ein gutes Stück näher.

Es ist eine prachtvolle Fahrt durch das frühmorgendliche Vorallgäuer Land. Sanfte Hügel. Weite Felder wechseln sich mit dichten Waldgruppen ab. Über all dem ein strahlend blauer bayrischer Bilderbuchhimmel. Hin und wieder alte

Bauernhöfe mit tief heruntergezogen Dächern. Wie es Mario scheinen will, groß wie Fußballfelder.

Das alles macht ihn ruhig und heiter. Im scheint, heute ist einer dieser Tag, an dem nichts schief gehen kann. Der freundliche Herr lässt ihn schließlich beim Café zur schönen Aussicht heraus. Dort nimmt Mario ein ausgiebiges Spätfrühstück zu sich.

Doch es ist nicht wirklich alles Gold was glänzt.

Mario ist gerade dabei seine zwei Eier im Glas niederzumachen, als ein paar gestandene Mannsbilder, offenbar Bauern aus der Gegend, am Nebentisch ihr Weißbier bestellen. Nun hört er Gesprächsfetzen mit, die symptomatisch für die größer werdende Fremdenfeindlichkeit in Deutschland sind.

...... Wenn du mich fragst – raus mit all den Ausländern ...... usw.

Mario denkt bei sich:
Reg dich bloß nicht auf
Wenn du übers Radio hörst
Das du weg musst, weil du störst
Ertränk dich nicht im Swimmingpool
Bleib cool.

Reg dich bloß nicht auf
Wenn du in der Zeitung ließt
Das du gerade gestorben bist
Reservier nicht gleich dein Grab
Warte erst mal ab.

Mario zahlt, nimmt seinen Rucksack auf den Buckel und verlässt das Café oben am Hügel und marschiert die Straße lang. Die Getreidefelder, noch saftig grün, wiegen im milden Wind. Ein Bussard macht hoch oben im blauweißbayrischen

Himmel seine Flug-Kunststückchen. Mario steckt sein Gesicht der Sonne entgegen. Die kalte Bankfurter Skyline ist unendlich weit weg. Er findet einen guten Platz zum trampen, macht sich's auf seinem Rucksack bequem und steckt seinen Daumen in den Wind. Wieder braucht er nicht lange warten. Ein schwarzer VW Golf GTI mit österreichischer Nummer hält an. Und der nimmt ihn mit. Die Fahrt geht über Kempten, durchs Allgäu, über München, Rosenheim am Chiemsee vorbei, bis zur Autobahnausfahrt Richtung Traunstein. Einfach Klasse der Tag. Jetzt ist's nicht mehr weit zu seinem Freund Jack, aus alten Wohngemeinschaftszeiten.

Blende - Rechts das großartige Alpenpanorama
Links die deutsche Autobahn. In der Mitte Mario, gerade dem Stress des Autobahnverkehrs entkommen. Er steht auf dem dreieckigen Stück Wiese, das hier die Straßen von der Landschaft übrig lässt. Die Blechlawine gibt die Hintergrundmusik. Davor das milde Wehen des Frühlingswindes in Marios Haaren. Sein faszinierter Blick gleitet über die Linien der Berge, des Himmels und der saftigen grünen Wiesen.
Schließlich bückt er sich, greift seinen Rucksack, streift ihn über und geht einige Schritte auf den Wegweiser am Straßenrand zu. Da gibt's eine Straße, die führt ihn an den Chiemsee, seinem Ziel für heute Nachmittag. Mario läuft die Straße lang, im Westen hat die Sonne noch eine Handbreit Zeit. Ihr Licht vergoldet die Felder und Bäume und lässt die Landschaft eine neue Form annehmen. Die Luft ist klar und die Vögel freuen sich, dass sie auch diesen Tag überlebt haben.
Er bekommt den Eindruck ein Märchenland betreten zu haben, Postkartenidyll, beinahe kitschig -, wenn nur die

179

asphaltierte Straße, mit den Blechkutschen drauf nicht wäre. Eine davon nimmt ihn mit nach Hirschau, ein Dorf, in der Nähe des Chiemsees gelegen. Hier kauft er eine Flasche Wasser, Wein, etwas Käse und Brot. Mit seinem Abendessen macht er sich auf den Weg an das Seeufer. Der See liegt glatt und glänzend in der Abendsonne. Sanfte Wellen lassen ihr Licht wie leuchtende Schmetterlinge erscheinen. Segelboote geankert, ihre Segel eingerollt, schaukeln sachte in der Abendbrise.

Tanzende Blätter im Top der großen Eiche.

Ein Bussard freischwebend im warmen Atem der Felder.

Gordanas Gesicht in seiner Erinnerung.

Ein entspannter Mario sitzt auf den Bootssteg.

Das Wasser ist klar – er kann bis auf den Grund schauen. Kleine Fische flitzen zwischen den hölzernen Streben des Steges hin und her. In einiger Entfernung die Häuser von Chieming. Sie sehen wie auf einer Postkarte gemalt und unwirklich aus. Für einen Frankfurter Nachtmensch etwas zu kitschig.

Kein Mensch weit und breit. Mario ist mit sich und den Schmetterlingen alleine. Er entspannt sich immer mehr. Seine Augen beginnen zu glänzen und ein Lächeln macht dem Leuchten der halben Sonnenscheibe Konkurrenz.

Nachdem die schon eine Weile verschwunden ist, und das Abendrot die Alpen färbte, marschiert Mario am Seeufer lang. Den Wasservögeln und dem Schilf sagt er Gute Nacht. An einem wenig einsehbaren Platz spannt er seine Hängematte von Baum zu Baum, sein Zeugs verstaut er taugeschütz und sich selbst packt er in den schaukelnden Schlafsack. Die leuchtenden Sterne am Nachthimmel sind das letzte, was seine, vor Müdigkeit zufallenden Augen an diesem Tag noch wahrnehmen.

Ein Sonnenstrahl schmuckelt sich am Morgen von Osten her durch die Blätter des Baumes, direkt auf Marios Nasenspitze. Er muss niesen und wacht davon auf. Nach einiger Zeit erst realisiert er, dass er irgendwo am Chiemsee liegt. Die Welt erscheint vor ihm und er erkennt, dass sie ist wie gehabt. Nur das Licht und die Landschaft sind anders. Er bleibt noch liegen, geniest, blickt in die Zeige des Baumes über ihm und beobachte den Tanz der Blätter im Wind.

Schließlich schält Mario sich doch aus dem Schlafsack – die Blase drückt. Nach der Erleichterung hockt er am Ufer des ausgedehnten Chiemsees auf den Fersen, die Arme auf den Knien abgestützt und beobachtet das Licht, dass sich in den kleinen, über den Kies brechenden Wellen verfängt. Sein Blick gleitet über das Wasser. Segelboote haben in der milden Morgenbriese ihre weißen Segel ausgebreitet, dahinter die Skyline der Berge. Ein Kranichpaar durchkreuzt das Bild, ganz in der Nähe taucht eine Entenfamilie auf.

Wie einfach das Leben doch sein kann, erkennt Mario mal wieder und er fühlt die Energie der Freude in sich wachsen. Jetzt bemerkt er auch, dass er viel besser durchatmet als in der Stadt, die er manchmal auch Krankfurt nennt.

Nachdem er seinen Lagerplatz in Ordnung gebracht hat, marschiert er über die Landstraße zum nächsten Ort. In einem Gartenlokal am See genießt er ein Frühstück mit Ei, Käse und Semmeln, wie die Teile hier heißen. Danach putzt er sich im Klo die Zähne. Für das Morgenbad war ihm das Seewasser doch noch zu kalt. Früh am Morgen hat er das Gasthaus fast für sich. Nur ein paar Amitouristen, auf der Jagd durch Europa, werfen mit ihrem „How nice, how beautiful", um sich. Und auch das geht vorüber - wie alles im Leben.

So siehst du Mario, in der sauberen, aufgeräumten Landschaft an der Straße stehen, um das letzte Stück Weg nach Traunstein hinter sich zu bringen. Die Häuser haben meist riesige überhängende Dächer und reich geschnitzte Balkons. Jedes Haus hat seinen eigenen Charakter – sonst wär's doch zu kitschig. Alles wirkt natürlich, gewachsen und bodenständig - was ja nicht unbedingt das schlechteste ist.

Er ist angekommen. Das Haus der von K's vor sich. Altes hölzernes Treppenhaus, Butzenscheiben, die antiquarische reichverzierten Möbel, der riesige Stammbaum gerahmt an der Wand. Der Großvater war Schlachtenmaler beim Zaren von Russland.
Jack begrüßt ihn überschwänglich, ein Bayer, mit der Parodie auf den Frankfurter Slang. „Ei Kerle na, biste ach maa widder da!"

Mario bekommt sein Zimmer zugewiesen, kann sich frisch machen, begrüßt die Eltern und den 90 jährigen feingliedrigen, vornehmen Onkel. Man kennt sich aus früheren Besuchen. Die Leute haben Mario in ihr Herz geschlossen und freuen sich über seinen Besuch. Es gibt Apfelsaft auf der Terrasse, mit Blick auf den alten parkähnlichen Garten. Jack und Mario erinnern sich an ihre gemeinsame Zeit in der Wohngemeinschaft in Frankfurt. Sie hatten eine große Altbauwohnung, zwei Stockwerke, zu fünft gemietet.

„Jack, wie geht es eigentlich unserem alte Freund Spaxel?"
„Och ganz gut – er ist noch immer fleißig am Kiffen, das Bier schmeckt, nur die Haare werden langsam weniger."

Sieben Uhr morgens in der Hausmannstraße.
Mit verpennten Augen stolpert Spaxel über die Straße. Das muss man ihm lassen, trotz all seiner Exzesse mit Kiffen und dem Alk – er fehlte nie im Job.
"Mist schon wieder den Autoschlüssel vergessen", flucht er vor sich hin. Hundertachtziggrad Wende, beinahe in ein fahrendes Auto hinein.
"Scheiße, noch mal Glück gehabt."
Sturm klingeln, die Treppe polternd hochrennen, alle Leute aufweckend, Türen schlagen, laut fluchen.
"He -, wo ist der verdammte Autoschlüssel!?"
Wieder Holztreppengepolter, Türenschlagen.
"Welcher Kanake parkt denn da so dicht vor mir. Hier komme ich nie raus."

Der Motor heult auf - und erstickt gleich wieder. Noch mal anlassen. Tausendmal hin und her, Lenkradgekurbel, Gänge krachen, endlich ist er glücklich draußen.
"Scheiße, die Handbremse ist ja noch angezogen."
Lautes Hupen erschreckt den Spaxel. Das war er in seinem Tran selbst. Und all das früh morgens, wenn andere noch in ihrer warmen Falle liegen. Hast du Spaxel als Wohngemeinschaftsmitglied – brauchst du keine Wecker kaufen. Aber einmal bringt es auch er fertig loszukommen und zur Arbeit zu gondeln. –

Der grinsende Jack: „Ja und Spaxel schaffte es regelmäßig, innerhalb kürzester Zeit das totale Chaos in der frisch aufgeräumten Wohnung zu hinterlassen. Eigentlich brauchte er nur einmal durch zu laufen. Dabei erinnerte er mich an den Typ aus der Comicserie Peanuts. Ich glaube das war Pig Pen. Der hinterließ immer eine Staubwolke, wo immer er durchs Bild lief. Doch wir hatten viel Spaß miteinander. Nur die Spülmaschine hat gefehlt. Ach, besser ne Haushälterin. Kannst du dich noch an die Berge von ungespültem Geschirr und Schmutzwäsche erinnern? Und nie war jemand mit dem Treppenhaus dran."

Und die beiden lachten sich an.

„Sag mal Mario, wann hast du eigentlich das letzte Mal was Anständiges gearbeitet?"

Mario grinst seinen Kumpel an. „Was ist das denn, anständige Arbeit? Gibt's so was überhaupt noch?"

Jack grinst zurück. „Du weißt ganz genau wie ich das meine. Ich meine was Gesellschaftskonformes, mit Steuerzahlen und all das."

Mario: „Ach, wenn du so was meinst. Vor einem Jahr habe ich das letzte Mal Arbeitslosengeld bekommen."

Jack schüttelt sich vor Lachen. Und er erzählt von seiner Ausbildung zum Schreiner. Nach seinem Studienabschluss merkte er, dass er nicht wirklich Rechtsanwalt sein wollte. Er hat sich eine kleine Werkstatt im Haus eingerichtet. Später will er sich selbstständig machen. Er erzählt von der Befriedigung, die es ihm bringt mit Holz zu arbeiten und etwas unter seinen Händen wachsen zu sehen.

Mario: „Schön für dich, dass du es so sehen kannst. Ich kann mich noch immer nicht wirklich diesem allgemein neurotischem Gesellschaftsdrama anschließen."

Der Zeremonienmeister ist ONKEL SAM.
Ein langer, dürrer, zebragestreifte Humorist, der seine Baron Münchhausenbeine über die Welt spreizt und ob es stürmt oder schneit, hagelt oder taut, immer bereit ist, Kikeriki! zu schreien.

Der fünfzackige Stern kommt wie ein schwuler Cowboy auf einem Ochsen daher und versucht dir von hinten eins auszuwischen.

Der Bär mit den Eiszapfen im Fell, ist vor Alter ganz lahm und blind, sein Fell ist abgeschabt und sitzt voller Läuse.

Die wilde Reiter GmbH ist wieder unterwegs und treibts wilder als je zuvor.

In Bayreuth, Tschuldigung, in Beirut springen die Fensterscheiben aus den Rahmen. Die Angst vor dem nächsten Bombenanschlag treibt sie zu dieser Verzweiflungstat.

Die Kinder des Wirtschaftswunders treten die Türen und Fenster von alten Häusern ein, um einen Schlafplatz für den Winter zu haben. So arm dran sind die Prinzen vom Königreich des TVs.

Das neue, verbesserte Sechziggradwaschmittel wird uns nicht vor der nächsten Energiekrise retten können.

Und die neue Flugtechnik der Jumbokapitäne, nämlich immer nur Loopings zu drehen, hilft auch nicht weiter.

Die Sonne wendet uns beleidigt ihren mit Grauschleier verschmierten Rücken zu.

Das Pferd springt im Zick-Zack

und tritt dem Ochsen aus Versehen auf den Schwanz

Der schwule Cowboy kommt etwas aus der vorgespielten Ruhe.

Es gibt Geschrei und Getobe.

Aber wir sind noch einmal mit einem rosaroten Hühnerauge davongekommen.

Wie lange wird man es mit uns noch machen können?

Na, jedenfalls werden wir nicht hinschauen müssen, denn die rosaroten Hühneraugen haben nur Sehkraft für drei

Stunden und auch das nur bei Sonnenschein und um drei Ecken herum.

Mit unseren Augen im Kopf können wir schon lange nicht mehr klar sehen.

Insgeheim wünscht sich in diesen Tagen fast jeder, dass es endlich soweit wäre.

Wir nehmen ein Bad mit Zusatz von grüner Fichtennadelessenz und blauen Plastikwellen.

Wir sind psychologisch gefährdet.

Wir reduzieren Formen und Gehalte

Jeden Tag verschwinden nicht nur Worte aus unserem Sprachschatz

Nein ganze Tiergattungen verlassen den Planeten.

Wir wollen primitiv und gleichzeitig voller Haltung sein.

Wir wechseln die Kleider und werden wieder grösser.

Es ist noch nicht zu spät.

Wir können noch spontan sein

Wir können noch Lebensgefühl herstellen.

Er packte ihre 8mm Kamera mit dem Superzeitlupenmotor, den Projektor, die Vorführwand, eine Plastikwanne mit Entwicklerlauge, die Betonmischmaschine und Handwerkszeug ein.

Sie kümmert sich um das nötigste für ein Picknick: Rotwein, Käse, Mineralwasser, gebratene Hühnchen, Sahne, Salami, Batterieplattenspieler, Flaschenöffner, Spieldose, Butter, Messer, Salzstreuer, Vogelfutter, ein Gedichtband von Bukowski, die Heizdecke mit dem Sonnenzellenaggregat, ein naturkundliches Nachschlagewerk, Kleppermäntel, Mückenspray, ein Ameisenhaufenmikroskop, Brötchen, Eier, Eier, Eier, zwei Schlafsäcke, Ihre Ballettschuhe, sein Cello, einen Querschnitt durch ihr Archiv für

Backgroundmusik, Schokolade mit und ohne Nuss, ein Paket Raupräservative, eine Hängematte, Amphetamine, Schlaftabletten und die Personalausweise. Aber zu guter Letzt fällt ihnen dann doch ein, dass sie heute Hausarrest haben."

Jack staunt nicht schlecht über den Vortrag.
„Du solltest das aufschreiben, das wär doch ein Beruf für dich."

Blende - Am anderen Tag
fahren Mario und Jack mit einigen Freunden zum Ski in die Berge. Steine große, Alpen, Schnee - Mario sitzt zur Mittagszeit in der Hochgebirgssonne. Unten im Tal ein Meer von Wolken. Er ist ganz alleine, nur der Himmel, die Vögel, die Erde, Bäume, Steine und der Schnee leisten ihm Gesellschaft. Voller Verwunderung lauscht er seinem Atem, den er schon lange nicht mehr so bewusst wahrgenommen hat. Er nimmt die Stille in sich auf. Seine Freunde gleiten derweil auf den Skiern ins Tal. Drachenflieger stürzen sich mit Todesverachtung den Berg herunter, um dann traumhafte Kreise im Blau zu ziehen. Der Schnee an den Hängen gibt einen leuchtenden Kontrast dazu. Was hat all die Steine dazu bewogen diese Berge zu bilden?
Und Mario bekommt eine Ahnung davon,
dass die Zeit wie ein unendlicher Strom von feinem Sand ist. Er fließt unaufhörlich durch eine kleine Öffnung in unser Weltall und erschafft so die Dualität. Es wird einen Moment geben, da dieser Strom in die andere Richtung fließt. Dann ist selbst die Existenz der Erde, des Mondes oder der Sonne nicht mehr, als ein Mythos -, wahrscheinlich nicht einmal das.

Das Leben kann einfach und schön sein. Einfach nur sitzen und staunen. Doch da, wie ein gewaltiger Vorschlaghammer, ein Starfighter. Mit großem Getöse zerstört er – wie ein Ausrufezeichen menschlicher Überheblichkeit - den Frieden.

Beim Apre Ski trifft sich die Karona wieder. Die Jungs vom Skifahren erhitzt, zischen sich einige Weiße rein. Mario bleibt bei der Apfelsaftschorle. Der Joint von vorhin hat hier in den Bergen keine Wirkung gezeigt. Muss an der Höhe liegen. Später geht's nach Hause.

Blende- Es ist der 26. 5. 1982
Viele hoffnungsvolle junge Männer
Sind mal wieder für die Rohstoffreserven
Und für das jeweilige Vaterland
Und die Waffenspekulanten
Über die Klinge gesprungen.
Es ist Krieg in Falkland und das TV ist live dabei.
Verdammter Mist, die Argentinier müssen jetzt dreimal so viel für eine   Rakete bezahlen, wie vor dem Krieg.
Gott gibt's nicht mehr!
Wenn Mario daran denkt!
Wenn er daran denkt, wie viel wirklich dufte Leute, Stärken auf diesem oder jenem Gebiet, wie viel spannende Geschichten, Schicksale und Träume im Krieg mit einem dumpfen ploppenden Geräusch ins Reich des Nichts befördert wurden und noch werden.
Hat es jemals einen Gott gegeben, er ist nicht mehr zum Handeln fähig. Oder?

WER WILL, DASS DIE WELT SO BLEIBT
WIE SIE IST
WILL NICHT DAS SIE BLEIBT!!!

188

Blende - Heute früh las Mario im Traunsteiner Blättchen:
Hungernotstand in Detroit ausgerufen! Bürgermeister Coleman Young erklärte, die Stadt bereite Volksküchen für arbeitslose Hungernde vor. Die US-Bundesregierung wolle Lebensmittel der verschiedensten Art zur Verteilung freigeben. 25 Prozent der 1,2 Millionen Einwohner der Automobilstadt sind ohne Arbeit. Bis zu einem Drittel seien schlecht ernährt und auf Sozialhilfe angewiesen. Mindestens zwei Millionen Menschen in den USA sind sowohl obdachlos, als auch arbeitslos und sind in Gefahr, im Winter zu erfrieren oder zu verhungern.

Eine Seite weiter las er: Neuer Erfolg der Genforschung!
Supermäuse gezüchtet - doppelt so groß wie ihre herkömmlichen Artgenossen.

Es besteht nun die Möglichkeit, übergroße Rinder schneller zu produzieren, was sowohl für Bauern, wie für Steakliebhaber reizvoll sein dürfte.

Da haben wir doch schon die Lösung für die Detroiter Misere- ODER!?

Blende – Wanderung in den Bergen
Ja, der Kollege Spaxel ist zu den Beiden gestoßen. Mit ihren warmen, wasserdichten Schlafsäcken ist es einfach, im Freien zu übernachten. Kein Misston eines Fliegers oder Automobil dringt ihnen ins Ohr. Der weiche Waldboden dämpft ihre Schritte. Langsam treiben große weiße Wolken durch den sonnengetränkten azurblauen Himmel. Darin zieht mal wieder ein Bussard seine Kreise. Die Berge auf der anderen Seite des Tals haben feines Grün angelegt.

Für die Nacht finden sie eine Lichtung im hohen Wald. Sie liegt leicht schräg am Berg. Mitten durch plätschert lustig ein kleiner Bach. Mario spannt wieder seine Hängematte zwischen die Bäume. Ein Feuerchen ist schnell entzündet.

Die Ravioli brauchen nicht lange. Mit ihnen machen sie es sich bei französischem Weißbrot, Schweizer Käse und einer Flasche Rotwein gemütlich.

Mario streckt sich am Feuer auf seinem Schlafsack aus. Er kann ein Stück Nachthimmel sehen, der von dunklen Tannenwipfeln umrahmt wird. Das flackernde Feuer wirft groteske Schatten an die Wand der Bäume um sie herum. Und er merkt, dass er zu viel in geschlossenen Räumen lebt. Das engt das Bewusstsein, die Wahrnehmung ein. Das erzeugt Scheuklappen im Hirn. Jetzt fallen sie wieder ab. Die Sterne funkeln im Nachthimmel. Hin und wieder eine Sternschnuppe. In der Ferne der wehleidige Ruf einer Eule. Will sie vor kommendem Unheil warnen? Später wiegt die Hängematte Mario in den Schlaf.

Am Morgen, Mario erwacht sehr früh aus freien Stücken.

Das ist ihm schon lange nicht mehr geschehen. Es ist kühl und er facht das Feuer von neuem an, schlägt sich seinen Schlafsack über die Schultern und setzt sich auf einen Baumstumpf. Die anderen schlafen noch. Zuerst bemerkt Mario sie gar nicht. Doch im Licht der östlichen, orangenen Morgendämmerung erblickt er sie. In der Nacht sind sie von der Feuerstelle weg, in ihren Schlafsäcken den schrägen Hang hinabgerutscht, und in den Büschen gelandet.

"Menschlein aufwachen! Aufwachen!" ruft er nach einer Weile. "Die Ziege des Tages nimmt die Nacht auf die Hörner! Kein Wenn und Aber! Hallo! Los ihr Kokser, Mädchen, Krüppel, Strichjungen, Diebe, Zuhälter, Henker,- rennt!"

Mario fühlt plötzlich zu Tiefst die Einsamkeit aller Menschenwesen. Ihre Gesichter, gequälte Münder, ihre Versuche Charakter zu zeigen und fröhlich zu sein, ihre kleinen Verdrießlichkeit, Gefühle der Verlorenheit. Ihre langweiligen und leeren, so schnell vergessenen Witzeleien! Ach wozu?

Er weiß, dass das Geräusch des Schweigens überall ist. Angenommen, wir wachen plötzlich auf und merken, dass das, was wir für dies und das gehalten haben, gar nicht dies und das ist?! Wer sind all die fremden Geister, die mit ihm in dem törichten "Abenteuer Erde" verwurzelt sind? Und wer ist er? –

Von seinem Geschrei sind die Freunde aufgewacht. Jetzt wühlen sie sich, verschlafen vor sich hin brummend aus ihren Schlafsäcken. Da sie nun einmal wach sind und es nach einem schönen Tag aussieht, können sie genauso gut Frühstück machen.

So sitzen sie im morgendlich kühlen Wald, das Feuer hat das Kaffeewasser zum Kochen gebracht. Zwischen den Bäumen hängt leichter Morgendunst, von vereinzelten Sonnenstrahlen durchbrochen. Die stehlen sich durch die Tannenzweige und lassen das grüne Moos aufleuchten. Die Vögel zwitschern ihr Morgenlied. Ansonsten ist es still. Die Schönheit um ihn herum und die Gemeinschaft mit seinen Freunden, lassen Mario schnell die deprimierenden Gedanken von eben vergessen.

Nach dem Frühstück löschen sie das Feuer, legen die am Abend ausgestochenen Grasplatten über die Feuerstelle und packen ihren Abfall ein. Als sie die Lichtung verlassen, erinnern nur zwei Schlafsackschleifspuren und das niedergetretene Gras daran, dass hier Menschen gewesen waren.

Sie haben vor, dem klaren, eiskalten Bach bis zur Quelle zu folgen und dann weiter bis zum Gipfel des Berges hinaufzusteigen. Der Bach fließt einmal ruhig dahin, dann wieder springt das Wasser mit übermütigem Satz aus einiger Höhe in die Tiefe, prallt dort zwischen kleinen Felsen auf, wirbelte hoch aufspritzend durch sie durch. Weich und nachgiebig liegt der bemooste Waldboden unter ihren Füssen. Nur so zum Spaß rennen sie hüpfend wie Flummis ein Stück den Berg wieder hinab. Es geht fast wie von selbst. Du springst ein, zwei Meter, landest sanft und weiter geht's, die Schwerkraft beinahe vergessend.

Schließlich machen sie Rast. Mario sucht sich eine etwas tiefere Stelle im Bachbett, legt sich auf den Bauch und trinkt in vollen Zügen. Welch Wonne! Dann taucht er seinen Kopf ganz in das glasklare, wohlschmeckende Wasser und öffnet die Augen. Auf dem Grund des Baches flirren irisierend Bilder und Farben. Die Sonnenstrahlen zeichnen Muster, ein bewegtes Netzwerk aus Lichteffekten. Um den Schatten seines Kopfes herum sieht er sie springen wie Schmetterlinge, die das Leben preisen und Mario durch ihr bloßes Vorhandensein Lebenskraft und Freude verschaffen wollen. In seinem Staunen hätte er fast vergessen Luft zu holen.

Die Drei machen sich wieder auf den Weg. Der wird jetzt beschwerlicher. Überall liegen gefallene, vermodernde Bäume. Weiter oben teilt sich der Bach in etliche kleine Rinnsale. Der Boden ist jetzt feucht und sumpfig. Sie sind im Quellgebiet angekommen. Bäume haben hier keinen Halt finden können. Überall stehen golden, leuchtende Schlüsselblumen im saftig grünen Moos. Weiter oben können sie nun den Gipfel liegen sehen. Auf einem flachen Felsen liegt ein Salamander mit schwarzen Flecken auf gelber Haut in der Sonne. Irgendwo ruft ein Kuckuck.

Die Menschen halten sich ein Aquarium oder ein Tier im Käfig.
Vielleicht hält Gott sich auch einen Zoo
Wir sind die Insassen
Und ES vertreibt sich mit unseren Dramen die Zeit.

Später strecken sie sich für eine kurze Rast unter den Bäumen aus, die nun wieder auf ihrem Weg stehen. Marios ein entspanntes Hochgefühl wächst in der majestätische Ruhe der Bergwelt. Das Rauschen und Knarren der uralten Bäume, die dahingleitenden weißen Wolken im blauen Himmel, das Konzert der Singvögel, die ganze Atmosphäre lässt ihn die unnötige Hetze und Unrast der Menschenlein erkennen.

Voller Wollust dehnt und streckt er sich auf dem warmen und weichen Moos unter einer der Eichen aus, die sich zwischen die Tannen gemischt haben. Durch die Zweige des hohen Baumes schaut er den Wolken bei ihrem Spiel im strahlenden Licht zu. Da sieht er mit einem Male, dass die höchsten Zweige und Blätter des Baumes verträumte, glückliche Tänzer sind, froh, dass ihnen der Wipfel zugeteilt wurde. Mit der ganzen, alles durchschauende Erfahrenheit des schwankenden Baumes unter sich, machen sie aus ihrem Tanz, aus jeder Zuckung ihres Tanzes, eine riesige gemeinschaftliche und geheimnisvolle Notwendigkeit. Mario bemerkte, wie die Blätter beinahe menschlich aussehen in ihrer Art, sich zu neigen und dann aufzuspringen und wieder von Seite zu Seite zu schwanken. So schweben sie dort oben und tanzen den tiefen Sinn des Baumes.

Und auch das geht vorbei. Am Abend kommen sie an ihrem Parkplatz an. Jacks Auto bringt sie nach Traunstein zurück. Die Freunde verabschieden sich mit einer Umarmung.

Blende - In der Nacht sitzt Mario senkrecht im Bett.
Wieder quälen ihn Gedanken um die Leere des Daseins. Die Reduzierung seines Drogenkonsums und die viele frische Luft zeigt Wirkung. Sein Kopf wird klarer und die Verdrängungsmechanismen greifen nicht mehr. Er ist jetzt siebenundzwanzig – und sucht sich noch immer.
Und, wenn es doch egal ist! Es ist egal, ob du als Manager Karriere machst, als Künstler deine Perlen vor die Säue wirfst oder als Freak durch die Lande ziehst! Am Ende kommt immer das gleiche heraus! Oder? Zwischen dem Anfang und dem Ende des Lebens gibt es Zeit, zwar nicht viel, wenn man ab einem bestimmten Alter zurückschaut, aber doch genug, um viele Anfänge machen zu können.
Der Mensch ist halt kein Stein oder ne Schnecke, er muss immer was zu tun haben. Und nicht jeder kann ein Yogi sein oder so'n Heiliger, der sich in die Ecke setzt, um auf den Zeitpunkt zu warten, an dem alles Leid angeblich ein Ende hat und man ins Nirwana einziehen kann. Mario bemerkt, dass er sich besser fühlen würde, wenn er was tun kann das ihn befriedigt.
Doch er fühlt sich angeschlagen. Er wünscht sich etwas oder jemanden, der ihn wieder auf die Matte stellt. Oder soll er etwa bis an sein Ende gefühlskalt, als Eisberg durch die Gegend treiben?

Oh, Oh, ist da nicht so etwas wie Panik? Das fühlt sich langsam nach einer Depression an. Kann schon sein.
Verdammt, da hat er einen gesunden Schwanz zwischen den Beinen, so übel sieht er auch nicht aus und hat nun

schon bald zwei Jahre keine wirkliche Beziehung. Muss das nicht Folgen für seine Birne haben? Irgendwie treibt er immer mehr aus der Bahn, in der Liebe geschieht. Seine Antennen für diese Sache sind wohl eingerostet. Oder hat er sie abgestellt? Vielleicht noch nicht wieder eingeschaltet seit dem Tod seiner großen Liebe vor vier Jahren. Das war ein herber Schlag ins Kontor gewesen. Gerade hatte Mario sich damals mit Ach und Krach von seiner Heroinsucht befreit, sich etwas aufgerappelt. Wohnung und Job gehabt, eine tolle Liebe erlebt und dann das. –

Mario bekommt doch noch eine Mütze Schlaf. Am Morgen erwacht er auf und muss sich erst sortieren und erinnern wo und wer er ist. Dann kommen ihm einige interessante Ideen. Gerade recht um ein Schmunzeln auf sein Gesicht zu zaubern. Sozusagen ein energetisches Frühstück.

Er bräuchte eine schöne, schnittige Segeljacht,
um mit ihr, immer wenn er dazu Lust hätte, zwischen sonnenbestrahlten Inseln am Wind zu kreuzen.
Er bräuchte zwei von diesen herrlichen Bose-Boxen, mit diesem super Sound.
Tja, was Mario nicht alles bräuchte!
Aber was braucht man wirklich davon?
Mario bräuchte eines dieser französische fahrenden Citroënsofas, (Für die Fachleute einen Citroën DS).
Aber brauchen? Was auf vier Rädern tut es auch.
Mario bräuchte eine liebe Frau.
Braucht er sie wirklich?
Braucht er nicht in Wirklichkeit nur ein Objekt zur Befriedigung seiner ausschweifenden Sexphantasien.

He! -, eine gute Gefahr, ich meine eine gute Frage:
Angenommen, unser gemeinsamer Feind aus dem Westen-, die Amis würden kommen, einfach unsere glorreiche BRD Gesell-Landschaft besetzen und wir müssten zu unseren Brüdern in den Osten fliehen.
Was würdest du auf der langen gefahrvollen Flucht mitnehmen, was brauchst du wirklich? Und da kommen so viele Sachen zusammen, Koffer bergeweise! Und am Ende brauchst du einen LKW, um den ganzen Krempel zu bewegen. Aber du darfst nur so viel mitnehmen, wie du tragen kannst. Also WAS brauchst du wirklich?! Wahrscheinlich mehr von dem Stoff, der überhaupt nichts wiegt - Seelenkraft -.

Die Erkenntnis, dass man seinen Arsch, wenn's drauf ankommt, alleine in Bewegung setzen muss, kommt Mario doch immer wieder reichlich hart an.

Blende - Also entscheidet sich der Süße für eine längere, frühmorgendliche Wanderung.
Raus in die Pampas. Wofür ist er im Chiemgau!? Scheinbar ist er doch ein verkappter Romantiker und braucht die Natur – wie Sauerstoff zum Atmen. Mario will stark sein und gegen die Einsamkeit ankämpfen. Aber manchmal ist er in all seinem Alllleinsein doch ganz schön einsam. Und wieder sehnt er sich nach den Armen einer lieben Frau. Doch jetzt bleibt ihm nicht zu tun als durch die Wiesen zu düsen – Über Hecken und Zäune zu springen und das Panorama des lieblichen Chiemgaus und der Alpenkette in der Ferne zu genießen.
Und er hat es wieder einmal geschafft. Das Gehen durch Wald und Wiese, die Orte der Ruhe, der Sound der Natur. Trotz des Regens hats ihm gut getan. Jetzt sitzt er in dieser Bauernkneipe oben am Hang. Mario hat sich schon das

zweite Stück Erdbeerkuchen genehmigt. Als er vorhin in die Wirtstube trat, redete das Völkchen gerade über die Gefährlichkeit von Zeckenbissen. Und was passiert! Ihm kriecht eine Zecke über den Unterarm! Jetzt juckts ihn natürlich überall. Was doch der Verstand alles mit einem machen kann.

Als Gegengift schafft er sich eine schönere Erinnerung drauf:
Denn in Wirklichkeit bereut er nichts. Mario hat mal gesagt: Lieber ein kurzes interessantes Leben als ein langes langweiliges. Jetzt ist er 27 Jahre und bereut nichts.
Was hatte er schon für schöne Erlebnisse! Er sah Landschaften, wie man sie sich im kranken Bankfurt nicht vorstellen kann. Die Natur schillernd in allen Libellenfarben. Das Wasser - es war überall wo es ihn hinzog. Es gab ihm Lebenskraft - immer wieder. Ob als Gebirgsbach, ruhiger See oder als weites Meer.
Der Wald, grün und sonnendurchschienen, verunwirklicht durch die Nacht oder in Nebel gehüllt, mit Raureif bedeckt oder weiß vom Schnee. Und da gab es junge Frauen. Ihre Gesichter blitzen durch die Erinnerungsfetzen und machen die Bilder noch lebendiger.
GORDANA mit großer Brille und hennarotem Haar, wie sie ihre reichberingte, feingliedrige Hand auf den grünbemoosten Baumstumpf legt, die Fingernägel weinrot im Sonnenlicht.
Maria, fast noch ein Kind, dass Wasser floss schnell unter dem hölzernen Bootssteg hindurch. Auf dem felsigen Grund des Baches flirrten die Sonnenstrahlen. Maria machte ihn weich und behütend.
Marion in ihrer weißen Schwesterntracht. Sie gehen Hand in Hand an einem frühen Sommermorgen durch den

Freiburger Stadtpark. Nebelschwaden hängen noch in den Büschen.

Gaby, im orangenen Meeressonnenuntergang.

Dagmar, ihr weißer Hintern auf dem grünen Gras am See.

Und wieder eine Marion mit mahagonifarbenem Haar.

Schnee von der untergehenden Sonne violett gefärbt.

Und da gibt es andere Erinnerungen. Die kann er mit niemandem teilen. Da gibt es die Bank im Schnee. Sie steht hoch oben auf einem der Schwarzwälder Berge. Dort sitzt er, von der Wintersonne gewärmt. Im Tal unten graues Nebelmeer. Der LSD-Trip auf Lanzarote, Lavagestein wälzte sich nachts wie Menschenleiber ins angestrahlte Meer. Die Landschaften in Portugal. Einsam und schön. Erinnerungen- er bereut nichts. Auch nicht die Junkizeit und all die anderen Stories. Denn sie machen ihn weiter, weiser.

Mario erwacht aus seinen Erinnerungen und erinnert sich an – das JETZT. Jetzt sitzt er in dieser Bauernkneipe oben am Hang. Der Geschmack des Erdbeerkuchens träumt noch immer in seinem Mund.

He Alter - schau nicht so ernst, so verbittert aus der Wäsche. Du verkrampfst dich und ganz schnell haben sie dich da, wo sie dich haben wollen, - in Angst und Schrecken -, klein und verzagt, fantasielos, leicht manipulier- und regierbar.

He Alter, lerne wieder zu lachen - trotz allem! Das Lachen öffnet dir den Zugang zu höheren Bewusstseinsebenen. Die positiven Energien zeigen dir, dass alles gar nicht so tragisch ist, wie es im ersten Moment ausschaut. Mario, du gewinnst mit dem Lachen Abstand vom allgegenwärtigen Drama. Und dein Lachen, dein Bewusstsein wird ausgedehnter, kosmischer. Und schließlich spürst du den Sinn hinter diesen großen und kleinen Tragikomödien. Der Sinn besteht darin, wacher und immer bewusster, immer präsenter zu SEIN. Die weiße Magie ist gefragt, nicht mehr die schwarze - negative - depressive.

Sicher, zu allen Zeiten war die Vergangenheit scheinbar besser als die Gegenwart. Gegenwärtig aber besteht die Möglichkeit, - zum ersten Mal in der Menschheitsgeschichte, - zu kalkulieren, wie die Zukunft aussehen kann. Und trotz all der Schwarzseherei - sie kann gut werden. Schließlich haben wir die technischen, wissenschaftlichen, philosophischen und psychologischen Möglichkeiten, die Erde zu einem Paradies zu machen.

Hier und jetzt!

Wir dürfen nur nicht negativ denken. Die Kraft unserer Gedanken ist stärker als wir ahnen. Entsteht nicht die ganze Welt in unseren Köpfen?! Die Angst hat nur solange Macht über uns, wie wir ihr Platz in unseren Seelen geben. Haben wir sie überwunden, verschwindet auch schnell der Gegenstand unserer Angst. -

Also Alter schau nicht so ernst, nimm's hin, lache und schon gewinnt die Zeit eine andere Qualität. Die Energie wandelt sich, ändert ihre Richtung und schon bist du einen Schritt vorangekommen und mit dir die ganze Menschheit. Alles findet im Kopf statt. Selbst die Emotionen haben dort Ihren Anfang. Selbst das Karma. Selbst das Erfahren.

Mit solchen und ähnlichen Gedanken,

macht sich Mario auf dem Weg zur Verabredung mit Jack. Dessen Freund Jürgen hat einen aufgemöbelten Kajütsegler am Chiemsee in Seebruck liegen. Die Autofahrt durch das frühsommerliche Chiemgau mit dem Alpenpanorama auf der linken Seite ist ein Erlebnis für sich. Am See angekommen, leuchten die Boote im Wasser. Die gepflegte Holzjacht ist schon aufgetakelt. Allerdings ist der Wind schwach. Jürgen meint, dass könnte sich bald ändern. Um die Mittagszeit sind sie mitten auf dem See. Der Ansichtskartenhimmel wird von Minute zu Minute klarer. Hoffentlich fällt er uns nicht auf den Kopf vor lauter Bläue, denkt Mario. Das Segel flappt in der Mittagshitze. Der See biegt sich spiegelglatt bis an die Berge dort hinten. Ihr Boot steht wie festgeklebt vor der Insel mit dem Frauenkloster darauf. Mensch knallt der Planet!

Das blonde Mädchen mit der zarten Haut und den apfelrunden Brüsten liegt auf Deck und lässt sich rösten. Stille hängt überm Wasser, das zum reinspringen verführt. Bist du aber erst mal drin, bekommst du schnell Krämpfe. Kein Wunder, vor einigen Wochen konntest du dir hier noch die Würfel für deinen Trink aus dem Eis schneiden. Also flugs wieder rein ins Boot. Das Kratzen am Mast hat auch nichts genutzt. Der Fallwind lässt auf sich warten. Hält sich hinter der Skyline der Berge versteckt.

Also packen sie die Paddel aus und shippern zur Inselwirtschaft – einen Wein trinken. Das blonde junge Mädchen macht ein paar erwachsene Sprüche. Davon kommt der Wind aber auch nicht. Eine Gruppe rotbejackter, basekapbeschirmter zwölfjähriger Chorknaben, Direktimport aus den Staaten, fällt kurz nach ihnen in das Gartenlokal ein und nimmt die restlichen Tische in Beschlag. „Dreißig Coke please." Das ist einfach für die Kellnerin. Nach einer Weile kommt doch eine Priese auf. Also verlassen sie die Klostermauern und die Chorknaben und segeln in die Sonne hinein.

Am nächsten Morgen verabschiedet Mario sich von seinem alten Freund Jack und dankt für das Dach überm Kopf und die guten Tage. Spaxel ist zum Frühstück gekommen. Mario wird einige Tage in seiner Bude hausen. Die liegt mehr in der Pampa. Sie ist wohnlicher geworden seit seinem letzten

Besuch. Allerdings hat die Bude immer noch keinen Klo. „Du musst in ein großes Bierseidel pinkeln und die Sache dann in den Dachkennel schütten", meint Spaxel trocken. Nur, Mario hatte am Abend wegen der Mücken das quietschende Fenster zugemacht und bekam es nicht mehr auf.

Im Café Stinn nimmt er am anderen Morgen seinen Kaffee. Danach schaut er nach, ob Spaxel schon wach ist. Der war gestern in der Stiege. Es ging wohl wieder hoch her.

Am Nachmittag besuchen sie Andre´.

Der wohnt immer noch in diesem alten renovierungsbedürftigen Bauernhaus, draußen wo sich Hase und Fuchs gute Nacht sagen. Er war gerade dabei die Decke seines Schlafzimmers mit Holz auszugleiten. Ist ne Lebensaufgabe das Haus. Aber dafür braucht er auch keine Miete zahlen und das ist in der heutigen Zeit auch was wert. Jürgen, der Segler, kommt mit Kind und Kegel und so sitzen sie in der Küche und haben angenehme Gespräche über Gott und die Welt. Und über Bhagwan. Dann ist Mario wieder ne Runde spazieren. Extra für ihn kommt die Sonne durch all die schwarzen Wolken.

Am Abend gehen sie in Obingen essen. Große Gesellschaft. Jack mit seinen zwei Kleinen ist auch da. Ein drittes, noch Säugling und seine Frau hat er zu Hause gelassen. Seltsam, wenn man überlegt, wie die Zeit die Menschen verändert. Vor noch nicht allzu langer Zeit waren das noch Freaks. Und da sitz die Blase. Die Kumpels vom Skifahren und einige Mädels sind auch dabei.

Und Mario wird gefragt ob er nicht etwas Haschisch besorgen könnte. Man kennt sich aus früheren Tagen. Etwas zuckt in ihm zusammen. Die Vergangenheit holt ihn wieder ein. Doch eigentlich könnte er das Geld gut gebrauchen. Denn dieser Tage hatte er gemerkt, dass es ihn in die Toskana zog. Andre´ würde mitfahren. Dort gibt es ein altes Nonnenkloster – oben auf einem Berg, der wird gerade zu einem Platz für eine Community ausgebaut. Und das will sich Mario mal anschauen.

Also fragt Mario, was der Typ sich unter „etwas Haschisch" vorstellt. Er ist nämlich erst für ein Pfund aufwärts zu haben. Und der Typ sagt trocken – „Wie wär's mit drei Kilo. Das reicht erst mal für den Anfang."

Mario geht drauf ein. Man einigt sich auf einen Preis mit dem beide leben können. Am anderen Tag siehst du Mario mit einem geliehen Auto auf der Autobahn Richtung Frankfurt fliegen. Dort hat er noch einige Kilos gebunkert.

Und Krankfurt ist wirklich nur diesen Abstecher wert. Am anderen Tag gehts schon wieder mit der kostbaren Fracht Richtung Süden. Auf der ersten Raststätte hinter Hanau hat er einen Tramper aufgepickt. Der war ganz verzweifelt. "Mensch ich dachte schon, ich wachse hier an und treibe Äste!" Und nun stellt es sich heraus, dass er trotz seiner Befürchtungen gewonnen hat. Denn immerhin kann Mario ihn 400 Kilometer seinem Ziel näher bringen. Nach einer sonnigen Fahrt durch das Main-, später durch das Altmühltal und einer versehentlichen Stadtrundfahrt in München, einer Sonnenuntergangsfahrt durch den Chiemgau, kann Mario ihm noch ein Dach überm Kopf anbieten. Die Juninacht, gespickt mit Brillanten ist doch reichlich kühl, zum draußen schlafen.

Blende - Dreimonatiger Aufenthalt in Mercatale/Italien
Andre´ der Handwerker aus dem Chiemgau und Sadharma ein alter Freund sind mit Mario unterwegs zu diesem Projekt in den toskanischen Bergen. Sadharma gab den Wagen, Mario das Koks (das allerdings, bei den großen

Nasen der drei, nur durch die Schweiz gereicht hat) und André´ die Musik für die Fahrt.

Mario denkt sich, wenn du dein Geld zusammenhältst, kann diese Erfahrung eigentlich nur Gutes bringen.

Strahlend blauer Himmel

Sie fahren durch die Berge. Vor ihnen eine Nebelwolke. Und plötzlich sind sie alleine mit sich und der Musik, die hell und klar aus den Lautsprechern dringt. Welten in der Welt. Dann sind sie durch. Beim plötzlichen Erscheinen der Sonne erkennen sie, dass sie genau auf eine steile Bergwand zufahren. Glücklicherweise macht die Straße vorher eine scharfe Kehre.

Nach langer aufreibender Fahrt sind sie schließlich am Abend in Mercatale, einem Ort in Mitten der Toskana angekommen. Die Sonne hat sich schon einige Zeit verabschiedet. Das halb zerfallene ehemalige Nonnenkloster, hoch oben auf dem Berg, ist nur über einen wilden, langen, steinigen Weg zu erreichen. Der ist durch den andauernden Regen zu einer Schlammbahn geworden. Die Scheinwerferkegel ihres Golfs erfassen phantastisch unwirkliche Bäume, Felsen, Sträucher und dunkle Abgründe am Wegesrand. Zu Marios Müdigkeit kommt der Eindruck, durch einen verwunschenen Zauberwald zu fahren. Teilweise schleicht der Golf über blanke, vom Wasser überströmte Felsen den Berg hinauf.

Wie immer, wenn Mario als Beifahrer fungieren muss, hat ihn die Fahrt mitgenommen. Er kann einem anderen Fahrer nicht mehr vertrauen, seit dem schweren Unfall – damals nahe dem Polarkreis in Finnland. Mario hatte es kommen sehen, doch er konnte leider nicht eingreifen.

Seine Nerven sind also bei der Ankunft hoch oben auf der Bergkuppe ziemlich am Ende. Nach einer halben Nacht im

Schlafsack und der Sonne die die Regenwolken am Morgen vertrieben hatte, ist er aber wieder obenauf.

Alles ist so ganz anders hier, als man es von zivilisierten Ländern gewohnt ist. Nix fließend warm Wasser oder so. Aber gerade die Weltabgeschiedenheit und die „Einfachheit", kombiniert mit dem weiten Blick über die sanft geschwungenen toskanischen Hügel, hofft Mario, verhilft ihm zu einem ausgeglichenen Denken und Fühlen. Es geht doch nichts über die Klarheit des Geistes – so viel hat Mario mittlerweile begriffen.
Und die Gesellschaft einiger Sannyasins, Anhänger von Bhagwan –, Osho, wie er später genannt wurde, sollte eigentlich dazu beitragen. –
Doch diese Hoffnung wird schwer enttäuscht – wie sich bald herausstellen wird.

Jedoch an diesem Morgen glaubt Mario noch, wenn er in dieser Umgebung seine innere Ruhe und meine Ausgeglichenheit nicht erlangt, dann soll es wohl im Moment nicht sein.
Das renovierungsbedürftige Haus liegt 800 Meter hoch, einsam auf einem zugigen Bergrücken. Ein ganzer Haufen spielender, johlender Kinder gibt's. Sie sind den ganzen Tag voller Energie. Dazu momentan sieben Erwachsene. Drei Pärchen und die Marie eine pedantische, leicht neurotische Jungfrau - Frau. Mit Sadharma und Andre' sind sie also jetzt zehn Menschen in der Abgeschiedenheit. Am Abend ein oder auch zwei Joints. Die Sannyasins haben mitbekommen, dass Mario ne schöne Platte Dope dabei hat und beknien ihn. Hie und da ein Gespräch vor dem großen Kamin, etwas Musik, eigentlich gute Feelings, wenn man's nicht zu eng sieht. Nach einigen Tagen kommt Mario ganz gut drauf. Vor

allen Dingen weil ihm die körperliche Arbeit das Gift aus dem Körper pustet. – Die Männer machen ne Menge Holz in den umliegenden niedrig wachsenden Wäldern, während die Frauen sich um die Kinder und das Essen kümmern. Diese Rollenteilung hat sich also noch nicht geändert.

Mario muss sich in Bezug auf Sauberkeit umstellen.
Nix Dusche, Nix Badewanne. Er kann nur hoffen, dass die Sonne demnächst wärmer rauskommt und den langen schwarzen Schlauch, der das Wasser von der Bergquelle herbringt, etwas anwärmt. Doch Pustekuchen – das Wetter hat sich geändert. Es ist kalt geworden. Man sollte nicht glauben, dass man hier in Italien ist und das Mittelmeer Luftlinie knapp 150 km weg ist. Also waren sie wieder den ganzen Tag im Wald beim Holzmachen. Mario hat sich gut in Trance geschafft. Das ist im Moment die einzige Weise, den kalten, windigen Tag gut durchblutet rumzukriegen. Denn im Haus ist es auch nicht wärmer. Der Wind bläst durch die alten Steinmauern, aus denen der Mörtel gefallen ist. Das abgelagerte Holz muss rationiert werden. Und das frisch geschlagene kann man noch nicht verwenden.

Nach einigen Tagen findet Mario noch eine andere Art seinen Body aufzuwärmen. Nämlich die Schaufel in die Hand zu nehmen und in den Pausen zwischen den einzelnen Regenschauern den Acker umzugraben. Manchmal siehst du Mario oben auf dem Berg stehen und sehnsuchtsvoll hinab ins Tal schauend. Weit dort unten leuchtet ein kleines Dorf aus grauem Felsgestein und roten Dächern in den vorbeihuschenden Sonnenstrahlen. Darüber eine uralte Etruskerburg. Aus deren Steinen ist die kleine Siedlung zu ihren Füssen entstanden. Das frische Grün der Wiesen zeigt ihm, dass es hunderte Meter tiefer, einige Grade wärmer

205

ist. Hier oben hat der Sommer noch nicht Einzug gehalten. Gerade treibt wieder ein Hagelschauer über den Berg. Aber Mario hat die Situation akzeptiert. Sicher könnte er sein Zeug schnappen und in wärmere Gefilde abziehen, dahin, wo es sauberes Wasser und ne warme Dusche gibt. Aber er weiß, dass es gut für ihn ist hier zu sein, die Situation anzunehmen und seine Erfahrungen zu machen.

Mario kann sich beobachten, kann sehen wie er sich verhält, wenn in der verräucherten Küche, (in der es wie Hechtsuppe zieht aber die einzige Wärmequelle, ein großer Kamin brennt), mittlerweile zehn Kinder über ihren Spielen johlen, die Erwachsenen, auch ein Duzend, mit Zwiebel- oder Knoblauchschneiden oder irgendeiner anderen Tätigkeit fürs Essen beschäftigt sind und dabei alle auf einmal lachen, reden, und verrückte Sachen machen oder auch einfach nur vor dem Kamin sitzen, plaudern und in das Feuer schauen.

Bei einem Spaziergang, nach der großen Holzaktion, erkennt Mario, dass es eigentlich nicht gut ist, die Bäume hier oben wahllos abzuholzen. Die Berge sind stark erosionsgefährdet, leichte Beben erschüttern sie zeitweise, hie und da stehen verlassene Höfe, von der Erdbewegung aufgeschlitzt und dem Verfall preisgegeben. Die Wälder sind schwer zugänglich, überall Dornen und Brombeeren, und so transportieren die italienischen Waldarbeiter nur die wertvollsten Stämme ins Tal und die Zweige und Äste bleiben achtlos liegen.

Der Gedanke, dass die Armut der größte Umweltverschmutzer und -zerstörer ist stimmt also. Es wäre bestimmt besser die Bäume stehen zu lassen und dafür andere Arten von Energiegewinnung anzuwenden. Die Toskana ist gefährdet, wahrscheinlich wird sie einmal aussehen wie die Sierra Nevada, die Hochebene drüben in

Spanien. Ihre Bäume hat man damals genommen, um die Armada, die Flotten von Segelschiffen zu bauen, mit denen die Spanier die Welt erobern wollten.

Mario merkt wie gut es ihm tut keine Nachrichten mehr zu hören. Die Außenwelt ist weit weg. In dieser Abgeschlossenheit werden die kleineren menschlichen Angelegenheiten wieder wichtig und er kommt fast automatisch seinem inneren Kern näher. Ein Stück Schokolade oder die warme Badewanne wird zum ersehnten Luxusobjekt. Selbst fünf Minuten Sonnenstrahlen können sein Allgemeinbefinden für den ganzen Tag verbessern. Jede Erfahrung, jeder Moment wird direkter und einfacher. Der morgendliche Gang zum Plumpsklo zum sinnlichen Erlebnis. Der Anblick aufbrechender Knospen und die ersten zarten Pfirsichblüten nehmen seine Aufmerksamkeit ganz in Anspruch.
Doch schließlich nach vier Wochen Abgeschiedenheit will Mario etwas von der Toskana sehen. Und so beschließt er, sich einige Tage Florenz anzuschauen und sich ein paar gute Wanderstiefel zu besorgen.

Blende - Florenz
Völlig außer Atem, mit heftigen Seitenstichen, ein Schweißausbruch jagt den anderen, so kannst du Mario sehen, wie er durch die Straßen und Gassen von Firenze irrt. Er versucht die Pension wiederzufinden, in der er Stunden vorher seinen Rucksack abgestellt und nach langem hin und her die Erlaubnis bekommen hat, für 4500 Lira seinen Schlafsack auf dem Fußboden auszubreiten. Florenz ist ausverkauft, so scheint es. Viele Touristen und Studenten die Semesterferien haben, wimmeln in der Stadt herum und

lassen sich von den italienischen Raubrittern die Taschen ausnehmen. Und Mario gehört dazu.

In der Jugendherberge war kein Platz mehr und in den Hotels und Pensionen holte er sich viele Absagen. Fast sah es so aus, als müsste er irgendwo im Freien übernachten. Schließlich aber findet er diesen teuren Fußbodenschlafsackplatz. Doch drei, vier Stunden später hat er ihn schon wieder verloren, so scheint es. Nachdem er auf der Piazza Della Signoria einen Joint geraucht und mit einigermaßen angetörntem Kopf bis zwölf Uhr nachts am Leben auf der Piazza teilgenommen hat, muss er aufbrechen, denn die Pension schließt um Ein Uhr. Also macht er sich auf den Weg. Ach, ist doch easy. Einfach diese Straße da hoch, über den Platz mit dem Standbild, am Gelattiladen links, am Hotel Royal vorbei, nochmals rechts und dann bist du angelangt,- denkt er sich. Am Anfang klappt soweit auch alles. Dann aber fällt ihm ein, dass er den Namen der Pension vergessen hat. Und er erkennt, dass die Straßen jetzt ganz anders aussehen. Denn es ist mitten in der Nacht, die Beleuchtungen der Geschäfte sind ausgeschaltet und die Rollläden heruntergelassen. Und schließlich wird auch noch die Straßenbeleuchtung um die Hälfte runtergedreht. Aber noch ist es zehn Minuten vor eins und die Pension nur noch zwei Straßenkreuzungen entfernt. Alles easy.

Und dann sind die zwei Straßenkreuzungen geschafft, eigentlich müsste doch das Ziel gleich erreicht sein - da steht er plötzlich auf einer Piazza, die er noch nie gesehen hat. Hier ist er falsch. Also noch mal zurück zum Gelattiladen. Sein Atem geht schon etwas schneller. Gelattiladen, links, dann gerade aus, nochmals rechts, zwei

Kreuzungen, rechts - und er ist im Kreis gelaufen. Oh je, oh je, also noch mal. Auf jeden Fall muss es hier in der Nähe sein. Die Straßen werden immer ruhiger. Vereinzelt kommen ihm Gestalten hoch bepackt mit Schlafsack und Sturmgepäck entgegen, ebenfalls auf verzweifelter, weil zweckloser Suche nach einer Unterkunft. Zum Schlafen im Freien ist es etwas zu kalt und feucht. Eine Kirchturmuhr schlägt irgendwo Ein Uhr.

Was mach ich nur, was mach ich nur? denkt Mario. Irgendwo in dieser verflixten Stadt liegt mein Gepäck und er weiß nicht wie die Straße, noch wie die Pension heißt. Es ist zum kotzen. Und dann hätte er beinahe laut aufgeschrien und wirklich gekotzt. Denn auf diesem dreieckigen Platz, mit diesen geschwungenen Jugendstillaternen und dem Park auf der anderen Seite, steht er nun zum dritten Mal.

Nur nicht aufgeben. Und vor allem, die Nerven nicht verlieren. Aber dass er immer im Kreise herum läuft und immer wieder dieselben Plätze betritt, dass macht ihn schon verrückt. Es muss doch irgendwo hier sein! Sein Hemd ist trotz der nächtlichen Kühle total durchgeschwitzt. Der Schweiß tropft ihm vom Kinn. Da das Hotel Royal, jetzt links an dem preiswerten Restaurant vorbei, jetzt rechts oder gerade aus? Rechts oder gerade aus, das ist hier die Frage? Na gut, gerade aus. Inzwischen ist es halb zwei....

Und da ist er. Tatsächlich, da ist der Eingang zur Pension. Kopfschüttelnd und mit heftigen Seitenstichen steigt Mario die zwei Etagen hinauf. Der Aufzug funktioniert nur, wenn man eine Münze in den Automat steckt. Und Mario muss dreimal klingeln, lange warten und sich das Wehklagen des Nachtportiers anhören, der sich die Uniformjacke über den Schlafanzug geworfen hat.

Mario duscht sich den Schweiß mit kaltem Wasser ab, das warme Wasser funktioniert nicht. Schließlich wühlt er sich erschöpft, doch zufrieden in seinen Daunenschlafsack.

Er ist also immer wieder am Eingang zur Pension vorbeigelaufen. Sein Ortsgedächtnis hat ihn nicht betrogen, das Straßenbild hatte sich eben nur im Laufe des Abends total verändert. Lange noch liegt er wach vor Aufregung und Anstrengung. Im Morgengrauen schläft er endlich ein. Doch bald wird er vom Hupen und Dröhnen des italienischen Straßenverkehrs geweckt, der sich durch die engen Gassen der Stadt drängt. Firenze, Firenze, seines Bleibens ist hier doch nicht lange.

An diesem Tag kauft er einige Klamotten und ein Paar türkisfarbene Wanderstiefel aus geilem Leder, bleibt noch eine Nacht und macht sich dann auf den Weg nach Arezzo, zurück in die Berge, die Abgeschiedenheit.
Übrigens, am zweiten Abend, nach dem Shopping, erging es ihm ähnlich. Es ist echt der Hit, in einer Stadt wie Firenze ohne Stadtplan herumzulaufen. Besonders nachts hast du schlechte Karten. In den verwinkelten Gassen, die fächerförmig auseinander laufen, auf den vielen Piazzas, kommt man schnell ins Rotieren, und immer wieder gibt es neues zu sehen.

An seinem letzten Morgen in Firenze will Mario die Stadt nochmal von einer seiner schönsten Seiten erleben. Vorm Morgengrauen macht er sich auf den Weg zum Giardino Bardini am südlichen Ufer des Arno gelegen. In dieser frühen Stunde, ungestört von den Touristenströmen, erlebt er die prachtvolle Atmosphäre des wunderschön angelegten Gartens.

Der Sonnenaufgang über den Dächern und Kuppeln von Florenz lässt ihn staunen über die Kreativität und den Schönheitssinn, den Mensch auch haben kann. Ein unvergesslicher Augenblick. Natur, Kunst und Pracht in einem. Wahrscheinlich hatte das gleiche zarte Licht über der Stadt gelegen, als visionäre Männer die großartigen Kuppeln und Türme entworfen und gebaut, sie mit Marmor aus den Hügeln verkleidet und mit den Bildern von Heiligen und Göttern geschmückt haben.

Die Sterne verblassen und der samtschwarze Himmel wird perlgrau. Die Silhouetten der langen, schlanken Pinien am Fuß der toskanischen Hügel flimmern, während das Licht stärker wird und schließlich erstrahlt.

Während die Sonne aufgeht und die Luft mit ihrem Gold erfüllt, ist die Stadt so still wie selten. Und dann werden die eisernen Gitter der Zeitungsstände und Läden rasselnd hochgezogen. Ihre Besitzer bereiten sich gähnend auf den Arbeitstag vor.

Und an diesem letzten Morgen, nachdem Mario ein schönes Taschenmesser ersteht, findet er zu guter Letzt den Bahnhof nicht. Und so, die Sonne sticht heiß, hinkt er in seinen nagelneuen Wanderstiefeln, mit nagelneuen Blasen in der Gegend herum. Er ist auf der Suche nach dem Zug, der ihn aus dieser Wirrnis heraus bringt. Schließlich, in der sprichwörtlich letzten Minute, findet er die Stationi und seinen Zug nach Cortona. Erleichtert lässt er sich auf die Plastiksitze nieder, die angenehm kühl, eine Erholung sind nach all der Hektik und dem Gerenne. Die Fahrt durch die frühsommerliche Toskana ist dann umso entspannender und seine Belohnung für die Anstrengung. Ja, fast hat sie etwas Meditatives. Und aus seinem Walkman kommt New-Music.

Und die Vorgänge um Mario herum

nehmen zeitweise groteske Formen an. Er wollte eigentlich schon immer mal ein Indianer sein. Aber doch bitte nicht gerade so! - Er tut sich ständig weh! Da fängt auch gleich wieder seine Nase an zu bluten. Ist das die Regeneration nach all dem Koksen? Vor einigen Tagen, auf dem Heimweg von Firenze, hat er sich den Fuß verknackst. Und er musste ja den weiten Weg zum Haus hoch laufen. Dabei verirrte er sich in den Hängen, musste mitten durch eine Geröllwüste, später durch Dornenhecken und steile Hänge hinauf. Alles mit kaputtem Fuß und schwerem Gepäck. Ein paar Tage später hackte er Holz, der rechte Fuß war wieder besser geworden, rutschte ihm das Beil am Hackklotz aus und fährt ihm genau auf eben diesen. Das Leder seines Turnschuhs war fast bis zum Knöchel aufgeschnitten und der Knöchel schmerzhaft blau angelaufen. Noch am Morgen hat er das Beil angeschliffen. Also Glück im Unglück. Und er nimmt's hin, mit Lachen und darüber Witze machen. Aber langsam wird es ihm doch unheimlich.... Soll wohl etwas besser auf sich achten und nicht immer so wild drauflos ackern, zackern, hackern, wackern.

Wenige Tage später.

Die destruktiven Vorgänge haben sich in der letzte Nacht zugespitzt. Sie warfen etwas LSD ein. Sie, das waren Sadharma, Chiant die Marianne und Mario. Glücklicherweise nahm er nur ein Drittel von dem, was die anderen schluckten. Anfangs passierte gar nix. Sie warten darauf, dass der Trip endlich anläuft. Vielleicht verzögert die Höhenluft die Sache. Nach zwei Stunden nehmen die drei noch etwas. Und dann sind sie auch schon mitten drin. Chiant setzt sich ab und quatschte drei Stunden lang mit seiner 12 jährigen Tochter Sandy, die für ihr Alter einen guten Kopf hat. Er liegt mit ihr auf dem Boden und kicherte sich eins zurecht. Doch dann, ein Schnitt. Sandy soll jetzt schlafen, sie muss am Morgen in die Schule. Und Chajant kommt rüber in die Küche, in der Mario mittlerweile das Kaminfeuer unterhalten hat. Der Kräutertee steht auf dem Küchentisch und Sadharma schmust mit der Marianne Chajants Lebensgefährtin.

Der, ein Krebs, überwältigt von seiner Eifersucht, beginnt nen riesen Krach. Er rastet aus und wirft mit Gegenständen. Aus ist´s mit dem gemütlichen, warmen Zusammensein bei schöner Musik am Kaminfeuer. Das alles auf dem Höhepunkt des LSD-Trips. Und Mario will mal wieder die die Wogen glätten. Chiant aber will scharfe Kontraste, SCHWARZ oder WEISS, keinen Frieden. Er will Stress.

Nach einigen hitzigen Wortgefechten legt sich die Aufregung. Mario wird müde und zieht sich zurück. So liegt er in seinem Schlafsack, liest noch etwas vom Bhagwan, der immer wieder gute Inspirationen für ihn hat, als plötzlich der Tumult unten in der Küche wieder losgeht. Da fliegen Gegenstände und laute aggressive Worte. Chajant will nicht aufhören mit seinem Terror. Und das alles auf der doch so „erleuchtenden" Droge LSD. Irgendwas muss in der Chemie nicht gepasst haben. Soviel Aggression hat Mario noch nie auf einem Trip erlebt. Und sein Törn war ja auch recht bald vorbei gewesen.
Mario denkt so bei sich: Ist ja auch nicht mein Stoff, den ich gecheckt habe. Bei mir bekommst du so einen Mist nicht. Unten in der Küche geht es laut her. Es hagelt Hiebe und

Worte, direkt unter die Gürtellinie. Du dreckige Sau, Nutte, Micky Maus, elender Schwätzer und wer weiß noch alles. Ein Geschrei und Getobe. Ne richtige Encountergruppe.
Plötzlich steht Sadharma im Zimmer. Er wirkt ganz hilflos.
"Mario, Mario, komm doch, das artet aus. Die prügeln sich wie wild." Dabei hat er ein langes Küchenmesser in der Hand. "Das konnte ich gerade noch retten."
Mario liegt bequem in seiner Molle, hat ein Bild von Bhagwans Füssen vor sich und grinst Sadharma an.
"Ich würde sagen, das alles ist in Ordnung so. Diese Scene war schon lange fällig. Du bist nur das Werkzeug, nicht der Schuldige. Du hast deine Arbeit getan. Jetzt halt dich da raus."

Wieder eine komplexe Geschichte mit vielen Aspekten. Aber wenn man die einzelnen Aspekte mit nötiger Ruhe und Abstand betrachtet, wird alles ganz klar und einfach. Und unten geht es wieder los. Geschrei und Getobe. Später dann Weinen, lautes verzweifeltes Weinen. Noch später dann langes Reden und Versöhnung. Mario kommt es fast wie die Erziehung einer Neuen durch den Zuhälter vor. Es ist die gleiche Machtstruktur, das gleiche Spiel. Es gibt viele Menschen, die einen Herrn über sich benötigen.

Am anderen Tag räumt Mario erst mal das Feld.
Er wanderte zu den Nachbarn, den Tassis. Noch eine Sannyasins WG. Dreiviertelstunden ganz schlechter Weg, selbst für einen Fußgänger. Da gibt es viele Frauen, viele Kinder, noch mehr Abgeschiedenheit und mehr Arbeit. Das Leben ist da noch härter als im „Kloster" oben. Das Äußere noch primitiver, aber so kommt man noch schneller zum Kern der Sache, so hoffen die Tassis. Der Mensch ist gefragt und nicht die Äußerlichkeiten. Mario hilft mit, eine riesige

Pizza fertig zu machen. Es gibt einen Geburtstag zu feiern. Und die Tassis freuen sich über die Joints, die er herumgehen lässt.

Als Mario am Abend nach Le Fracchie zurückkommt, ist Sadharma, mit dem er hergefahren ist, abgereist. Er hat nicht mal den Sohn der Marianne mitgenommen. Das nennt man Abschied im Zorn!

Na egal. Für Mario ist es wichtig ruhig zu bleiben und das durchzuziehen, was er sich vorgenommen hat. Nämlich, bewusster zu werden und zu bleiben. Und diese Gelegenheit ist ihm hier garantiert. Es geschieht in dieser Abgeschiedenheit, diesem Aufeinander Hocken, aufeinander angewiesen sein so viel und er kann gut beobachten, wie er darauf reagiert. Sämtliche vorhanden innere Knöpfe – Störgefühle werden hier hochgespült. Im Moment geht Mario gut damit um, nämlich mit Klarheit und Verständnis für die Zusammenhänge und mit Mitgefühl aber ohne Mitleid. Und er denkt bei sich:
ICH BIN KEIN MORALIST-
ICH MACHS MIR NUR NICHT GANZ SO EINFACH!

Blende - Wochen später

Mario lebt immer noch hoch auf dem Berg in Italien. Wochenlang keine Nachrichten von der Außenwelt. Wie es steht in der verlogenen Politik, der zerstörten Umwelt in Europa-, er weiß es nicht. Die Welt kommt auch ohne ihn gut aus. Er weiß nicht einmal das aktuelle Datum, geschweige denn die Uhrzeit. Und sein Kopf ist frei wie nie.

Am Morgen öffnet Mario verschlafen die Augen. Ein Sonnenstrahl weckt ihn. Durch das Fenster kann er blauen Himmels sehen. Und er weiß, es wird ein schöner Tag. Also schält er sich aus seinem Schlafsack. Ganz benommen vom tiefen Schlaf geht er hinunter zur Quelle, um sich mit dem kalten Wasser des Berges zu waschen.

Dann lässt er sich auf dem großen Felsbrocken vorm Haus nieder, und genießt den weiten Ausblick. Das Tal unten ist noch vom Morgendunst verhangen. Sein Blick schweift hinüber zu den hohen Bergen der Abruzzen, die teilweise noch schneebedeckt sind. Doch auch sie haben in den letzten Tagen eine Frühsommerfarbe bekommen. Über all dem der weite, blaue Himmel. Wie still es ist! Die anderen sind einige Tage für einen kleinen Urlaub nach Rom gefahren.

Der Wind ist noch kühl und so geht er schließlich ins Haus, um sich sein Frühstück zu servieren. Es gibt einen starken Kaffee, Müsli mit Apfel und Brot mit Käse. Jetzt ist er wach. Und da es ein schöner Tag zu werden verspricht, nimmt er sich die längst fällige Wäsche vor.

Diese Aktion muss hier oben wohlüberlegt und strategisch angegangen werden. Die große Wäsche ist hier was anderes, als im Komfortland. Mit dem Wasser muss er sparsam sein, denn das muss herbei geschleppt werden. Und doch soll alles möglichst sauber und am Ende vom Waschpulver befreit sein. Zum Wärmen des Wassers hat er sich eine spezielle Technik ausgetüftelt. Mario wärmt das Wasser in den Eimern und der Wanne, indem er sie mit schwarzer Dachpappe bedeckt. Den Rest erledigte die pralle Sonne. Und einen großen Wassertopf machte er auf dem Feuer heiß.

Gegen die Mittagszeit kannst du Mario sehen, wie er nackt vor der Waschbütte hockt. Er knetet die Socken, lässt hier und da einen fahren und weitet sich am Panorama. Die Konturen und Farben der Landschaft verändern sich ständig. Das Licht spielt mit den Kontrasten und mit ihm. Mario macht eine Meditation aus dem Waschtag und die Sonne färbt ihn rot. Schließlich wäscht er sich selbst. Nackt steht er auf dem Berg in der gleißenden Sonne und lässt sich das kalte Wasser über den Körper rieseln. Aaahhhhh, welch eine Wohltat. Wenn die Sonne draußen ist, ist das Leben hier oben einfach.

Das Haus hat er gut gelüftet. Jetzt ist es trockener und um einige Grade wärmer. Nur weiter so liebe Sonne und wir brauchen uns nicht mehr vor einer Lungenentzündung zu fürchten!
Sein Zimmer hat er gesäubert und etwas wohnlicher eingerichtet. Eigentlich könnte er es so einige Zeit aushalten. Zumal jetzt auch noch gut Musik vorhanden ist. Der Stromanschluss ist endlich freigeschaltet. Das ist doch was! Mitten in der schönsten Natur zum völligen Abheben auch noch Musik. Fehlt eigentlich nur noch eine sexy Frau.

Aber wie singt gerade Mike Jagger:
Du kannst nicht alles bekommen was du willst.
Doch du kannst es versuchen!
Die Sonne geht hinter dem Bergkamm im Westen unter, es wird dunkel und er facht im großen Kamin der Küche das Feuer an.

Am Abend sitzt Mario mit untergeschlagenen Beinen dort.
Er ist jetzt seit drei Tagen ganz alleine. Eine schöne Erfahrung in der Abgeschiedenheit. Die anderen sind noch in Rom. Nur die zwei Katzen und ein Hund leisten ihm Gesellschaft. Er hört gute Musik und trinkt Kamillentee. Hat nämlich mal wieder die Scheißerei. Das ist im Moment das einzige, was ihn stört. Mit dem Wasser aus der Quelle

kommt er nicht klar. Er kocht es zwar ab. Vielleicht liegt es auch am Salat. Tja, Mario das Sensibelschen.

Morgen Abend müssten die anderen wieder kommen. Sandys Schule beginnt am Montag wieder. Sie ist seit einem Jahr in der italienischen Schule, unten im Dorf, und spricht schon richtig gut italienisch, im Gegensatz zu Mario. Er war nie ein großes Sprachgenie, verwechselt oft italienisch mit spanisch und vergisst immer wieder das Gelernte. Auf dem Berg hat er darüber hinaus eh kaum Kontakt zu Einheimischen.

Mario holt Holz für das Kaminfeuer aus dem Schuppen. Nachts ist es hier noch immer empfindlich kühl. In zwei Tagen ist der Mond voll. Der strahlt jetzt schon wie ein Halogenscheinwerfer. OH Je, dass kann wieder was geben. Mario ist gespannt, ob er auf dem Dach herumspaziert und jaulen wird, spürte er ihn doch jetzt schon.

Blende - Mann oh Mann, als hätte er´s geahnt.

Ganz schön verquere Zeit die letzten Tage. Ob es am vollen Mond lag? War´s das wechselhafte Wetter? Oder vielleicht, weil kein Haschisch mehr da war? Vielleicht weil alle so komisch drauf waren oder sah es Mario einfach seltsam? Oder war´s gar diese Jungfrau, die ihm die letzte Zeit immer mehr den Nerv tötete?

Die fuhrwerkt gerade mal wieder in der Küche herum. Mario hat das unbestimmte Gefühl, als könnte er´s nicht mit Jungfrauen. Die sind ihm zu unsicher. In ihrer Art pedantisch ordentlich, uneingetuned, ohne Gefühl für die Stimmungen des Augenblicks. Er hat das Gefühl, sie nimmt ihm die Luft zum Atmen. Er fühlt sich gehemmt in ihrer Nähe.

Sie ist so ängstlich bedacht alles richtig zu machen. Fragen, Fragen, plump, ohne Freude, selbst ihre Witze wirken gequält. Ihr fehlt Wärme und Spontanität. Alles muss in geregelten Bahnen laufen. Eine Abweichung vom Weg könnte ja den Plan zunichtemachen. Das ausgerechnet hier oben – in all dem Chaos. Mario kann nicht mit ihr! Er ist froh, wenn sie wieder weg ist.

Sie haben gut gegessen, könnten gemütlich vor dem Kaminfeuer sitzen, sich unterhalten und was geschieht? Mama, Tschuldigung, Marie muss den Abwasch machen, was die ganze Stimmung zerstört. Dann muss sie noch etwas Yoga machen, ach nein, vorher muss sie ja ihren Abendspaziergang erledigen. Später wird sie zurückkommen und sagen: "Kann ich die Musik leiser machen, kann ich den Paul Horn auflegen zum Einschlafen. Und sie wird noch irgendnen Spruch ablassen, z. B. über Zwänge in denen sie steckt, wird ihren roten Schal ordentlich zusammenlegen, ihre orangene Bluse auf den einzigen Bügel des Hauses hängen, den gleichfarbigen Rock über die Stuhllehne legen und sich ordentlich in den Schlafsack packen. Das Glas Wasser auf der linken Seite am Kopfende und die Kerze mit den Zündhölzern auf der rechten. Zehn Minuten später hörst du sie rufen: "Mario, kannst du die Musik leiser machen, ich bin am Einschlafen!"

Mario presst die Luft zwischen die Zähne durch, schaltet die Musik ganz aus, und sieht seine gute Stimmung davon traben. Später begibt er sich sauer in die Heia. Am anderen Tag fragt sie ihn verwundert, ob er etwas gegen sie habe und Mario sagt, so nett wie er nun mal noch ist: "Nein, wie kommst du darauf".
Und er denken bei sich, sie kann ja nichts dafür, jeder hat so seine Macken. Außerdem ist es doch ganz gut, wenn einer den Abwasch macht. Und überhaupt, selbst wenn er versucht ihr ein Feedback zu geben, wird sie ihn nicht

verstehen oder ihm erklären, dass sie ja schon an ihren inneren Zwängen arbeitet. Schließlich ist sie ja Sannyasin.

Er weiß aber auch, dass sie eine Art Spiegel für ihn ist. Ja, Mario stellt fest: Alles was ihn nervt oder berührt ist ein Spiegel für ihn. Ihm wird mit ihrer Hilfe langsam klar, wie hinderlich der Kontrollzwang für die Gefühle, für die Stimmung sein kann. Danke Marie, aber bitte, fahre ganz schnell wieder ab!

Gestern am Samstag waren sie beim Alfredo --,
also muss heute Sonntag sein.........

Alfredo ist en heißer Typ! Echt-, wirklich echt. Ein natürlicher und starker Mann. Italiener, doch vom Typ eines Marokkaners oder noch östlicher angehaucht. Er kifft und trinkt Rotwein was das Zeug herhält. Und er hat einen schönen Hof mitten in den toskanischen Hügeln. Das reinste Postkartenidyll. Nach dem nächtlichen großen Fest kann sich Mario, während seines Morgenspaziergangs, davon überzeugen. Besonders in westlicher Richtung hat er von hier aus einen geilen Blick auf die toskanische Landschaft, mit dem frischen Grün des Frühsommers und dem tiefblauen Himmel darüber. Ein Stück entfernt erspäht er inmitten eines Zypressenhaines eine kleine Burg oder besser ein Schloss, wie ein Märchengarten im Morgendunst. Es ist absolut still, kein Flugzeug, kein peinliches Geräusch, nur eine milde Brise und das Gezwitscher der Vögel. Ab und zu lässt sich ein Kuckuck vernehmen. Mario fühlt sich pudelwohl hier.

Und jetzt hat Alfredo seinen speziellen Pfiff auf Lager. Wie aus dem Nichts traben zwei schwarze prächtige Pferde heran. Mario fühlt sich in einen Karl May Film versetzt. Winnetou und Old Shatterhand hatten auch solche Pferde.

Und andere Tiere kommen jetzt zum Futterplatz. Einträchtig versammelt knappern Pferde, Schafe, Hühner und der Truthahn am Heu. Die Gänse machen lange Hälse und schnatterten sich was weg. Im kleinen Teich vor dem Stall schwimmen zwei weiße Enten, fünf kleine Kinder gackern mit und amüsieren sich über den riesigen weißen Truthahn, der urtümlich mit seinem großen, roten, faltigen Sack am Hals daher watschelt, vor der Brust ein horniges Horn. Mit vielstimmiger Drohgebärde behauptet er das Terrain. Ein guter Wachhund.

Am vorhergehenden Abend hatte er Mario noch ganz schön erschreckt. In der Dämmerung kam er im Zick-Zack auf ihn zu getockert und Mario zog sich ins Haus zurück. Man weiß ja nie.

In der großen Wohnküche war schon ne schöne Korona vorm Kamin versammelt, tranken toskanischen Rotwein, schnitten sich hin und wieder von dem geräucherten Schinken oder von der in Öl eingelegten Wurst ab, redeten und lachten. Im riesigen alten toskanischen Kamin stand ein Dreifuss überm Feuer, feuergeschwärzte Kaminwerkzeuge lagen daneben. In einem großen Kessel wurde Wasser erwärmt und eine der Frauen putzte Salat. Später kamen noch ein paar Leute dazu. Der große flache runde Tisch wurde gesäubert, mit Mehl bestreut und dann geschah es.

Die Polenta, nein - nicht die Polende, die Polenta ein Gemisch aus Maisgries und heißem Wasser, wurde auf den blanken Holztisch gekippt. Oben drauf kam die Soße mit viel Gemüse und Kaninchenfleisch. Und jedem wurde eine Gabel in die Hand gedrückt. So aßen sie sich vom Rand zur Mitte durch. Echt geil und sehr kommunikativ. Denn immer mal fiel ein Stück Zucchini oder etwas anderes von der Gabel auf die Schulter oder die Hose des Vordermanns. Oh, war das ein Fressen. Gerade das richtige für so viele Menschen. Und für den Vegetarier Mario war auch gesorgt. Die Polenta machte gut satt und Teller mussten auch keine gespült werden. Den Tisch mit den Resten stellten sie einfach raus vors Haus. Die Hunde kümmerten sich um den Rest. Hi, Hi, Hi.

Drinnen ging es inzwischen heiter weiter. Irgendwoher tauchte eine Wasserpfeife auf, ne Gitarre, Flöten, Trommeln, ne Muschel, Glöckchen und ein Tamburin. Sie machten also Musik und ließen sich's auch sonst gut gehen.

Blende - Seit dem sind einige Tage vergangen
Wie viele, Mario weiß es nicht. Er ist out of time. Er lebt, sieht, fühlt und arbeitet. Ihm geht es gut. Nach seiner Kokserzeit in Frankfurt mit Harald, ganze Nächte und Wochen gingen dabei drauf, hat er hier eine gute Gelegenheit seinen Body in Ordnung zu bringen. Im Gemüsegroßmarkt hat er sich heute früh auf die Waage gestellt. Es schaut fast so aus, als hätte er vier Kilo zugenommen. Aber natürlich alles nur Muskel, hä!

Die letzten Tage baut Mario den holprigen Mulipfad aus, der zum Haus führt. Sein Ziel ist, einen befahrbaren Feldweg ohne tiefe Löcher hinzubekommen. Und vor allen Dingen soll der nächste starke Regen nicht alles davon schwemmen können. Das bedeutet, mit dem Schubkarren ausrangierte Ziegelsteine oder anderes Geröll in die ausgefahrene Spur zu kippen um dann das Ganze mit Spitzhacke und Spaten einzuebnen.

Je weiter er vorankommt, desto weiter muss er die Karre schieben. Der Weg wird steiler und felsiger, die Anforderung wächst und seine Kraft mit. Er macht den Weg alleine. Er will es so. Das ist gut für seinen Kopf. Er kann sich beweisen, dass er wieder leistungsfähig ist, trotz seiner kaputten Leber. Und er kann lernen seine Sachen zu bringen, auch ohne Anerkennung von außen. Und er bringt sie und merkt nebenbei, dass es keine Zufälle gibt, sondern dass alles kommt, wie es kommen muss.

Und so kann es passieren, dass du im abgelegensten Winkel der Welt einen Typen triffst, den du schon zehn Jahre nicht gesehen hast oder dass dem Traktor, von dem du so gut wie abhängig bist, die Lenkung versagt und den Berg runterpurzelt. Beides sind Ereignisse aus denen du viel lernen kannst. Beobachte und versuche die Zusammenhänge zu erkennen. Erfahre und fließe und bewege dich im Strom des Raums und der Energie.

Blende - Chajant hat sich beim Frühstück endgültig disqualifiziert.

Denn er lässt nen reichlich dummen Spruch ab, der aus dem Mund eines Sannyasins und Pädagogen doppelt blöde klingt. Sie haben es von Kindererziehung. Mario kappelt sich die letzten Tage öfters mit Chajants Tochter und das scheint dem nicht sonderlich zu gefallen oder etwas an Marios Einstellung dazu passt ihm nicht. Er weiß sich nicht anders zu helfen, als den Satz über den Tisch zu werfen: "Du bist sterilisiert, du kannst eh nicht über Kindererziehung reden!" Sauer wie Mario jetzt ist kann er nur erwidern: "Und du hast die letzten Tage scheinbar zu viel Rotwein gesoffen. Der hat dir das Hirn ganz vernebelt."

Die beiden Alphatiere kommen nicht klar miteinander. Aber Mario versucht, sich durch diesen Arsch nicht den schönen, sonnenklaren Tag verderben zu lassen. Mario legt mal wieder einen Schweigetag ein. Wenn morgen wieder so ein schöner Tag ist, macht Mario den langgeplanten LSD-Trip.

223

Blende - Der Trip

Das Wetter ist dann auch gut am anderen Morgen. Mario versucht so früh wie möglich aufzustehen. Er hofft so in Ruhe sein Müsli essen zu können. Der zweite Gang soll das LSD sein. Diesmal will er sein eigenes nehmen.

Gerade hat er die Espressokanne aufs Gas gestellt, da schießt die Sandy in die Küche. Eigentlich ist es Zeit für Sandy, sich von Chajant zum Schulbus fahren zu lassen. Die Haltestelle ist unten bei der geborstenen Etruskerburg.

Na, jedenfalls fängt die Hektik damit an. Die drei Katzen kommen gleich der Sandy hinterher, fauchen, miauen unterm Tisch herum, mit einem Wort, sie wollen ihr Fressen. Dann hat Mario wieder ne Kappelei mit Sandy wegen ihres ungespülten Milchtopfs. Als Mario schließlich vor dem Fenster mit dem herrlichen Blick auf die Landschaft sitzt, die Müslischale in der Hand, den Café con Latte auf dem Tisch, kommt Marianne angezittert. Sie sieht reichlich zerknittert aus und hat wiedermal nen Kater. Sie übernimmt heute den Sandyjob. Aber wie! Bisschen mehr Ruhe und Gelassenheit sollte man ihr schon zutrauen können. Als Sannyasin!?

`Wo sind die Essenmarken? - Wo ist die blöde Haarbürste?- Und die verdammte Haarspange?- Sandy, bist du noch nicht fertig! - Oh Bhagwan!´

Und jetzt kommt noch die Jungfrau, die Marie aus ihrem Zimmer. Ein hingebrummeltes "Guten Morgen", sprachs und ist im Meditationsraum verschwunden.

Schließlich kommt Mario zum Ende. Er stellte sein Geschirr zum Abwasch. Gestern hat er immerhin den ganzen Schwung vom Abend weggespült. Er nimmt seine Tasche, etwas Obst, Wassers und seinen Walkman (Steve Winwood/Talking back to the night) und macht, dass er aus dieser hektischen, gereizten Vibration rauskommt. Die LSD-Pille hat er schon geschluckt.

Mario nimmt den Weg bergauf, zu dem unbewaldeten Gipfel. Am Anfang folgt ihm noch der kleine speedy Hund. Den schickte er aber bald zurück. Er ist ihm zu anhänglich. Und Mario will seine Ruhe haben.
Jetzt gehts nur noch bergauf. Der Morgendunst lichtete sich und sein Blick schweift genießerisch über die weite Landschaft. Dort hinten kann er die Abruzzen glitzern sehen. Da liegt noch immer Schnee. Der Mulipfad führt Mario steil den Berg hinauf, teilweise gibt's nur noch Gestrüpp, später dann offenes Gelände. Hier hat es vor einiger Zeit gebrannt. Alles braun und verkohlt. Doch schon zeigt sich neues Leben. Eine Herde Schafe, mit verfilzter Wolle und dunklen Köpfen klotzt ihn an. Wahrscheinlich wurden für sie die Bäume und Büsche angezündet. So gibt's wieder Weideland. Die spinnen, die italienischen Bauern!
Schließlich erreicht Mario den Gipfel, der höchste Punkt weit und breit. Um die 900 Höhenmeter. So ist denn auch die Aussicht. Einfach himmlisch! Und dazu fängt jetzt die Pille zu wirken an. Sanfte Energiewellen durchströmen Marios Nacken und Hinterkopf.

Nur gut, das die Bäume hier oben keine Chance haben, ihm die Aussicht zu versperren. In der Ferne liegt glitzernd der riesige Trasimenosee. Zwischen zwei Hügelketten kann er sogar die große Insel mitten drin erkennen. Alles ein Überbleibsel der letzten Eiszeit, die die weite Ebene dort geschliffen hat.
Auf der anderen Seite sieht er die Festung von Cortona-, geschichtsträchtiges Land. Aber von dort kommen mit dem Wind auch die Geräusche des Kieswerkes und das der

Straße, die sich durch die sanften toskanischen Hügel unten schlängelt. Und das Wetter übrigens auch. Irgendetwas liegt in der Luft. Wird es wirklich kälter oder ist es eine der LSD-Illusionen? Der Wind weht Mario plötzlich heftig ins Gesicht und so kehrt er ihm den Rücken und sieht sich die andere Richtung an. Da ist es ruhiger.

Der Berg hält den schlimmsten Teil der Zivilisation ab, noch. Mario kann sogar den halbzerfallenen Hof der Tassikommune sehen, mit den zwei weißen Tipis auf den grünen Terrassenfeldern. Da ist der kleine Traktor, dessen Lenkung neulich versagt hatte und den Berg hinunter gepurzelt war. Ein winziger, sich bewegender, glitzernder Punkt auf dem Acker. Vor einigen Tagen hatten sie ihn nach der Reparatur beim Mechanico unten im Ort abgeholt.

Mario sucht sich ein geschütztes Plätzchen, rollt seine Bastmatte aus, wirft den Walkman an und zieht sich seinen Freund Steve Winwood rein. Nun kommt das LSD schön soft in Wellen heran und die Hügel bekommen einen neuen Sinn und bewegen sich, sie atmen. Der ganze Planet atmet. Das Grün beginnt aus sich selbst zu strahlen, der Wind nimmt Mario mit und er segelt davon. Dann kommt ihm ihr halbzerfallenes Nonnenkloster in den Blick. Da liegt das Stück Acker, das er umgegraben hat und ihm einige Blasen an seinen, Arbeit ungewohnten Händchen eingebracht hat.

Wie schön das alles, wirklich schön. Auch das Leben ist schön. Dummerweise ist der Mensch nicht schön. Und ihm kommen die Szenen zwischen Chajant und Marianne in den Sinn. Beide Sannyasins aber mit 'nem Bewusstsein das zu wünschen übrig lässt. Jedenfalls in einigen Situationen.

Und so sitzt Mario auf dem Berggipfel und fühlt die Göttlichkeit in den Dingen. Und er wundert sich immer mehr über die beiden. Und schließlich kommt er zu dem Schluss, dass das alles hier für die beiden viel zu schade ist. (Was ja auch stimmte, wie er sechs Jahre später erfahren durfte.) Da sitzen sie mitten in der schönsten Gegend, ein Platz, wo Gott ganz nahe ist und fühlen nichts. Nicht die Verpflichtung und Verantwortung dem Platz, sich selbst und der Welt gegenüber. Und erst recht spüren sie nicht die Magie hier oben. Sie gehen in ihrem täglichen Tran achtlos dran vorbei. Sie sind wie die Hühner, immer nur damit beschäftigt gierig für ihr kleines Ego mit den Füssen zu scharren. Da gibt es nur Konkurrenzdenken, Neid, Missgunst, Gier, Alkohol, Nikotin, Zwietracht und Hektik. Und Mario schreibt den Beiden einen Brief.

Doch er gibt den Brief nicht ab. Chajant würde Mario bestimmt rausschmeißen und der will nicht weg hier. Mario hofft eine Situation herzustellen, in der sie alle die Sache etwas in die Reihe bekommen. Denn immerhin, Chajant ist auf der Suche nach weiteren Geldgebern für den Platz. Und Mario hat nicht schlechte Lust, in dieser großartigen Natur auf Dauer zu leben.

Blende - die Situation auf dem Berg hat sich etwas beruhigt.

Und Mario macht Urlaub in Cortona. Der mittelalterliche Ort liegt sehr schön, hoch am Berg, der weit in die Ebene hinausschaut. Alte Häuser sind in den Hang gebaut. Ein ziegelgedecktes Dach spuckt auf das Dach des anderen. Die Gassen eng und oft steil. Hier war er noch nie. Unten am Berg gibt es einen Werkzeug- und Baumaterialengroßhandel, zu dem die Sannyasins fast wöchentlich fuhren. So war die Hinfahrt schnell geklärt.

Sein Zimmer in der Pension, in der er gerade der einzige Gast ist, hat einen unbezahlbaren Blick. Hinunter auf die

Ebene mit dem großen Trasimenosee auf der linken Seite. Und natürlich fließend warmes Wasser und ne Dusche – Juchuu.

In Cortona muss Garibaldi irgendeine große Tat begangen haben, nach dem Standbild draußen auf der Piazza zu urteilen. War da nicht ein Befreiungskrieg? Der Ort ist wie eine kleine Insel in der Welt. Tagsüber ist es absolut ruhig. Wenig Autos verirren sich in die engen Gassen. Jedermann geht einer Beschäftigung nach oder tut wenigstens so.

Doch so gegen halbsieben Abends geht es los. Der ganze Ort, zumindest der größte Teil davon, ist auf den Beinen und flaniert auf der kurzen Hauptstraße, über die große Piazza bis vors Rathaus und zurück.

Mario ist ziemlich irritiert. Alle sind chic angezogen, als hätte es zum Kirchgang geläutet. Ist's jetzt Freitag oder Samstag? – geht's ihm durch den Kopf. Aber dann findet er heraus, was es ist. Es ist der "Korso". Das geht jeden Abend so. Plötzlich sind sie alle da. Die Honoratioren mit Tweedjacket und Wohlstandsbäuchen. Die stolzen Mamas mit ihren herausgeputzten Kleinen. Der Bauer mit sonnenverbranntem Gesicht unter der Batschkappe und verarbeiteten Händen. Die Teenies und Twens auf ihren Velos und der eine oder andere Bursche auf einer nagelneuen Geländemaschine. Alle wollen sehen und gesehen werden. Der neueste Klatsch, die Ereignisse des Tages und manches unsinnige wird ausgetauscht und besprochen. So hält sich die Dorfgemeinschaft in Takt.

Blende - Welch Unterschied zur Frankfurter Energie!

Das Leben der großen Städte radikalisiert. Dort war ein Schweigen um Mario herum, eine Sprachlosigkeit. Überall nur geduckte Menschen mit alltagsverzerrten Gesichtern. Kein echtes Lachen mehr in den grauen Betonschluchten.

Ganz anders hier. Nach einem Zitat von Antoine de Saint-Exupéry:

....Es gibt geheimnisvolle Zustände, die uns befruchten.
Wir können besser atmen, wenn wir mit anderen durch ein gemeinsames Ziel verbunden sind das über uns steht. Wir, die Söhne und Töchter des Zeitalters des Komfort, wir empfinden ein unerklärliches Wohlbefinden, wenn wir unsere letzten Vorräte in der Einsamkeit mit unseren Freunden teilen können.
All denen unter uns, die ein existenzbedrohendes Ereignis überwunden haben und sei es nur ein Sturm auf dem Chiemsee, der das Segelboot zum kentern brachte, kommt alles andere nichtsagend vor.

Wir wollen befreit werden. Wer mit der Hacke arbeitet, möchte den Sinn seines Hackenschlags erkennen. Und der Hackenschlag des Sträflings ist nicht der gleiche, wie der Hackenschlag eines Goldgräbers. Die Qual entsteht dort, wo Hackenschläge keinen Sinn haben; wo der, der sie führt, durch sie nicht mit der menschlichen Gemeinschaft verbunden wird. Es gibt einige hundert Millionen Menschen in Europa, die keinerlei Sinn in ihrem Leben haben und immer noch auf ihre Geburt warten.
Die Industrie hat sie der Sprache der Bauerngeschlechter entrissen und in jene riesigen Gettos eingepfercht, die Verschiebebahnhöfen gleichen. In den Tiefen der Arbeitsstätten möchten sie erweckt werden. Die Kinder der Nationen hängen derweil alle am gleichen Mediendraht. Die Freuden der Selbstverwirklichung, die spirituellen Freuden, die Freuden des Gelehrten bleiben ihnen versagt. So warten sie ihr Leben lang auf ihre Geburt.

Sicher kann man sie in Uniformen stecken. Sie werden ihre Kriegslieder singen und mit den Kameraden ihr Brot brechen. Sie werden dann wiederfinden, was sie suchen, die Freuden am Universalen und der Gemeinschaft. Doch am Brot, das man ihnen reicht, werden sie sterben.

Was brauchen wir, um für das Leben geboren zu werden?
HINGABE, LIEBE UND FREUDE.
Wir müssen erkennen, dass alles ein Teil vom Ganzen ist,
Gut wie schlecht, heiß wie kalt, Bauer wie Chirurg, jeder ein Wachtposten, verantwortlich für den ganzen Organismus.
Wenn wir nach diesem Bewusstsein des Universalen streben, haben wir Teil an der eigentlichen Bestimmung des Menschen.
Die Ladenbesitzer wissen nichts davon, die sich friedlich am Ufer niedergelassen haben und nicht den Fluss vorbeiströmen sehen.

Doch selbst der Kosmos entwickelt sich. Aus einer Zusammenballung von Energie ist Materie entstanden, aus einer zerfließenden Lava, aus einer Sternenmasse ist das Leben entstanden. Nach und nach stiegen wir auf, bis wir Kantaten schreiben und das Skylab fliegen konnten.
Das Leben strebt der Bewusstwerdung zu. Nur dann werden wir glücklich, wenn wir in der guten Richtung gehen: Der gleichen, die wir von Anbeginn einschlugen, als wir aus dem Lehm erwachten. Nur dann werden wir in Frieden leben können, denn das, was dem Leben Sinn verleiht, gibt auch dem Tod Sinn.
Es ist so sanft im Schatten des toskanischen Friedhofes, wenn der alte Bauer, da seine Herrschaft zur Neige geht, seinen Söhnen ihren Anteil an Ziegen und Ölbäumen übergeben hat, damit sie ihn ihrerseits den Söhnen ihrer

Söhne weitergeben. In einem Bauerngeschlecht stirbt man nur zur Hälfte. Jedes Dasein bricht der Reihe nach auseinander wie eine Hülse und übergibt seine Samenkörner.........Zitat Ende

So verbringt Mario kurzweilige Urlaubstage in Cortona. Er tauscht den Spaten und die Axt mit dem Stift und einem Blatt Papier.

Blende - Tage später könnt ihr Mario sehen:
Frühmorgens, wenn die Sonne noch nicht brennt, steht er auf einem der Terrassenfelder und gräbt mit dem Spaten in der Hand den Kartoffelacker um. Oder er springt im Wald herum, um Holz zu machen für die nächsten Winter. Oder er verlegt im Ex-Nonnenkloster Stromleitungen und Lampen. Das hat er ja mal gelernt – lange ist's her.
SO arbeitet er gerne und er arbeitet mehr als irgendwann. Und der Hit ist, er arbeite für nichts, oder besser aus Spaß an der Freude. Wenn ihr hört, dass er sogar noch 10.- DM bezahlt am Tag, kann er euer Kopfschütteln sehen. Hi, hi, hi. Aber sie arbeiten hier anders als man es kennt. In den vier Stunden, die sie arbeiten, leisten sie mehr, als in zwei Achtstundentagen bei Heraeus oder der Deutschen Bundespost. Sie arbeiten nach dem Lustprinzip, nach der Laune, nach dem Wetter und mit einem tieferen Sinn.
Sicherlich wird man von dem Hof alleine nicht leben können, ist doch etwas zu karg. Aber es ist genügend Platz, um z.B. Leute raufzuholen, die ihre Ruhe haben und etwas Selbsterfahrungstraining machen wollen.
Neulich war ne Gruppe für acht Tage hier, die haben gefastet.
Mario für seinen Teil versucht etwas zu meditieren, Yoga zu betreiben und auf seinen Atem zu achten.

Alles ist Stille

Der blendend, blaue Himmel steht still
Das Bussard Pärchen kreist still
In der warmen Brise, die still
Den Berghang hinaufweht
Und den Sommer mit sich bringt

Das frische Grün der Bäume und Wiesen
Das Zirpen der Zikaden im Dornengestrüpp
Und dazu die brennende Sonne
Selbst die Zeit steht still

Blende - Mario liegt nackt in der Wiese, und erinnert sich des gestrigen Tages. Marianne hatte Geburtstag und so haben sie die "Tassis", die Kommune von der anderen Seite des Berges, zu einem Fest eingeladen.

Jupp, ein Gast, hatte zwei Kuchen gebacken, und Marianne und Marie, Marios "spezielle Freundin", hatten zwei Rührkuchen fabriziert. Die ganze Sache fing also schon zum Nachmittagskaffee an. Nein halt, besser gesagt schon zum Frühstück. Der Chajant war nämlich nach Mercatale gefahren um einige feine Sachen, wie gekochten und rohen Schinken, Oliven, in Öl eingelegte Pilze, Thunfisch und andere Köstlichkeiten einzukaufen.

Na, jedenfalls am Nachmittag dann war alles versammelt und es gab ein größeres Kaffeekränzchen unten im Hof. Die Sonne schien und der Wind hielt sich auch in Grenzen. Kaum, dass die zwei langen Tische ausgereicht haben für die guten Sachen und die Leute, die es hatte.

Ein echter deutscher Geburtstagstisch, mitten in den toskanischen Bergen. Nur, hin und wieder wollte eine Windböe die Tischdecke entführen.

Am Abend hatten sie ein großes Festgelage in der romantischen, hohen Küche, bei Kaminfeuer und Kerzenschein. Es gab einen riesigen Salat, zwei Hähnchen, eines im Römertopf, eines von der Holzkohle, Tomatensoße und Polenta auf dem Tisch. Das Essen und all die Schleckereien kamen gut nach der Zeit der Entbehrungen. Das war wirklich ein riesig gutes Essen und obendrein noch so praktisch. Den Salat aßen sie aus der Schüssel, die Polenta von der Tischplatte. So gab es nur sechszehn Gabeln, zwei Schüssel, zwei große Töpfe und den Römertopf zu spülen.

Zum Nachtisch verdrückten sie einen guten Pudding und nen guten Afghanen, gebröselt auf dem "Neuesten Spiegel" mit dem Russen Bären drauf.

Die Navanito reizte Mario. Zwar war sie recht herb. Aber eine interessante Frau. Im Moment hat sie es nicht leicht mit der kleinen Rutra ihrer Tochter und dem Freund, der im Knast sitzt. Sie sieht etwas mitgenommen aus, hart und kantig.

Das Flirten fällt Mario da am schwersten, wo eine Frau ihn wirklich interessierte. Und so beließ er es mit 'nem belanglosen Spruch wie: Sternlose Nacht, morgen wird das Wetter bestimmt toll. Und es wurde dann ja auch toll,- das Wetter. Das Fest verließ er ziemlich angetörnt, so gegen ein Uhr nachts.

Und am Morgen, nach dem Müslifrühstück, machte sich die Karawane der Tassis auf den Weg. Vorne weg der kleine Traktor mit dem Anhänger voller Schlafsäcke und hinten drein die People, mit Kind und Kegel und den beiden Ziegen, die sie über Nacht nicht alleine lassen wollten.

So stapften sie in die sonnendurchglühte Landschaft hinein. Und immerhin, Navanito lächelte ihm zum Abschied freundlich zu.

Der Nachmittag sieht Mario im kühlenden Schatten sitzen. Er versucht seine relative Einsamkeit mit einem Stück Papier zu teilen. Es klappt ganz gut. Nur die Streicheleinheiten kann es ihm nicht geben.
Er hat den Eindruck, dass trotz all seiner Geduld, vielleicht auch gerade wegen ihr, die Kommunikation für ihn nicht einfach ist. Es wird eigentlich immer schwieriger.
Manfred, der Krebs
Marie die Jungfrau
Marianne der Stier
Mario der Zwilling,
seine Art von Humor ist nix für die drei, aber immerhin, eine Gemeinsamkeit haben sie, nämlich die M 's in ihren Vornamen.

Blende – einige Zeit später
Vorgestern Abend begann das, was er schon die ganze Zeit erwartet und befürchtet hatte. Es brodelte ja schon länger untergründig heran. Wahrscheinlich fing die ganze Sache mit dem chaotischen Trip von Chajant, Marianne und Sadharma an. In dieser Nacht verlor er den Kontakt zu dem destruktiv- und masochistisch veranlagten Chajant und seiner Lebensgefährtin.
Na, jedenfalls vorgestern nach dem Abendessen legte er eine Kassette in den Rekorder. Marie war wiedermal Teller klappernd beim Abwasch. Die Musik war ihr zu laut, also machte er sie leiser. Nach 'nem Moment stand er vom Kaminfeuer auf und machte sie wieder lauter. Gerade war

er tierisch auf das Saxofon abgefahren und wollte das Stück unbedingt hören.

Die Marie: "Das find ich aber überhaupt nicht rücksichtsvoll von dir, und sowieso, du bist unverschämt. Immer willst du bestimmen, immer willst du.... Und so ging es eine ganze Weile weiter. Sie schoss Triaden von unterdrückten Frustrationen gegen ihn ab, die aber eigentlich kaum etwas mit ihm zu tun hatten.

Diesen Frust hatte sie aus ihrem alten Leben mitgebracht. Aber das war Mario in diesem Moment nicht bewusst. Irgendetwas in seiner Bauchgegend und in seiner Kehle verkrampfte sich. Er fühlte gleich, dass er jetzt besser vorsichtig sein sollte, und sie noch vorsichtiger.

Zuerst sagte er noch: "Ja, ja, ist ja gut, ich hab´s gehört, es ist nun gut -, jetzt reicht's -, sei still!"

Aber sie konnte nicht aufhören mit ihrem Gewäsch, das ihn allzu sehr an die Tanten- und Mutter Szenen erinnerten. (Sein altes Leben) So wurde er lauter.

"Halts Maul Alte, wir haben es alle gehört."

Seine Ausstrahlung muss gefährlich gewesen sein, Feuer und Lava.

Marie: "Hafla, Hafla, Hafla, bla, bla, bla, ich schmeiß gleich was!"

Mario: "Mach doch."

Und Chajant und Marianne grinsten sich an. Endlich war der agressionslose und friedfertige Mario am flippen. Auch sie hatten den Ausbruch schon längere Zeit erwartet und wahrscheinlich auch erhofft. Im Grunde war es ja auch gut so-, aber im Moment fand er diese ganze Sache gar nicht lustig.

Nun gut, Marie war glücklich still und er holte sich den Walkman, um sich das Lied noch mal lauter und ungestört reinzuziehen. Da fing doch die Marie wieder an. "Jetzt bist du sauer, setzt dich mit dem Kopfhörer hin und willst dich abkapseln."

Und Mario versuchte ihr zu erklären, dass dem nicht so wäre, sondern dass er das jetzt brauchte - dieses Lied, ungestört und laut.

Aber sie verstand ihn nicht. Für Mario war sie auf dem Tanten Trip. Und sie verstand sich gut einzuschmeicheln bei den anderen. Die fingen nämlich dann auch an. Am nächsten Morgen beim Frühstück kam es dann zum Streit zwischen Marianne, Chajant und Mario:

„Du bist so zu, mit dir können wir nicht leben", hieß es unter vielem anderen. Und Mario versuchte zu erklären, dass das seine Gründe habe. Er hatte sich zu viel anschauen und anhören müssen, und das hatte ihn zugemacht. Immer wieder kleine persönlichen Angriffe und Dämpfer.

Und so war der Tag wieder düster - und anstrengend für ihn. Mario wird klar, dass er hier bald weg muss. Schade, denn er finde den Platz echt toll und er würde gerne noch ein paar warme Sommertage und -nächte hier verbringen. Diese Stille hier oben! Es ist die Zeit, da das Land vor Trockenheit knistert und die Erde Risse bekommt. -

Am Abend beim Poker entschärfte sich die Gruppensituation.

Am Morgen danach findet Mario sich mit den Frauen im "klärenden? Gespräch". Die Männer sind zum Einkaufen gefahren. Mal sehen wie die Sache weiterläuft.

Aber eines stimmt 1000%! Energie u. Vibrationen hat es hier oben reichlich! Hier laufen Momentan mehr negative Troubles ab, als in der Stadt. Irre, irrwitzige, aggressive und gewalttätige Vibrationen. Was ist das nur, was die Menschen hier so herb werden lässt? Ist es die Abgeschiedenheit, das Aufeinanderhängen, die harte körperliche Aktion, die Troubles mit den Kindern, das Wetter, - so wechselhaft, der oft heftige Wind, die Sterne, die allgemeine Weltvibration?

Wie schrie der Jochen von den Tassis heute?

„Scheiße, Scheiße, alles Scheiße!

Ja, die Scheiße ist in mir, ich sag ja gar nicht dass sie woanders ist!

Die Scheiße ist in mir.

>> In meinem Kopf!

>> In meinem Bauch!

>> In meinem Herzen!

>> Und sie will raus die Scheiße!"

Sicher soll sie raus die Scheiße, aber wir können uns auch in Situationen hineinschaffen, die voller Scheiße sind, wir können uns aufbauen damit, uns gegenseitig verrückt machen und nur noch Scheiße fühlen, denkt Mario bei sich. Besonders durch hemmungsloses Wodka saufen, Kopfgeschichten und das zwanghafte Handeln kann man heftig drauf kommen. Da ist er doch eher dafür, die Dinge nicht zu verschärfen, die Ecken abzurunden, zu versuchen, sich in eine friedvollere Ebene zu bringen. Besonders hier oben, mitten in dieser herrlichen Landschaft, die doch eigentlich wie geschaffen ist für die Meditation und dem friedlichen Zusammenleben. Gewalt und Aggression, das ist nicht sein Trip. Davon hat er genug gehabt.

Warum machen wir es uns nur gegenseitig so schwer? Das Leben ist hart genug. Und die Menschen hier sind bestimmt nicht die geeigneten Therapeuten, um mit diesen tiefliegenden, seelischen Verhärtungen vernünftig umzugehen.

Eigentlich soll das heute Abend bei den Tassis ein Fest geben. Pizza, Musik, trommeln, Lachen und positiv Vibrations. Aber irgendwie ist es nichts für Mario. Liegt es an den angestauten Emotionen, oder liegt es an Jochens Ausbruch, der meint er müsse die Gegend mit seiner Wut beschallen? Man weiß es nicht, jedenfalls noch nicht!

Na die Dämmerung kommt und Mario verspürt den Drang, dort zu verschwinden. Fort von diesen geladenen Menschen. Verunsichert von den Tagen, die hinter ihm liegen, bekommt er´s mit der Angst. Etwas baut sich hier auf. Eigentlich will er nur noch Friede, Freude, Eierkuchen, wie man so schön sagt.

Wie wird das erst, wenn wir alle zusammen wieder in der engen Küche sitzen, die Wände immer näher rücken, und die Decke uns auf die Köpfe fällt? Ich muss hier weg, denkt er. Will alleine sein, mit sich, dem Wind und dem Sternenhimmel. Und so packt er seinen Schlafsack und verschwindet unbemerkt in die Nacht. Er macht sich auf den Weg hinauf nach Le Fracchie. Den eigentlich dreiviertelstündigen Marsch auf dem, von Felsenstein übersäten, von tiefen Wagenspuren durchfurchten Weg, ging er nie schneller. Der Weg führt ihn hinauf zum Plateau, hinunter zum Haus, das still und geheimnisvoll in der nächtlichen, vom Mond beschienen Landschaft steht.

Da sitzt er „Zuhause", endlich alleine, hört Musik. Das kommt sehr angenehm. Er möchte nicht wissen, was auf der anderen Seite des Berges gerade abgeht, oder etwa doch? Na, morgen wird er es schon erfahren.

Klar ist nun für ihn, dass seines Bleibens hier höchstens noch fünf Tage sein wird. Er fährt mit Wuschel und seinem roten Kadett nach Deutschland zurück. Vielleicht, wenn er´s gar nicht mehr ertragen kann, verschwinde er schon früher. Hilflos steht er dem Agressionstrip gegenüber.

Und Mario denkt: Mann, machen wir uns das Leben schwer! Dabei wollen wir doch alle ganz etwas anderes. Nämlich Glück und Frieden. Aber dazu müsste erst einmal in uns selbst Friede sein. Er ist nicht überzeugt, dass dieser Katharsistrip (Encounter) sie dem Frieden näher bringt. Ja, es ist dann auch so gewesen. Die Tassis erlebten einen kleinen Höllentanz. Es wurde getobt und geschrien. Scheinbar war das auch noch von Osho verschrieben worden.

Blende - Wieder geht einer dieser energiegeladenen Tage zu Ende.
Die Energie, die sie hoch und runter bringt,- hier auf dem Berg ist sie stark und umwerfend. Das Wetter trägt seinen Teil bei. Einmal knallt die Sonne wie nicht recht gescheit, dann wieder ballen sich dunkle Regenwolken über den Bergen zusammen, und der Wind pfeift durch das Dachgebälk.
Am Morgen bereitete Mario ein Stück Acker für die Bohnenpflänzchen vor. Der dunkelbraune, fast schwarze Kompost sprenkelt die helle Erde, und er legt sich neben seiner Arbeit auf die Erde, geniest und lässt sich die Sonne auf die Nase scheinen. Mit dem letzten Strahl nimmt er noch eine schnelle Dusche. Beim Mittagessen ist die Stimmung gedrückt, die Wolken tief über dem Berggipfel. Mario ist müde und legt sich ab. Plötzlich bricht das Unwetter los. Die Frauen sind happy. Gerade haben sie die Salatpflänzchen in die Erde gebracht. Der Regen kommt wie bestellt.

Danach ist die Atmosphäre klar und rein, die Farben der Landschaft kräftig. Der Spaziergang hinauf zum Plateau tut Mario gut. Er summt vor sich hin. Und wieder tut es ihm leid, den Platz verlassen zu müssen. Aber das zwischenmenschliche funktioniert nicht. Da kann er nichts machen. Er will sich aber noch einen annehmbaren Abgang verschaffen.

Wäre doch genial einen guten Platz zu kennen, zu dem man immer mal wieder für eine Zeit zurückkehren kann. Aber hier leben -, das hat er sich abgeschminkt. Morgen gibt's einen schönen sonnigen Tag. Übermorgen hoffentlich auch. In dieser Woche noch wird er nach Deutschland, nach Frankfurt zurückkehren. Er glaubt, das geht jetzt ganz gut ab.

Blende - FREITAG DER 13.

Da sitzt er also in Wuschels rotem Kadett, versucht wenigstens bis nach Milano zu kommen. Schon bei der Abfahrt in Le Fracchie gab der Wagen undefinierbare Geräusche von sich, die irgendwo zwischen Kardanwelle, und dem Anlasser angesiedelt waren. Bei Modena verlassen sie schließlich vorsichtshalber die Autobahn. Mario interveniert. Wir sollten versuchen, in einer Werkstatt dem Geräusch auf den Grund zu gehen. Aber auch hier erweist es sich, dass er wahrscheinlich von einem anderen Planeten stammt. Die beiden Tassiabkömmlinge lassen sich nicht beirren. "Männer ohne Nerven!"

Das Getriebe gibt zahnradbrechende Geräusche von sich. Jetzt haben sich die beiden da vorne sicherheitshalber angeschnallt, falls das Getriebe und damit die Räder blockieren. Mario hat erst mal ne Beruhigungspille eingeworfen. Da macht man was mit! Die Musik aus dem

Walkman kommt auch nicht gegen das Geräusch an. Freitag der dreizehnte!

Aber nach allem was seine Karten gestern beim Pokern gesagt haben, geht der Tag trotz der Schwierigkeiten noch mal glimpflich ab. Mario, bleib ruhig, behalte die Nerven, denk dir ein paar schöne Bilder aus und versuche zu vergessen, dass du momentan die heftigste Autofahrt deines Lebens unternimmst. –

Da war die Fahrt mit dem Sadharma nach Le Fracchie noch ne Kaffeefahrt, trotz der Stresssituationen auf der chaotischen italienischen Autobahn, mit den Wassermassen, die die LKW´s vor sich her trieben und ihnen die Sicht beim Überholen nahmen.

Also liebes Kadettchen, halte aus und du Mario, meditiere über die lautstarken, metallenen Geräusche der so malträtierten Materie. Bis Milano noch 90 km und von dort wahrscheinlich doch mit dem Zug weiter. Aber immerhin, sie sind zu dritt und so kommen sie vielleicht in den Genuss einer ermäßigten Minigruppenkarte.

Sonntag der 15.7.1984

Nach langer, anstrengender Zug- und Trampfahrt, die wiederum so lang und anstrengend gar nicht war, hat Frankfurt ihn wieder. Dank seines sprichwörtlichen Glücks beim Trampen, in Verbindung mit etwas Magie, ist Mario recht schnell in seiner Stadt des Unglücks zurück. Diese Stadt..., er braucht sie scheinbar für die Entwicklung seines Bewusstseins. Er braucht sie genauso, wie er seine Reisen und die Erlebnisse in Le Fracchie brauchte.

Aber um nichts vorwegzunehmen:

Die drei Helden sind glücklich angekommen in Milano, sie und der Kadett mit dem krachenden Getriebe. Ihr Weg nach Milano ist gesäumt von sich umschauenden, kopfschüttelnden, auf sie zeigenden, lachenden, skeptisch schauenden Menschen. Einige Autofahrer öffnen erschrocken das Wagenfenster und checken, ob die brutalen, metallenen Geräusche von ihrem Wagen stammen.

In der Stadt stellt Wuschel das Auto bei einem Freund unter. Er will später zurückkommen, um in Ruhe nach dem Kadett zuschauen. Die Drei verbringen noch einige Stunden in der Stadt, bevor sie in den Zug steigen.

Für Mario ist es nach der langen Abgeschiedenheit nicht einfach, mit den vielen Leuten auf den Straßen und im Bahnhof klar zu kommen.

Dem muss er sogar kurzzeitig entfliehen. Auf dem Weg zum Fahrkartenschalter überwältigt ihn der Lärm und die bedrückende Nähe all dieser Fremden um ihn herum. Draußen auf dem Bahnhofvorplatz holt Mario erst einmal tief Luft, um dann mit Hilfe von viel Erdung und ganz viel Wille durch das Gewabere zum Bahnsteig zu kommen. Die Karte haben seine Kollegen zwischenzeitlich besorgt.

Im Singener Bahnhof an der Deutsch/Schweizer Grenze verabschiedet er sich mit einer langen Umarmung von Wuschel und Nitan, die ein Ticket bis Stuttgart gekauft haben.

Und da steht er mit ´nem Haufen Gepäck auf der Straße und die Autos rauschen an ihm vorbei. Das Wissen, dass das hier nicht der richtige Platz zum Trampen ist, wechselt mit dem Gefühl, dass das alles so schon seine Ordnung hat. Und ein junger Typ hält an, nimmt ihn ein Stück mit, redete viel, um ihn schließlich an einer theoretisch total ungünstigen Autobahnauffahrt abzusetzen.

Die Sonne kommt heraus. Die Luft, vom Regen reingewaschen ist klar, die Landschaft sommerlich. Mario genießt den Augenblick, beobachtet zwei Bussarde, die hoch oben ihre Kreise drehen. Da steht ein Auto vor ihm. Er lässt sich zur nächsten Autobahnraststätte bringen.

Dort holt er sich Kaffee, zwei Brötchen, ein Ei und Marmelade und setzt sich auf die Terrasse. Die Sonne scheint. Sanfte bewaldete Hügel wechseln sich mit gelben Raps- und noch grünen Getreidefeldern ab. Die Frankfurter Rundschau, die erste Zeitung seit Monaten, überzeugt Mario, dass er nicht wirklich was verpasst hat. Alles ist beim Alten geblieben. Die Dummheit starrt noch immer aus alle Ecken. Nach dem Frühstück nimmt er sein Zeugs auf und stellt sich an die Autobahnauffahrt. Ungefähr eine halbe Stunde steht er an diesem ruhigen Samstagvormittag. Polizei kommt, hat nix besseres zu tun, als die Reifenprofile der Autos zu checken. Mario tanzt in der Sonne herum und summt vor mich hin.

Da fährt ein BMW vor, mit 'nem jungen Typ drin. Mario steigt ein. Und so kommt er ein ganz großes Stück weit, bis kurz vor Heidelberg, und das mit 'nem 200 PS Auto, echt geil hier! In Heidelberg lässt der Typ ihn auf einer Tankstelle raus. Die vorbeiziehende Straße führt stracks auf die Autobahn nach Basel/Frankfurt. Mario läuft zu einer gut einsehbaren Stelle, an der ein Auto gut halten kann und streckt den Daumen hoch. Ein anderer Tramper ganz in der Nähe. Der will nach Berlin. Nach einiger Zeit lässt Mario ihm schließlich den Vortritt und blättert im Schatten einer mittelgroßen Platane am Straßenrand in der Rundschau. Es ist schwül und bewölkt.

Der Verkehr ist schwach, Samstagsnachmittags-ausflüglerverkehr. Nach einiger Zeit, der Berliner steht immer noch da rum und streckt seinen Daumen in die Höhe, nimmt Mario sein Gepäck auf und geht zurück zur Tankstelle. Dort steht ein hellblauer Polo mit Offenbacher Kennzeichen. Drei Mädels darin. Mario fragt ob sie ihn mitnehmen. Sie meinen, eigentlich nicht. Das Auto sei schon voll. Aber Mario lässt sich nicht abschütteln.

"Ich nehme mein Zeugs auf den Schoss. Ich komme hier nicht so schnell weg. Auf der Straße sind heute nur Spießer und Sonntagsfahrer." Und schenkt ihnen sein charmantes Lächeln.

Also, da sitzt er schließlich im Wagen und fährt Richtung Frankfurt, an dem Berliner vorbei. Was will er mehr? Dann stellt sich heraus, dass die Mädels ihn, nach einigen Umwegen, bis zum Frankfurter Hauptbahnhof fahren. Das Beste daran ist, dass er irgendwann im Laufe des Tages das Bild im Kopf hatte, wie er sein Gepäck im Frankfurter Hauptbahnhof ins Schließfach packt. Wenn das kein Maggi, eh keine Magie ist.

Aber kaum in Frankfurt angekommen, schon hat es ihn wieder dieses unwirsche Klima der Scene erwischt. Lutz liegt mit Gelbsucht im Krankenhaus. Wie komme ich jetzt an meine Wohnungsschlüssel – denkt er.

Er erfährt dass es Werner Kurz, einen alten Kumpel also auch erwischt hat. Bei einer Kneipenschlägerei hat ihn einer abgestochen. Mann, oh Mann, wie viel Tote muss Mario eigentlich noch mitkriegen?

Am Abend sind Sadharma, der abtrünnige Toscanaflüchtling und Marios Brüderchen unterwegs in der Stadt, auf der Suche nach Koks. Sie haben was bekommen, dank Marios Spürnase, aber auch wieder die Bullenparanoia. Schluss,

Schluss mit diesen Schnee Aktionen. Das Leben ist hart genug.

Blende - Jeder Tag ist ein neuer Tag –
und was morgen ist, weiß Mario nicht.
David Bowie kommt ins Offenbach Stadion am Bieberer Berg. Da geht er morgen hin. Doch gerade eben sitzt Mario im Wartezimmer eines Zahnarztes und wartet darauf, dass der ihm endlich weh tut, -aahh!
Vor einigen Tagen trifft er zwei verrückten Mädels aus Rodenbach. Sie laden Ihn ein. Die Straße, in der die beiden wohnen, führt zum Friedhof. Mario macht eine Bemerkung, wie: Nix gut- Friedhofsnähe. Die Mädels lachen und machen sich lustig. Mario parkt seinen R4, den er sich schnell entschlossen besorgt hat. Sie gehen über die nächtlich erleuchtet Straße, schließen die Haustür auf, treten in die Wohnung ein, schalten das Wohnungslicht an. Im Wohnzimmer ist das große Fenster angewinkelt. Und da im Winkel hängt die bräunlich rote Katze, - tot, erstickt! Sie ist da irgendwie reingefallen und konnte sich auf dem glatten Glas nicht mehr befreien.

Die Mädels bekommen Schreikrämpfe und Mario beruhigt sie erst mal und schickt sie in die Küche. Dann hat er die unangenehme Aufgabe, die Katze, jetzt schwer, weich und kalt, aus dem Fenster zu heben. Er bekommt sie nicht heraus. Sie hat sich im Todeskampf total da reingekrampft. Am Ende muss er sie an den Vorderbeinen rauszerren. Dabei erhebt sich ihr Kopf, die weit offenen Augen starren ihn an, die kleine rosa Zunge hängt aus ihrem Maul. Und so zieht und zerrt er. Er hat das Gefühl ihr gleich ein Bein abreißen. Doch endlich hat er sie heraus. Er legt die Katze in einen Karton und stellt ihn draußen in den Garten. Bloß aus den Augen mit dieser Geschichte. Friedhof, Friedhof, sagt er dazu.

(Die Geschichte mit Gordana war auch passiert, als sie an einem Friedhof wohnten. Seit dem ist er abergläubig was diese Sache angeht.)

Na, jedenfalls fing Mario nach dieser Action erst einmal so richtig zu zittern an, Adrenalin ist auch ne Droge. Die Nacht mit den Mädels entschädigte ihn.

Am anderen Tag ist er bei Maria in Hattersheim. Sie hat er im letzten Jahr am Chiemsee kennengelernt. Um Maria braucht er sich keine Sorgen mehr zu machen. Mit einigen anderen jungen Leuten zusammen wohnt sie in einem riesigen alten Haus, mit großen, weiten, hohen Räumen, viel, viel Platz. Mario und Maria verstehen sich wieder sehr gut und so wird auch diese Nacht sommerlich sexy.

Am anderen Mittag, nachdem er sich endlich mal richtig ausgeschlafen hat, fährt er alleine in den Taunus und legte sich auf eine knallgrüne Wiese, in die helle, strahlende Sonne. Da oben hat es noch viele Vögel und Wald. Bussarde kreisen, Libellen schimmern. Doch den ganzen Tag über hört er das dumpfe, ferne Geräusch der startenden und landenden Flieger auf und über den Startbahnen des Flughafens, unten in der Mainebene. Hier im Rhein-Maingebiet findest du keine Stelle, die nicht von irgendwelchen Zivilisationsgeräuschen verunreinigt ist. Jetzt ist es also erst mal aus mit der fühlbaren Stille der toskanischen Berge.

Am Abend hat Mario starke Kopfschmerzen. Später entlädt sich ein heftiges Gewitter. Seit dem regnete es mit kürzeren

Unterbrechungen, das und der Sex mit der süßen Maria vertreibt seine Kopfschmerzen.

Nun gut- Mario sitzt immer noch im Wartezimmer des Zahnarztes und wartet darauf, dass er ihm endlich weh tut... ah, aahh, oohho!

Blende - Sommerzeit, schöne Zeit.
Die Blätter der Alleebäume wedeln grün und schwer im warmen Wind, der die Botschaft von Schwüle und Gewitter mit sich bringt.

Stimmung ist locker und beschwingt.

Auch die weichen Falten der buntgeblümten Röcke schwingen über den schlanken, selbstbewussten Frauenbeinen, die durch die Großstadt Straßen wandeln.

Bild über Bilder.

In der Spiegelfassade des Wolkenkratzers träumt der dunstig blaue Himmel, mit der milchigen Sonnenscheibe und den Bäumen des Parks einen Sommertag zusammen.

Die Zeit tropft langsam aus einer umgefallenen, vergessenen Champagnerflasche vom Vortag.

In anderen Zeiten wird sie mit hohem Pressluftdruck durch die dann hektische Stadt gejagt.

Die Sekunden fallen langsam von Mario ab und erzeugen ein ähnlich schwereloses Gefühl, wie diese summende Neonröhre damals über seinem Hamburger Krankenhausbett.

Heute kann er mit dieser zeitlupenhaften Einstellung des Hier und Jetzt mehr anfangen.

Sie haben viel Zeit.

Liegen träumend im Gras, plaudern, summen, spielen Karten, meditieren über die Bewegungsabläufe in der großen grauen Gewitterwolke über ihren Köpfen und ihre Auswirkung auf ihr Zusammensein hier im Park.

Die rote Frisbeescheibe segelt durch den laubgrünen Hintergrund. Huschende Bewegung im Augenwinkel. Eine lachende Frauenstimme, jubelnde Kinder, Hundegebell, Vogelgezwitscher, von weit her wehend Jazzmusik, ein nackter Busen, erotische Vibration die seinen Bauch erwärmen.

Der Sommerwind wird böiger. Ein breitrandiger Strohhut mit violetter Schleife segelt an Marios Nase vorbei.

Der Fernsehturm steckt seine Spitze in die nun schwarze Gewitterwolke.

Donnergrollen lässt die Menschen im Park aufblicken.

Der nackte Busen wird mit türkisfarbenem Stoff bedeckt.

Das rote Frisbee wird von einer heftigen Böe gepackt und in die Arme einer weit ausladenden Rotbuche geweht.

Also beenden sie ihr Gastspiel im Sommersonntagsnachmittagpark.

Sie gehen in die Eisdiele nebenan, einen Cappuccino trinken.

Das Openair in Offenbach von David Bowis Serious Moonlight-Tour kommt super. Viele alte Kifferkollegen treffen sich auf dem mit Planen abgedeckten Stadionrasen.

So verlebt Mario einen angenehmen Sommer. Hin und wieder ein Kilo Shit verticken, das verschafft ihm das nötige Kleingeld. Auch der Herbst und der Winter sind relativ frei von chaotischen Ereignissen und Exzessen. Er übt sich im Yoga und Meditieren, hat interessante Begegnungen und freut sich seines Lebens. Und natürlich beobachtet er, was so alles um ihn herum geschieht.

Nimm so viel du willst
Alles was du kriegen kannst
Nimm so viel du willst

Alles was du kriegen kannst
Fressen
Saufen
Ficken
Haschischrauchen
Und natürlich Champagner saufen
Nimm so viel du willst

Alles was du kriegen kannst
Denn wer weiß, wie lange noch?
Der Planet gerät ins Trudeln
Kommt aus der Bahn
Haut sich bestimmt bald sein Köpfchen an.
Also nimm so viel du willst
Alles was du kriegen kannst
Und - fang bloß nicht zu denken an.

Herbstgeflüster
Ein Bussard steht am Himmel
Mit scharfem Auge wacht er überm Stoppelfeld
Die leuchtend gelben Birkenblätter stechen Mario
Hervorgehoben durch den stahlblauen Hintergrund
Des kalten Herbsthimmels in die Augen

Ihre weichen Lippen dringen auf ihn ein
Ihr Name liegt ihm auf der Zunge
Das Bedürfnis mit ihr an der Hand
Diese herbstliche Herrlichkeit zu spüren
Wächst ins Unermessliche

Stare fliegen in großen Scharen
Schwarze, sich bewegende Punkte am grauen Himmel.
Die Bäume stehen nackt, wie Schatten in der Landschaft.
Winter ist´s.

Die Zeit hat einen ruhigeren Rhythmus. Es ist, als würde der Film des Lebens langsamer ablaufen. Und doch, irgendwie, irgendwo, halb verborgen oder auch ganz zugeschüttet, bewegt sich etwas. Man muss nur suchen, dann findet man es, das Leben. Selbst im tiefsten Winter finden sich kleine flauschige Knospen an den Ästen. Es geht also immer weiter.

Blende - Der Winter ist ein alter kaputter müder Mann,
quengelig mit laufender Nase. Eigentlich müsste er längst das Besteck abgegeben haben. Doch immer wieder rappelt er sich hoch und knallt Mario ein Ding vor den Latz. der kann es nicht ausstehen, wenn einer nicht merkt, wann er zu gehen hat.
Und der junge Frühling ist halt jung. Der weiß noch nicht wohin und was er eigentlich will. Er ist unsicher und voller Wankelmut.
Dieser komische Typ, der April unterstütz ihn noch in diesen Launen.

Und jetzt flippt der Frühling, dieser Schmock, ganz aus. Die Sonne scheint, es schneit und regnet gleichzeitig. Ein Frühling, der ein Winter ist. Doch schließlich hat der sich doch ausgetobt. Die Sonne bricht mit Macht hervor. Die graue, nasse Zeit schiebt auf und davon. Die ersten Krokusblüten haben die Karnickel aufgefressen. Hoffentlich krepieren sind sie nicht dran.

Mario denkt an den Sommer. Welches Land wird dieses Jahr seine Wanderschuhe zu spüren bekommen? Welche Menschen wird er erblicken? Unter welchen Bäumen wird er seine Nächte verbringen? Sein Blut spürt den Frühling schon. Tausend Frauen laufen ihm über den Weg. Über

Nacht bricht das Grün hervor. Fast kann er es wachsen hören.

Blende - Mario hat sein Haschgeschäft gut aufgebaut.
Doch sein Zulieferer und Freund Manfred hat Probleme. Probleme mit seiner Beziehung und seinem Drogenkonsum. Sein Körper ist überstrapaziert, seine Nerven am Ende. Und so packt Mario ihn ins Flugzeug und fliegt mit ihm kurzentschlossen nach Lanzarote für einen kurzen Urlaub vom Trubel.
Das waren wieder angenehme vierzehn Tage. Erholsam und anregend. Fast ohne Drogen. Auf dem Rückflug spricht Mario Manfred an. Hat er eine Vorahnung?
"He Manfred, was machst du, wenn du jetzt in Frankfurt festgenommen wirst?"
Immerhin ist ihnen ja klar, dass die Bullen ein Auge auf sie geworfen haben.
"Na was soll schon geschehen? Ich halte den Mund. Dann können Sie mich zwei Tage festhalten. Aber sie haben nichts gegen mich in der Hand und sie müssen mich wieder gehen lassen." -
Landung in Frankfurt – Gepäckabfertigung – Es gibt noch innereuropäische Zollkontrollen. Sie werden nicht verhaftet. Das Leben geht also erstmal weiter in seinen „geordneten Bahnen".

Blende - Wochen später
Frankfurt mit all seinen Drogendeals und seiner nächtlichen Geschäftigkeit hat Mario hinter sich gelassen. Dem Reisefieber kann er nicht entfliehen. Sie fahren zum Relaxen in die Nähe von Kuopio die Mitternachtssonne genießen.
Vor Mario liegt das Panorama einer finnischen Kleinstadt, durch ein Kneipenfenster gesehen. Endlich sind sie

angekommen. Welche Wohltat, hier zu sitzen und die Beine lang ausstrecken zu können. Ein heißer Tee steht vor ihm auf der hölzernen Tischplatte.

Er schaut den pummeligen finnischen Mädels nach, die mit ihren roten, gelben oder schwarzen Gummistiefeln durch den Dauernieselregen laufen und Bekannte und Verwandte begrüßen.

Er sieht regennasse Haarsträhnen, die wie vom Wind bewegte Ficusblätter bei jedem Schritt nach allen Seiten Wassertropfen verspritzen.

Er sieht ein überlaufendes Regenfass, aufgerautes Seewasser, vom Wind geknicktes Schilf, dahinjagende graue Regenwolken, ein fliegender Hut, an Scheiben prasselnder Regen, Novemberwetter mitten im Juni.

Und doch, wohlige Wärme steigt Mario in die Glieder. Die Anspannung der letzten Tage fällt langsam von ihm ab. Die Fahrt hier her war der Hammer.

Gleich hinter Kassel mussten sie den 2CV zurücklassen. Die Berg- und Talfahrt auf der Autobahn hatte seiner Kurbelwelle ein frühzeitiges Aus beschert. Die vier junge Frauen und fünf junge Männer verteilten die Ladung und sich selbst auf den R4 und den Käfer. So saßen sie schließlich zu fünft im Käfer. Der Beifahrer durfte seine Füße auf Konservendosen stellen, die auf dem Boden verteilt waren. Der erste Tag in dem engen VW-Käfer war noch ganz erträglich. Im Renault war auch nicht viel mehr Platz.

Sie hatten eine schöne Fahrt durch die sommerlichen schwedischen Hügellandschaften. Sonnenbeschienene weitläufige Gegend, gesprenkelt mit lichten, hohen Birkenwäldern und kristallklaren Seen flog an ihnen vorbei. Über ihnen ein stahlblauer Himmel. Hie und da stand eines dieser gepflegten bunten schwedischen Holzhäusern und gab dem Bild einen kontrastierenden Farbtupfer.

Dann kam die Überfahrt mit der Fähre durch die Scheren vor der schwedischen Hauptstadt Stockholm, die fast übergangslos in die Scherenlandschaft vor der finnischen Hauptstadt Helsinki überging.

Mario saß mit seinen Freunden hinter der großen Panorama-Fensterfront im Bug der Fähre. Es fühlte sich nach fliegen an. Das Dahingleiten der rotschnäbligen Möwen, die an ihrer Seite flogen, wurde durch gelegentliche Sturzflüge nach Futterbrocken unterbrochen. Segelboote, hart am Wind liegend, kreuzten ihren Weg. Die kappelige See trug weiße Schaumkronen. Der Himmel war noch immer von einem strahlenden Blau. Das großartige Schauspiel des Lichtes, das leichte Auf und Nieder des großen Schiffs und Marios Müdigkeit erzeugte in ihm den Eindruck, durch unendlichen Weiten von Zeit und Raum zu gleiten.

Nach einer weiteren durchwachten Nacht an einem finnischen Lager-feuer, mit übergeschlagener Decke und etlichen Mückenstichen, hatte er die Müdigkeit tief in den Knochen stecken.
Den anderen gings nicht viel besser. Der Himmel hatte sich bewölkt. Doch selbst um 12 Uhr Nachts hatte es noch helle Dämmerung. Um neun Uhr in der Früh ging es dann los. Der Himmel öffnete seine Schleusen und die Depressionen stellten sich ein. Die Scheibenwischer kamen manchmal nicht mehr nach.

Als ihnen der LKW entgegenkam, eine lange Fahne von heftigem Spritzwasser hinter sich herziehend, sah Mario sekundenlang gar nichts mehr. Das Steuer wurde ihm fast aus der Hand gerissen. Aquaplaning. Eine riesige Pfütze stand da auf der Straße. Blind fuhr er mit hundert Sachen durch Sekunden der Angst. Zu ihrem Glück war auch hier die Straße gerade, als wolle sie schnurstracks zum Mond hinaufführen.

Nach diesem Schrecken ließ er sich am Lenkrad ablösen. Danach, es war der dritte Tag der Tour, überfiel ihn ein ohnmachtsähnlicher Schlaf. Mario kam erst wieder zu sich, als alle seine Glieder von einem höllischen Kribbeln durchzogen wurden, sein Hals steif wie ein Brett war und er sich wie gerädert vorkam. Da begann er das alles zu verfluchen.

Er fluchte auf dieses Scheiß Auto. Die Leute, die neben ihm saßen und genauso kaputt waren wie er, auf den verdammten Citroën, der sie im Stich gelassen hatte, den verfluchten Regen. Er verfluchte sogar die immer noch schöne finnische Seenlandschaft, von der er aber nicht mehr viel mitbekamen. Und er verfluchte sich selbst.

Doch jetzt ist alles vergessen.
Mario schaut durch das Kneipenfenster in der kleinen finnischen Stadt. Er sieht das überlaufende Regenfass, aufgerautes Seewasser, vom Wind geknicktes Schilf, dahinjagende graue Regenwolken und den an die Fensterscheibe prasselnden Regen. Alles was er jetzt noch braucht ist ein trockenes Plätzchen für seinen Schlafsack.

Das trockene Plätzchen bekommt er dann auch und zwar unter dem Dach ihres angemieteten alten finnischen Blockhauses mit Sauna, direkt am See. Vom Laufsteg können sie, dampfend wie sie sind, direkt in die klaren Fluten des großen Sees hüpfen.

Der stimmungsvolle Wohnküchenraum macht viel Freude. Ein großer alter Herd, der offene Kamin, die Petroleumbeleuchtung und der gewaltige Schaukelstuhl versprechen noch mehr davon.

Der Blick aus dem Fenster
auf den weiten See ist einfach überwältigend. Das lässt die Truppe die hinter ihnen liegenden Strapazen schnell vergessen.
Mario schaut am Profil des hübschen Mädels vorbei, durch den rotgestrichenen Rahmen des Fensters, hinaus auf die Landschaft. Am Seeufer steht eine Dreiergruppe von Birken, das Weiß der Rinde leuchtet in der Abendsonne. Das Wasser des flachen Sees ist bewegt. Die Strahlen der untergehenden Sonne brechen sich darauf. Es dürfte elf Uhr Nachts sein. Der leichte Wind lässt die Birkenblätter rascheln und das Schilf sich in Wellen wiegen.

Ein Haupentaucherweibchen macht mit ihren Jungen, wie jeden Abend, im flachen Wasser Jagt auf kleine Fische.
Musik von "Traffic" gibt dem friedlichen Bild den Punkt fürs „i". Durch die beiden anderen Fenster sieht Mario den Birkenwald, der mit hochgewachsenen Tannen gespickt ist und das Haus weitläufig umgibt. Das Amselpaar, das im Frühjahr ihr Nest unter einem Dachbalken des damals leer stehenden Hauses gebaut hatte, war einigermaßen irritiert von ihrer Anwesenheit. Viel zu früh werden die kleinen aus dem Nest geworfen. Die haben noch nicht genügend Kraft zum Fliegen. Vorsichtig setzt Mario sie wieder ins Nest. Später registriert er, dass da oben wieder alles in Ordnung ist. Zwölf Uhr nachts sitzt die Truppe vollzählig in der Sauna, schwitzt den letzten zollfreien Whisky aus und nimmt die Brustmaße. Claudia hat die größte, Thomas die kleinste.

Beide werden gratis ins kalte Wasser befördert. Mario schlägt sich beim Sprung vom Holzsteg die dicke Fußzehe an einem noch dickeren Felsen auf, die da massenweise herumliegen.

Die Sonne steht gerade hinterm Horizont. Sie schickt ihre Strahlen gegen die lang gestreckten Wolken am Himmel, die sie in allen Farben des Regenbogens reflektieren. Vor Schreck über sein eingeschrumpftes Wehrgehänge, stellt Mario sich vor den offenen Kamin und lässt sich vom lustig flackernden Feuer die Haare trocknen.

Alkohol gibt's wenig und ist teuer und nur gegen Vorlage des Ausweises. Doch sie haben sich andere Vergnüglichkeit zugänglich gemacht.

Laue Nacht
Vom Wind bewegte Blätter
Frösche quaken am See

Martina steigt hinein
Kleine Wellen durchbrechen
Sich vergrößernd

Das Wasser
Ihr nackter Rücken
Dicht vor ihm
Leuchtet in der Mitternachtssonne

Dann und wann
Ein Eulenschrei

Kalte Schauer laufen
Über seinen Rücken
Die Frösche schweigen

Ihr Hintern
Ein erregendes Schauspiel
Im flachen Wasser

Seine Hand
Gleitet sanft darüber
John, sein Schwanz
Bittet um Erlaubnis
Zur Einkehr

Der Urlaub nimmt entspannte Formen an.
Träumend liegt Mario auf dem Holzsteg und starrt ins klare Wasser. Beobachtet die kleinen Fische, die zwischen den runden, glattgeschliffenen Steinen am Grund hin und her flitzen. Lichtreflexe jagen ihnen nach. Das erinnert ihn an einen lichtreichen Sommernachmittag in den Weinbergen des Rhone Tals.

Blende - Rhonebrücke
Eine mit, verblichenen Zeitungsfetzen übersäte Steinbrücke verbindet die hier noch eng zusammenliegenden Hänge, an die vor etlichen Jahren einige Weinbauer ihre Häuser gebaut haben.

Die Abendsonne wirft ihre Strahlen von Westen her knapp über die Weinberge hin. Die Strahlen treffen auf die klare, schnell dahinfließende Rhone, werden vom Wasser reflektiert und springen dir als Schmetterlinge in die Augen. Über das Geländer gebeugt halten alte, zahnlose Männer gelangweilt die Angel ins Wasser und lassen sich morschen Knochen von der Son-ne wärmen, bevor die kühle Nacht kommt. Mit der im Mundwinkel klebenden kalten Kippe, starren sie dem Wasser nach und sehen ihr Leben, ihre Zeit, ihre letzten Jahre dahinfließen.

"Ich weiß, ihr habt immer wieder lernen müssen und es hat Zeiten gegeben, da hat man euch eure Ansichten abgekauft. Denkt ihr eigentlich noch über euch nach oder habt ihr das als sinnlos abgetan? Eure Kindheit, der Krieg, der erste Fick, der deutsche Soldat, dem ihr das Bajonett in die Brust gestoßen habt, ein Abenteuer, die Arbeit, Frau und Kinder." Ihr Blick gleitet hinüber zur Kirche mit dem aufstrebenden Turm, der morgens die erste Sonne abbekommt. Von ihm aus kann man den nächsten Ort sehen.

Hier sind sie getauft und getraut worden, hier wird auch ihre Totenmesse abgehalten werden. In den uralten Kirchenbänken kann man hier und da eingeritzte Herzen mit Datum und ihren Namen entdecken. Das Taschenmesser von damals haben sie auch heute wieder in der Tasche, nur die Klinge ist dünner geworden.

Angst haben sie schon vor dem Sterben, vor dem Ungewissen.

Dabei ist es doch so einfach, so einfach wie das Geboren werden. Ein Glied reiht sich an die Kette des Lebens.

"Werdet bald vor Gott stehen. Der wird entsetzt sein. Aber da oben meine Herren, da oben ist Glück und Zufriedenheit (tönt wenigstens die Kirche), alles in Weiß und Gold gehalten. Einigen von euch wird die Fahrt zur Hölle wohl nicht erspart bleiben.

Ihr alten Männer, macht keine Umstände!

Die Chance zum Leben habt ihr gehabt -, jetzt müsst ihr gehen; und wenn ihr abschiebt, tragt´s mit Haltung!" -

Mario wird aus seinen Träumereien geschüttelt, als plötzlich Thomas laut jubelnd und splitterfasernackt aus der heißen Sauna stürzt, über den Holzsteg rennt auf dem Mario liegt und in einem weiten Hechtsprung in den See springt.

So gehen angenehme Tage vorbei und es ist Zeit an die Heimreise zu denken. Nach drei Wochen in diesem wundervollen Landschaftsparadies – mit wirklich coolen Freunden - müssen sie die Zelte wieder abbauen und den beschwerlichen Heimweg antreten. Zum Glück haben sie Ihre Vorräte aufgebraucht. So gibt's wenigstens im Fußraum des Käfers mehr Platz.

Und am Ende bleibt das Lachen

Weiter geht die Reise Am Ende war das Lachen – Teil II
ISBN: 978-3-7375-6265-2

.........Irgendwo zwischen der Königin Heroin
Dem Tod seiner großen Liebe Gordana
Und dem Schatten einer Löwin namens Maria
Dem weißen Dämon des Coca
Und dem giftigen Schwanz des Skorpions Mona
Dem Schlüsselgeklirre vor der Gefängniszelle
Hat er sich selbst verloren.
Ob er sich jemals wiederfinden wird?...............

Weitere Veröffentlichungen
Am Ende war das Lachen – Teil II
ISBN: 978-3-7375-6265-2

EnergieCoaching & Heilung
Ein Handbuch - Die Essenz
ISBN: 978-3-7375-5242-4

Liebe Leserin, lieber Leser, ich freue mich über Dein Dasein
Voller Freude und Liebe für DAS WAS IST,

Michael Fuß

Entspannungstrainer

Mehr?www.michael-fuss.de